# 校长在激发教育创新中的
# 关键策略与行动

徐 良◎著

吉林文史出版社

**图书在版编目（CIP）数据**

校长在激发教育创新中的关键策略与行动 / 徐良著 .
长春 : 吉林文史出版社 , 2024. 7. -- ISBN 978-7-5752-
0401-9

Ⅰ . G471.2

中国国家版本馆 CIP 数据核字第 2024C5K644 号

XIAOZHANG ZAI JIFA JIAOYU CHUANGXIN ZHONG DE GUANJIAN CELÜE YU XINGDONG

书　　名　校长在激发教育创新中的关键策略与行动
作　　者　徐　良
责任编辑　陈　昊
出版发行　吉林文史出版社有限责任公司
地　　址　长春市福祉大路 5788 号
网　　址　www.jlws.com.cn
印　　刷　北京四海锦诚印刷技术有限公司
开　　本　710 mm×1000 mm　16 开
印　　张　15
字　　数　235 千
版　　次　2025 年 3 月第 1 版　2025 年 3 月第 1 次印刷
定　　价　58.00 元
书　　号　ISBN 978-7-5752-0401-9

# 前　言

在21世纪这个充满变革的时代，信息技术的迅猛发展以及经济全球化的持续推进，正在深刻地重塑着社会的面貌。这种巨大的社会变革，对人才的需求也产生了前所未有的影响。传统的知识体系和技能结构已经难以适应快速变化的工作环境和生活节奏，新时代对人才的核心素养提出了新的要求。创新能力、批判性思维、跨学科知识等成为衡量一个人能否应对未来社会挑战的重要标准。这些新的核心素养不仅要求人们具备扎实的知识基础，更要求他们具备独立思考、解决问题和持续学习的能力。这种变化对教育系统提出了新的挑战，要求其必须进行相应的调整和创新，以培养出符合新时代需求的新型人才。而校长，作为学校的领导者和管理者，在这场教育变革中扮演着举足轻重的角色。他们的领导力、创新意识以及决策能力等，都直接影响着学校的教育创新实践和成果。一个具有远见卓识的校长，能够带领学校顺应时代潮流，抓住教育变革的机遇，推动学校的教育创新不断向前发展。深入研究校长在激发教育创新中的关键策略与行动，对于提升校长的领导力和创新能力，推动学校的教育创新实践，以及培养符合新时代需求的新型人才都具有重要的意义。这也是本书选择这一主题进行深入探讨的原因所在。

本书旨在通过深入探讨校长在激发教育创新中的关键策略与行动，为学校领导者提供一套全面、系统且实用的指导框架和行动指南。这些策略与行动不仅涵盖了领导力培养、创新意识提升、决策过程优化等多个方面，还紧密结合了当前教育发展的趋势和挑战，具有很强的针对性和实用性。这将有助于校长们更好地理解和把握教育创新的内涵和要求，从而更加有效地推动学校的教育创新实践。本书的研究有助于提升校长的领导力和创新能力，通过深入剖析校长在教育创新中的角色和定位，以及他们在激发教育创新中的关键策略与行动，为校长们提供宝贵的经验和启示。这将有助于校长们更好地发挥自身的领导作用，提升学校的整体创新能力和水平。本书的研究也将为学校的教育创新实践提供有力的理论支撑和实践参考，通过对校长在教育创新中的策略与行动进行系统的梳理和分析，将揭示出教育创新的内在规律和成功路径，为学校在教育创新实践中提供有力的理论指导和实践借鉴，推动学校在教育创新道路上走得更远、更稳；本书的研究也将有助于丰富和发展教育领导理论，通过对校长在教育创新中的策略与行动进行深入研究，揭示出校长领导力与教育创新之间的内在联系和互动机制。为教育领导理论的发展提供新的思路和视角，推动教育领导理论的不断创新和完善。同时也为教育变革贡献新的思路和方案，为推动教育事业的持续发展注入新的活力和动力。

在教育的广阔天地中，校长作为学校的领航者，其角色和行动对于激发教育创新、推动学校发展具有举足轻重的作用。本书的研究目的正是立足于这一认识，通过深入、系统的研究，揭示校长领导力与教育创新之间的内在联系和互动机制，以期为教育实践提供有力的指导和启示。

1.明确校长在教育创新中的角色和定位。校长不仅是学校的行政管理者，更是教育理念的引领者、教育改革的推动者。他们的领导力对教育创新的方向、深度和广度都有着深远的影响。深入探讨校长领导力的内涵、特点及其在教育创新中的重要作用，为校长们提供一个清晰的角色定位。

2.深入研究校长如何培养和推广创新意识。创新意识是教育创新的源泉和动力，而校长在培养和推广创新意识方面扮演着关键角色。本书将通过分析校长在营造创新氛围、激发教师创新活力等方面的策略与行动，揭示创新意识的培养和推广机制，为校长们提供有效的策略和方法。

3.系统分析校长在制定和执行创新教育策略中的关键行动和步骤。创新教育策略的制定和执行是一个复杂而系统的过程，校长应具备前瞻性的视野、科学的决策能力和坚定的执行力。通过案例研究、经验总结等方法，详细阐述校长在制定创新教育目标、设计创新教育方案、实施创新教育过程以及评估创新教育成果等方面的关键行动和步骤，为校长们提供一套实用的操作指南。

4.探讨校长如何激励和支持教师进行创新实践。教师是教育创新的主力军，他们的创新能力和实践成果直接影响着学校的教育质量和水平。应采取有效的策略和方法，激励和支持教师进行创新实践。通过分析校长在教师培训、资源提供、成果展示等方面的策略与行动，揭示教师创新实践的激励机制和支持体系，为校长们提供有益的参考和借鉴。

5.研究校长在应对教育创新挑战中的策略和方法。教育创新是一个充满挑战和机遇的过程，应具备应对各种挑战的能力和方法。特别是在技术应用、资源配置、学生创新能力培养等方面，校长需要采取切实有效的策略和方法，以推动学校的教育创新不断向前发展。本书将通过分析校长在应对这些挑战中的成功经验和典型案例，为校长们提供有益的启示和借鉴。

# 目　录

# 第一章　校长的领导力与教育创新

## 第一节　领导力的核心要素

### 一、明确领导愿景

在教育领域，校长的领导力是激发教育创新、推动学校改革与发展的关键因素。一个优秀的校长不仅要具备扎实的专业知识和丰富的管理经验，更要拥有前瞻性的领导愿景、卓越的沟通能力和坚定的决策力。其中明确领导愿景是校长领导力的核心要素之一，对于引领学校走向成功、培养创新型人才具有重要意义。

### （一）明确领导愿景的重要性

明确的领导愿景能够为学校发展指明方向。在教育领域，各种改革和创新层出不穷，学校面临着巨大的挑战和机遇，校长作为学校的领导者，必须高瞻远瞩，为学校制定一个清晰、明确的发展愿景。这个愿景不仅要符合学校的历史传统和实际情况，还要具有前瞻性和创新性，能够引领学校在未来的发展中不断超越自我、追求卓越。明确的领导愿景能够激发师生的共同信念，一个优秀的校长不仅要让师生了解学校的愿景和目标，更要让他们认同这个愿景并为之奋斗。当师生对学校的发展充满信心和期待时，他们就会更加积极地投入学习和工作中，为实现学校的愿景贡献自己的力量。这种共同信念的形成是激发教育创新、推动学校发展的重要动力。明确的领导愿景能够提升学校的整体形象，一个具有明确愿景的学校往往能够给外界留下深刻的印象。这种印象不仅来自学校的教育质量和办学成果，更来自学校的精神风貌和文化底蕴。当外界对学校产生好感和信任时，就会更加愿意与学校开展合作和交流，从而为学校的发展提供更多的机会和资源。

## 领导力常见层次

社会领导力　是领导者在更广泛的社会环境中展现出的影响力和责任感

组织领导力　关注领导者在整个组织层面上的战略思维和影响力，引导组织适应外部环境的变化，实现可持续发展和竞争优势

团队领导力　关注领导者在团队环境中的表现和影响力

个人领导力　又称自我领导力，是领导力的基础层次，主要关注个人的自我管理和自我驱动能力

图1-1　领导力常见层次

### （二）校长如何明确领导愿景

校长要深入了解学校的历史传统和实际情况，每所学校都有自己独特的文化底蕴和发展轨迹，校长在制定领导愿景时必须充分考虑这些因素。通过深入了解学校的历史、现状和未来发展趋势，校长可以更加准确地把握学校的发展方向和潜在优势，为制定科学、合理的领导愿景奠定基础。校长要关注教育领域的发展趋势和政策动向，教育是一个不断发展和变化的领域，新的教育理念、技术和方法层出不穷。校长作为学校的领导者，必须时刻保持敏锐的洞察力，关注教育领域的发展趋势和政策动向，以便及时调整和完善学校的领导愿景。通过与同行交流、参加研讨会和培训活动等方式，校长可以不断拓宽自己的视野和知识面，为制定具有前瞻性和创新性的领导愿景提供有力支持。师生是学校的主体力量，他们对于学校的发展有着深刻的感受和独特的见解、校长在制定领导愿景时，应该广泛征求师生的意见和建议，充分听取他们的声音和诉求。通过与师生沟通交流、召开座谈会和问卷调查等方式，可以更加全面地了解师生的需求和期望，为制定更加贴近实际、更具人性化的领导愿景提供重要参考。

## 表1-1　校长明确领导愿景的实施方案

| 步骤 | 行动项 | 实施方法 | 时间安排 | 负责人 |
|---|---|---|---|---|
| 1 | 深入了解学校的历史传统和实际情况 | 研究学校的历史资料、发展报告和校园文化与老教师、校友进行访谈，了解学校的发展历程和关键事件<br>实地考察学校设施，了解学校的硬件条件和教学资源 | 第1~2周 | 校长及行政团队 |
| 2 | 关注教育领域的发展趋势和政策动向 | 定期阅读教育类期刊、报告和政策文件<br>参加教育领域的研讨会、论坛和培训活动<br>与其他学校的校长建立交流机制，分享彼此的观察和见解 | 每月至少1次 | 校长及指定人员 |
| 3 | 拓宽视野和知识面 | 安排校长参加国内外教育考察和交流活动<br>鼓励校长参与教育相关的研究项目或课题<br>提供校长专业发展的培训机会和资源 | 每季度至少1次 | 校长及行政团队 |
| 4 | 广泛征求师生的意见和建议 | 定期召开师生座谈会，听取他们的意见和建议<br>设计并实施针对师生的问卷调查，了解他们的需求和期望<br>设立校长信箱或在线反馈平台，鼓励师生提出意见和建议 | 每月至少1次 | 校长及学生事务团队 |
| 5 | 综合分析并明确领导愿景 | 综合分析学校的历史、现状、发展趋势、教育资源、师生需求等因素<br>制订初步的领导愿景草案，并征求关键利益相关者的意见<br>根据反馈修订和完善领导愿景，确保其既具有前瞻性又符合学校实际 | 第5~6周 | 校长及行政团队 |
| 6 | 传播和贯彻领导愿景 | 通过全校大会、教职工会议、学生集会等方式向全校师生传播领导愿景<br>将领导愿景融入学校的战略规划、年度计划和日常工作中<br>定期对领导愿景的实施情况进行评估和调整，确保其得到有效贯彻 | 长期持续进行 | 校长及全体教职工 |

明确领导愿景是校长领导力的核心要素之一，对于激发教育创新、推动学校改革与发展具有重要意义。一个优秀的校长应该具备前瞻性的领导愿景、卓越的沟通能力和坚定的决策力，为学校制定一个清晰、明确的发展愿景，并激发师生

的共同信念，提升学校的整体形象。通过深入了解学校的历史传统和实际情况、关注教育领域的发展趋势和政策动向以及广泛征求师生的意见和建议等方式，校长可以制定出更加科学、合理且具有前瞻性和创新性的领导愿景，引领学校走向成功，培养创新型人才。

## 二、建立有效的沟通渠道

在激发教育创新的过程中，校长的领导力不仅体现在对教育愿景的明确和引领，更体现在与师生、家长以及社会各界建立有效的沟通渠道上。沟通是任何组织成功的基石，尤其在学校这样一个充满活力、变革与创新的环境中，有效的沟通更显得尤为重要。校长通过建立多种形式的沟通渠道，不仅能够更好地了解各方需求，传递教育理念，还能为学校创造一个开放、包容的氛围，从而有利于教育创新的萌发与成长。

### （一）有效的沟通渠道有助于校长了解师生的真实需求

作为学校的管理者，校长承担着引领学校发展、关注师生福祉的重要职责。为了更好地履行职责，校长必须时刻掌握师生的思想动态、学习状态和生活情况。这不仅是出于对师生个体的关心，更是对学校整体教育质量和未来发展的高度负责。然而要了解师生的真实需求和期望，并不是一件容易的事情。在日常的教育教学过程中，师生会遇到各种各样的问题和困惑，这些问题和困惑如果不被及时发现和解决，就会影响到他们的学习和生活，甚至影响到学校的整体发展。通过组织座谈会、问卷调查、线上交流平台等多样化的沟通渠道，校长可以直接与师生进行对话，了解他们的真实想法和需求。座谈会可以为师生提供一个面对面交流的机会，让他们能够直接表达自己的想法和建议；问卷调查则可以更加系统地收集师生的意见和建议，为后续的分析和决策提供依据；而线上交流平台则可以打破时间和空间的限制，让师生能够随时随地与校长进行交流。这些沟通渠道的建立，不仅可以让校长更加及时、全面地了解师生的需求和期望，还可以增强师生对校长的信任感和归属感。当师生感受到自己的声音被重视和关注时，他们就会更加积极地参与到学校的教育教学活动中来，为学校的创新发展贡献自己的力量。同时通过第一手的信息反馈，校长可以更加精准地把握学校的教育现状。这些信息反馈来自师生的日常表现、学习成绩、生活状态等多个方面，通过对这些信息的分析和整理，校长可以更加深入地了解学校的教育教学情况，发现其中存在的问题和不足。这些发现和了解，将为校长后续的创新实践提供有力的依据和支持。

### （二）有效的沟通渠道有助于校长传递教育理念和创新思想

在学校这个充满活力和变革的环境中，教育创新是推动学校持续发展的重要动力。新的教育理念和思想的引入，往往需要得到师生和家长的理解和支持，才能真正落地生根。校长作为学校的引领者，肩负着将这些新的理念和思想传递给各方的重要责任。为了实现这一目标，建立有效的沟通渠道显得尤为重要。这些沟通渠道不仅是校长传递信息的工具，更是建立共识、凝聚人心的桥梁。通过定期的教师培训，校长可以向教师深入阐述学校的教育理念和创新实践，激发他们的教育热情和创新精神。教师是学校教育教学的主力军，他们的理解和支持对于教育创新的推进至关重要。家长会也是校长传递教育理念和创新思想的重要场合，通过家长会，校长可以向家长介绍学校的教育教学情况、创新实践以及未来发展规划，增强家长对学校的信任和期待。家长是学校教育的合作伙伴，他们的理解和支持将为学校的教育创新提供坚实的后盾。除了教师培训和家长会，公开课也是展示学校教育理念和创新实践的重要窗口。通过公开课，邀请社会各界人士走进学校、走进课堂，亲身感受学校的教育氛围和创新实践。这种直观、生动的展示方式，往往能够产生深远的影响力，为学校的教育创新赢得更广泛的理解和支持。

### （三）有效的沟通渠道有助于校长营造一个开放、包容的创新氛围

在教育领域，创新是推动学校发展、提升教育质量的关键。而一个开放、包容的氛围，则是激发教育创新不可或缺的条件。作为学校的领导者，校长有责任也有能力通过有效的沟通渠道，来营造这样一个有利于创新的环境。有效的沟通渠道可以让校长更好地聆听来自师生、家长以及社会各界的声音。这些声音中，既包含了对学校现有工作的肯定和建议，也蕴含了对未来发展的期待和设想。当这些意见和建议被校长重视，并得到积极的回应时，就会激发大家参与学校事务的热情和积极性。

应通过有效的沟通渠道，鼓励师生、家长以及社会各界人士提出宝贵的意见和建议。这种鼓励不仅体现在口头上，更体现在实际行动上。比如，定期组织座谈会、研讨会等活动，邀请各方代表共商学校发展大计；也可以设立专门的意见箱、电子邮箱等，方便大家随时提出自己的建议和想法。这些举措都能让人们感受到自己的意见被重视，从而更加愿意为学校的创新发展贡献自己的力量。有效的沟通渠道有助于校长在学校内部营造一个充满活力、勇于创新的文化氛围。当每个人都能够自由地表达自己的想法，当每个创新的想法都能得到尊重和尝试的机会时，学校的文化就会变得更加开放和包容。这种文化氛围不仅能够吸引更多的优秀人才加入学校，还能够激发师生的创造力和创新精神，推动学校在教育领域不断取得新的突破和成就。

在激发教育创新的过程中，建立有效的沟通渠道是至关重要的。通过多样化的沟通渠道，不仅能够更好地了解师生的真实需求，传递教育理念和创新思想，还能够营造一个开放、包容的创新氛围。这些努力将为学校的教育创新提供坚实的基础和源源不断的动力。作为学校的领导者，校长应时刻关注沟通渠道的建设和优化，确保其发挥最大的效用，为学校的创新发展贡献力量。

## 三、领导风格与教育创新

在探讨校长如何激发教育创新时，不可忽视其领导风格对教育创新所产生的深远影响。领导风格，作为领导力的重要组成部分，直接关系到学校的组织氛围、教师的教学态度和学生的学习状态。校长的领导风格在促进或阻碍教育创新中扮演了至关重要的角色。结合实际，总结校长的领导风格如下表所示。

表1-2　不同的领导风格及其特点

| 领导风格 | 描述 | 特点 |
|---|---|---|
| 变革型领导 | 鼓励创新，推动学校进行重大改革 | 激发师生的创造力和创新精神<br>设定明确且具有挑战性的目标<br>强调学校的愿景和使命<br>鼓励师生参与决策过程 |
| 交易型领导 | 注重目标达成和奖励机制 | 设定明确的目标和期望<br>提供必要的资源和支持以达成目标<br>根据绩效给予奖励和认可<br>强调规则和纪律的重要性 |

| 领导风格 | 描述 | 特点 |
|---|---|---|
| 服务型领导 | 以师生需求为导向，强调服务和支持 | 关注师生的需求和福祉<br>倾听并回应师生的声音和诉求<br>营造积极的学习环境和校园文化<br>提供必要的指导和支持，促进师生发展 |
| 民主型领导 | 鼓励团队合作和参与决策 | 促进开放和包容的沟通氛围<br>鼓励师生发表意见和建议<br>重视团队合作和协作精神<br>通过共同决策来达成共识和目标 |
| 权威型领导 | 强调权力和控制，决策集中 | 决策迅速，行动果断<br>要求师生严格遵守规则和指令<br>强调纪律和秩序的重要性<br>限制师生的自主性和创造性 |

## （一）变革型领导风格有利于推动教育创新

变革型领导风格，作为一种在教育领域具有显著影响力的领导方式，特别强调校长的远见卓识和激励能力。这种领导风格不仅要求校长具备敏锐的洞察力和前瞻性思维，还要能够清晰地提出学校的创新愿景，并将其转化为具体的行动计划。在这种领导风格的指引下，校长会积极与教师、学生进行沟通，向他们传达创新的重要性，并通过各种方式激励他们参与到教育创新中来。他们深知，教师是教育创新的关键力量，因此会鼓励他们勇于尝试新的教学方法，突破传统的教学模式，为学生提供更加多元、个性化的学习体验。变革型领导风格的校长也非常注重为学生营造一个更具启发性和挑战性的学习环境。只有在这样的环境中，学生的潜能才能得到充分的激发，他们的创新精神和实践能力才能得到有效的培养。因此努力推动学校的教学改革，引入新的教育理念和技术手段，为学生提供更加丰富的学习资源和更加广阔的学习空间。变革型领导风格的校长还特别注重与师生共同创建一种鼓励尝试、不惧失败的创新文化。他们深知，创新总是伴随着风险和挑战，只有当师生们敢于尝试、勇于面对失败时，学校的创新活力才能真正迸发出来。因此积极倡导一种开放、包容、勇于探索的精神氛围，鼓励师生大胆提出自己的想法和见解，即使失败了也能从中汲取经验教训，为下一次的创新实践积累宝贵的经验。

## （二）民主参与型领导风格有助于汇聚教育创新智慧

民主参与型领导风格，其核心在于校长与教师、学生之间的平等交流和决策过程的开放性。这种领导风格不仅体现对个体的尊重，更是对学校整体发展智慧的重视。在这种风格下，校长不再是单纯的决策者，而是转变为引导者和倾听者。积极鼓励师生参与到学校事务的讨论和决策中来，给予每个人充分表达意见和见解的机会。无论是教师的教学方法，还是学生的学习环境，都可以通过民主参与的方式得到讨论和解决。这种开放性的决策过程，不仅有助于汇聚学校内部各方的智慧和创意，还能让教育创新更具针对性和实效性。因为只有当师生们真正参与到决策中来，他们的需求和期望才能被更准确地把握，从而确保创新措施更加符合学校的实际情况和发展需求。同时，民主参与型领导风格还能够显著增强师生对学校的归属感和责任感。当他们的声音被重视、意见被采纳时，他们就会更加深刻地感受到自己是学校的一分子，学校的发展与自己息息相关。这种情感上的连接，会激发师生们为学校的创新发展贡献更多的力量。他们会更加积极地参与到各种创新活动中来，为学校的长远发展出谋划策。

## （三）服务型领导风格为教育创新提供坚实支持

服务型领导风格强调校长以师生的需求和发展为中心，全心全意为他们提供支持和服务。这种风格的校长会努力为教师创造一个有利于创新的工作环境，提供必要的资源和支持，以减轻他们的工作压力，让他们有更多的时间和精力去探索和实践新的教育理念和方法。关注学生的全面发展需求，致力于为学生创造一个安全、健康、富有创新精神的学习环境。服务型领导风格不仅有助于满足师生的基本需求，更能激发他们的内在动力和创新精神，从而推动学校的教育创新不断深入。

校长的领导风格对教育创新具有重要的影响。变革型领导风格通过提出明确的创新愿景和激励师生共同创新来促进教育创新的实现；民主参与型领导风格则通过平等交流和决策过程的开放性来汇聚集体的创新智慧；而服务型领导风格则以师生的需求和发展为中心，为教育创新提供坚实的支持。在实际工作中，校长应根据学校的实际情况和发展需求，灵活运用各种领导风格，以最大限度地激发教育创新的活力和潜力。校长还应不断学习和提升自己的领导力水平，以更好地引领学校走向教育创新的前沿。

## 四、培养领导力的持续学习

在快速发展的教育环境中，校长作为学校的核心领导者，其领导力的培养与发展对于推动教育创新至关重要。持续学习不仅是校长个人专业成长的必由之路，也是其提升领导力、引领学校走向创新发展的核心策略。通过持续学习，校长能够不断更新教育理念，掌握先进的管理方法，从而在教育实践中发挥更大的引领作用。

### （一）持续学习有助于校长更新教育理念

教育理念，作为校长领导行为的灵魂和指南，对于学校的发展方向和教育质量起着决定性的作用。它不仅仅是一种理论上的构想，更是校长在实践中所坚守的核心价值观和实施原则。在日新月异、知识爆炸的当今社会，教育理念也在不断地与时俱进，吸收新的理论和实践成果。校长作为学校的掌舵人，其教育理念直接影响着学校的办学方向和教育实践。如果校长停滞不前，固守过时理念，那么学校的发展也将受到限制。校长必须通过持续学习，不断接触和吸收最新的教育理论、教育实践案例以及教育政策动态，从而及时更新自己的教育理念。这种持续学习带来的教育理念更新，对校长个人和学校发展都具有深远的意义，有助于校长把握教育的时代脉搏，了解当前教育领域的最新趋势和发展方向。这样就能够更加准确地定位学校的发展目标，制订出符合时代要求的教育规划。更新的教育理念还能够引导学校在教育创新中保持领先地位。当校长具备了前瞻性的教育理念，他就能够带领学校在教育实践中勇于尝试、敢于创新，不断探索适合学校自身特点和发展需求的教育模式和方法。

### （二）持续学习提升校长的管理能力

管理能力，作为校长领导力的核心支柱，其重要性不言而喻。一所学校的有效运行，离不开校长精准而高效的管理。管理不仅是一门艺术，更是一门需要不断学习和精进的技能。在复杂多变的教育环境中，校长要应对的挑战层出不穷，从日常教学安排、教师队伍管理，到学生发展策略、资源优化配置，无一不要求校长具备卓越的管理能力。持续学习对于校长提升管理能力来说，是一条行之有效的途径。通过学习先进的管理理论和方法，校长可以不断丰富自己的管理知识体系，将理论与实践相结合，形成自己独特的管理风格。例如项目管理知识的学习可以帮助校长更好地规划学校的重点发展项目，确保资源的合理利用和目标的顺利实现；团队建设理念的学习则有助于校长打造一个团结、高效、富有创造力的教师团队，激发每个成员的工作热情；冲突解决和沟通技巧的学习更是校长日常工作中不可或缺的，它们能够帮助校长在面对各种矛盾和冲突时，保持冷静、客观、公正的态度，有效化解问题，维护学校的和谐稳定。持续学习还能够显著增强校长的决策能力，在快速变化的教育环境中，校长时常需要面对各种复杂和棘手的问题，科学而果断的决策就显得尤为重要。通过持续学习，校长可以不断提升自己的信息素养和分析能力，从而在面对重大问题时，能够迅速收集和分析相关信息，做出更加明智和果断的决策。这种决策能力的提升，不仅有助于提升校长个人领导力，更是对学校整体发展的一种有力保障。

## （三）持续学习强化校长的创新引领作用

创新是推动社会进步的源泉，对于教育领域而言更是发展的驱动力。在教育环境中，创新不仅仅是教学方法的改进，还包括教育理念的更新、学校管理体系的完善、学生培养模式的探索等多个方面。校长作为学校的领导者，其创新意识和创新能力直接关系到学校的整体创新水平和未来发展。持续学习是校长增强创新意识和创新能力的重要途径，通过学习，校长可以不断接触新的教育理念和教学方法，了解国内外教育改革的最新动态和成功案例，从而拓宽自己的知识视野和思维空间。这种学习的过程不仅让校长保持对教育的热情和敏锐度，还能够激发其内在的创新欲望，使其更加积极主动地探索适合学校发展的创新之路。创新意识和创新能力在校长的日常工作中可以得到充分体现，在制订学校发展规划时，校长可以运用所学知识，结合学校实际，提出具有前瞻性和创新性的发展策略。在教学管理方面，鼓励教师尝试新的教学模式和方法，推动课堂教学改革，提升教学质量。在学生培养方面，关注学生的个性化发展需求，创新学生评价机制，培养学生的创新精神和实践能力。校长的创新意识和创新能力还可以通过其言行举止传递给学校的师生员工。作为学校的领路人，校长的每一个决策和行动都会对学校的师生员工产生影响。当校长在日常工作中展现出勇于创新、敢于尝试的精神时，这种正能量就会传递给学校的每一个成员，激发他们的工作热情和创新精神。在这种氛围下，学校的整体创新活力就会被有效激发出来，推动学校不断向前发展。

持续学习是校长培养领导力的关键策略之一，通过持续学习，校长可以不断更新教育理念、提升管理能力、强化创新引领作用，为推动学校的教育创新提供有力的支持。作为新时代的校长，应该树立终身学习的意识，不断追求个人和专业的成长与进步。学校和教育管理部门也应该为校长提供持续学习的机会和资源，为他们的成长和发展创造良好的条件和环境。

## 第二节　创新意识的培养与推广

### 一、培养校园内的创新文化

在快速发展的现代社会中，教育创新已成为学校发展的核心驱动力。作为学校的领导者，校长在激发教育创新中扮演着至关重要的角色。培养校园内的创新文化是校长推动教育创新的关键策略之一。创新文化不仅能够激发师生的创造力和探索精神，还能够为学校营造一个开放、包容、协作的创新氛围，从而推动学校在教育领域的持续发展和进步。

### （一）倡导开放与包容的创新理念

在培养校园内的创新文化过程中，校长必须积极倡导一种开放与包容的创新理念。这种理念强调对新颖想法和方法的接纳与鼓励，无论它们是否完全成熟或符合传统观念。学校应该成为一个孕育创新思维的温室，允许师生在探索和尝试中自由成长。为了实现这一目标，校长要采取多种措施来传播和强化这种创新理念。例如，定期举办创新讲座，邀请校内外专家分享他们在各自领域的创新经验和故事。这些讲座不仅可以为师生提供灵感和启发，还能帮助他们了解创新的重要性及其在教育和社会发展中的作用。还可以通过分享具体的创新案例来进一步激发师生的创新热情。这些案例可以来自学校自身的实践经验，也可以是其他学校或行业的成功案例。通过剖析这些案例，师生更加直观地理解创新的过程和价值，从而增强他们勇于创新的信心和决心。建立一种容错机制也是培养创新文化不可或缺的一环，创新总是伴随着风险，没有人能保证每一次尝试都能成功。学校需要为师生提供一个相对宽松的环境，允许他们在创新过程中犯错并从中学习。容错机制包括为创新项目提供必要的资源和支持，以及在面对失败时给予理解和鼓励等。通过这样的机制，师生更加放心地投入创新实践中，不用担心因为一次失败而受到严厉的批评或惩罚。

表1-3　倡导"开放与包容的创新理念"的实施方案

| 行动项 | 实施方法 | 时间安排 | 负责人 |
|---|---|---|---|
| 倡导开放与包容的创新理念 | 在全校范围内进行宣传，强调接纳和鼓励新颖想法的重要性<br>校长在各种场合（如开学典礼、教职工会议等）反复强调该理念<br>在校园文化建设中融入创新元素，如设立创新墙、创新角等 | 长期持续进行 | 校长及行政团队 |
| 定期举办创新讲座 | 邀请校内外专家、学者、企业家等分享创新经验和故事<br>设立固定的讲座时间和地点，确保师生能够方便地参与<br>对讲座内容进行提前预告和宣传，激发师生的兴趣 | 每月至少1次 | 校长及学术团队 |
| 分享创新案例 | 收集学校内部和外部的创新案例，进行整理和分类<br>通过校内媒体（如校报、校园网等）定期发布创新案例<br>在教职工会议或学生集会上进行案例分享和讨论 | 每两周1次 | 校长及宣传团队 |
| 建立容错机制 | 明确容错机制的原则和范围，确保师生了解并遵守<br>为创新项目提供必要的资源和支持，如资金、场地、设备等<br>在面对失败时，给予师生理解和鼓励，帮助他们总结经验教训<br>鼓励师生分享失败经历，促进相互学习和成长 | 长期持续进行 | 校长及项目支持团队 |
| 评估与调整 | 定期对创新文化的培养情况进行评估，收集师生的反馈意见<br>根据评估结果，及时调整实施方案和行动计划<br>对成功的经验和做法进行总结和推广，促进创新文化的持续发展 | 每季度1次 | 校长及评估团队 |

## （二）搭建多元化的创新平台

在推动校园创新文化形成的过程中，仅仅倡导开放与包容的创新理念是远远不够的。校长还需要采取实际行动，为师生搭建多元化的创新平台，使他们有机会将创新理念转化为具体的实践成果，并能够在校园内外进行展示和交流。这些创新平台可以形式多样，涵盖各个领域。例如科技创新竞赛可以鼓励学生发挥想象力和创造力，运用所学知识解决现实问题或探索新的科技应用。通过参与竞赛，学生不仅可以锻炼自己的创新能力和团队协作能力，还有机会获得专业人士的指导和认可，为未来的学术或职业发展打下坚实的基础。文化创意展览则是展示学生艺术才华和创意设计的绝佳舞台。无论是绘画、雕塑、摄影还是服装设计等作品，都可以通过展览得到呈现和推广。不仅能够提升学生的自信心和成就感，还能促进校园文化的多样性和丰富性。教育创新研讨会则是教师之间交流和分享创新教育实践经验的重要场所，通过研讨会，教师可以了解最新的教育理念和方法，学习其他教师的成功经验，共同探讨和解决教育创新过程中遇到的问题。这种跨学科的交流和合作有助于打破思维定式，激发新的教育创新灵感。这些多元化的创新平台不仅为师生提供了展示和交流的机会，更重要的是它们能够激发师生的创新动力。当看到自己的创新成果得到他人的认可和鼓励时，师生会更加坚定地走在创新的道路上。同时这些平台还能够促进师生之间的交流和合作，推动不同思想的碰撞和融合，从而孕育出更多具有原创性和实用性的创新成果。

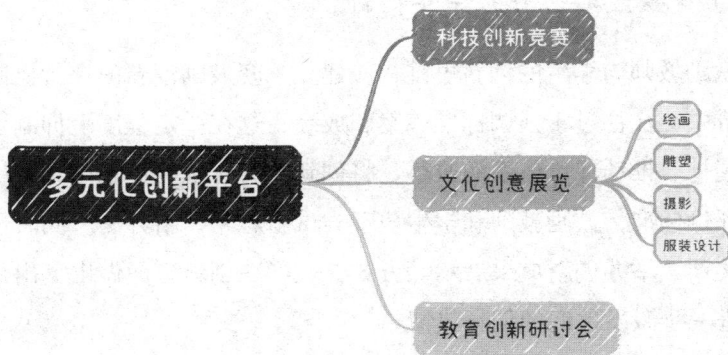

图1-2 多元化创新平台

## （三）强化创新教育的实践与应用

培养校园内的创新文化不仅需要理念和平台，更需要将创新教育融入日常教学实践中。引导教师注重培养学生的创新思维和实践能力，鼓励学生在课堂上提出新颖的观点和解决问题的方法。同时学校还可以开设创新实践课程，为学生提供更多的实践机会和资源。通过这些实践活动，学生可以更加深入地理解创新的内涵和价值，提高他们的创新意识和能力。

培养校园内的创新文化是校长在激发教育创新中的重要策略之一，通过倡导开放与包容的创新理念、搭建多元化的创新平台以及强化创新教育的实践与应用，校长可以为学校营造一个充满活力和创造力的创新氛围。这种创新文化不仅能够激发师生的创新潜力，还能够推动学校在教育领域的持续发展和进步。因此，作为新时代的校长，应该积极投身于创新文化的建设中，为学校的创新发展贡献自己的力量。

## 二、激励教师与学生的创新思维

在推动教育创新的过程中，校长不仅要关注创新理念的培养和创新平台的搭建，更要直接激励教师和学生的创新思维。教师和学生是学校创新活动的主体，他们的创新动力和创造力直接影响着学校整体的创新水平。因此，校长需要通过一系列策略与行动，激发教师和学生的创新潜能，营造积极向上的创新氛围。

### （一）建立鼓励创新的评价机制

为了激励教师与学生的创新思维，应建立一套鼓励创新的评价机制。在传统的教育评价中，往往过于强调标准答案和成绩，这在一定程度上抑制了教师和学生的创新精神。推动评价体系的改革，将创新能力、批判性思维、解决问题的能力等纳入评价标准，鼓励教师和学生勇于尝试新思路、新方法。同时还可以通过设立创新奖项、举办创新成果展示等方式，表彰在创新方面做出突出贡献的教师和学生，进一步激发他们的创新热情。

### （二）提供创新教育与培训支持

创新思维的培养需要系统的教育和培训支持，校长应该确保学校提供足够的资源，为教师和学生提供创新教育和培训的机会，包括组织专门的创新工作坊、研讨会，邀请创新领域的专家进行讲座或指导，以及提供在线资源和课程，帮助教师和学生提升创新思维和技能。通过这样的教育和培训，教师和学生可以更加了解创新的过程和方法，增强自信心和动力，从而更加积极地投入创新实践中。

### （三）营造鼓励尝试与容错的环境

创新总是伴随着风险，失败是创新过程中不可避免的一部分。然而传统的教育环境中往往对失败持有一定的偏见和恐惧。为了激励教师与学生的创新思维，校长需要营造一个鼓励尝试与容错的环境。这意味着当教师和学生尝试新的教学方法或学习策略并面临挑战或失败时，他们应该得到理解和支持，而不是批评和惩罚。校长可以通过建立积极的反馈机制、提供必要的资源和指导等方式，帮助教师和学生从失败中学习并继续前进。这样的环境可以消除创新的障碍和恐惧，鼓励教师和学生更加勇敢地追求创新。

#### 表1-4 激励教师与学生创新思维的方法

| 激励方法 | 描述 | 适用对象 |
|---|---|---|
| 扩散性问题 | 在教学中提出开放性问题，鼓励学生多角度、多层次思考，激发他们的创新思维 | 学生 |
| 学生主导讲解 | 鼓励学生用自己的语言讲解自己的想法和思维过程，提高他们的表达能力和创新思维 | 学生 |
| 针对性训练 | 根据学生的思维特点，进行有针对性的思维训练，如逻辑思维、批判性思维等 | 学生 |
| 情感交流 | 教师与学生建立积极的情感联系，关注学生的情感变化，为他们提供情感支持，激发他们的创新思维 | 学生 |
| 学生间互动 | 鼓励学生之间的合作与交流，让他们相互学习、相互启发，共同提高创新思维 | 学生 |
| 消除抑制因素 | 教师在教学中有意识地消除对学生创新思维的抑制因素，如刻板印象、权威主义等 | 学生 |
| 教师专业发展 | 提供教师专业发展的机会和资源，鼓励教师不断学习和探索新的教学理念和方法 | 教师 |
| 教师间合作 | 鼓励教师之间的合作与交流，共同研究教学问题，分享教学经验，提高教学创新能力 | 教师 |

| 激励方法 | 描述 | 适用对象 |
|---|---|---|
| 创新教学展示 | 定期举办创新教学展示活动，让教师们有机会展示自己的创新教学实践成果 | 教师 |
| 创新教学奖励 | 设立创新教学奖励机制，表彰在教学创新方面取得突出成绩的教师 | 教师 |

激励教师与学生的创新思维是校长在激发教育创新中的关键策略之一，通过建立鼓励创新的评价机制、提供创新教育与培训支持以及营造鼓励尝试与容错的环境，校长可以有效地激发教师和学生的创新潜能和动力。当教师和学生感受到自己的创新努力得到认可和支持时，他们将更加积极地投入创新实践中，推动学校整体创新水平的提升。作为新时代的校长，应该深刻认识到激励创新思维的重要性，并采取切实有效的行动来推动学校创新文化的形成和发展。

### 三、推广跨学科的创新实践

在推动教育创新的过程中，跨学科的创新实践是一种非常有效的方式。这种实践不仅能够打破传统学科的界限，促进不同领域的知识融合，还能够激发学生的探索欲望和创新精神。因此，校长应该积极推广跨学科的创新实践，为师生提供更多元化、综合性的学习体验。

#### （一）推广跨学科课程与项目

为了推广跨学科的创新实践，校长可以鼓励教师开发跨学科课程和项目。这些课程和项目可以融合多个学科的知识和方法，引导学生从不同角度思考和解决问题。例如开设融合了科学、技术、工程和数学的STEM课程，或者组织涉及艺术、历史和社会科学的综合性项目。通过这样的实践，学生可以培养跨学科的思维方式，提高解决复杂问题的能力。

#### （二）建立跨学科合作与交流机制

除了开发跨学科课程和项目外，还应该建立跨学科的合作与交流机制。包括组织不同学科的教师进行定期研讨和交流，分享各自领域的新理念和新方法；也可以鼓励学生参与跨学科的学术竞赛或研究项目，促进他们之间的合作与交流。通过这些机制，打破学科之间的壁垒，促进知识和思想的自由流动，从而激发更多的创新火花。

### （三）提供跨学科资源与支持

推广跨学科的创新实践需要相应的资源和支持，校长应确保学校提供足够的资源，如实验室设备、图书资料、在线数据库等，以支持师生进行跨学科的研究和实践。此外，邀请校外专家或机构进行合作，为师生提供更多元化、高质量的学习资源和支持。这些资源不仅可以满足师生的学习需求，还能够激发他们的创新灵感和动力。

### （四）培养跨学科的师资队伍

推广跨学科的创新实践还需要一支具备跨学科素养的师资队伍，注重教师的专业发展和培训，为他们提供跨学科的学习和研究机会。包括组织教师参加跨学科研讨会、工作坊或进修课程，提高他们的跨学科知识和能力。同时鼓励教师积极参与跨学科的研究项目或合作，培养他们的实践经验和创新思维。通过这样的培养，教师可以更好地指导学生进行跨学科的创新实践，推动学校整体创新水平的提升。

推广跨学科的创新实践是校长在激发教育创新中的重要策略之一，通过开发跨学科课程和项目、建立跨学科合作与交流机制、提供跨学科资源与支持以及培养跨学科的师资队伍，校长可以有效地推动学校内部的创新活动。这些实践不仅能够促进学生的全面发展，提高他们的综合素质和创新能力，还能够为学校带来新的发展机遇和竞争优势。然而推广跨学科的创新实践也面临着一些挑战和困难，例如如何平衡不同学科之间的关系和利益、如何确保跨学科课程和项目的质量与效果等。因此，校长需要在推广过程中注重策略与方法的科学性和有效性，不断总结经验教训并进行改进。同时与学校其他领导者和师生共同努力，形成全校性的创新氛围和文化，为学校的可持续发展注入新的活力和动力。

## 四、创建创新思维的激励机制

在教育领域，创新思维是推动学校持续发展和提升教育质量的关键因素。校长作为学校的领导者，有责任创建一种激励机制，以鼓励师生积极投身于创新实践，培养他们的创新思维能力。这种激励机制应当全面、系统，并能够持续激发师生的创新热情。

### （一）设立创新奖励制度

为了表彰在创新方面做出突出贡献的师生，校长可以设立一系列创新奖励制度。这些奖励可以包括创新成果奖、创新教学奖、创新学习奖等，旨在鼓励师生在各个层面进行创新实践。奖励的评选标准应当公开透明，注重创新的实际效果和影响。通过颁发证书、奖金或提供其他形式的支持，校长可以让师生感受到创新的价值和被认可的喜悦，从而进一步激发他们的创新动力。

### （二）提供创新资源与支持

创新思维的培养需要充足的资源和支持，校长应当确保学校提供必要的创新资源，如创新实验室、图书资料、技术支持等，为师生开展创新活动创造有利条件。此外，校长还可以邀请校内外专家进行讲座、指导或合作研究，为师生提供与专家交流的机会，拓宽他们的创新视野。通过这些措施，师生更加自信地投入创新实践中，不断探索新的教学方法和学习策略。

### （三）营造鼓励创新的文化氛围

除了物质资源的支持外，营造一种鼓励创新的文化氛围也至关重要。通过举办创新论坛、展示创新成果、分享创新经验等方式，在校园内传播创新的价值和意义。同时还应当倡导开放、包容、合作的精神，鼓励师生敢于尝试、勇于挑战传统观念，为创新提供宽松的环境。在这种文化氛围的熏陶下，师生会更加积极主动地寻求创新机会，将创新思维融入日常教学和学习中。

### （四）实施创新教育的课程与教学

为了系统地培养师生的创新思维能力，校长应当推动学校实施创新教育的课程与教学。包括在课程中融入创新教育的内容和方法，注重培养学生的批判性思维、问题解决能力和创造力。鼓励教师采用创新的教学方式，如项目式学习、翻转课堂等，激发学生的学习兴趣和主动性。通过实施创新教育的课程与教学，师生可以在学习过程中不断锻炼和提升自己的创新思维能力。

## （五）建立创新成果的反馈与改进机制

创新是一个持续不断的过程，需要不断地反馈和改进。建立一种有效的反馈与改进机制，及时收集和分析师生在创新实践中的经验和教训，为未来的创新活动提供指导，通过定期举办创新成果交流会、组织专家进行评审和指导、设立创新改进基金等方式实现。通过这种机制，师生不断总结经验、发现问题并寻求解决方案，推动学校的创新实践不断向前发展。

创建创新思维的激励机制是校长在激发教育创新中的重要任务之一，通过设立创新奖励制度、提供创新资源与支持、营造鼓励创新的文化氛围、实施创新教育的课程与教学以及建立创新成果的反馈与改进机制等策略与行动，校长全面地激发师生的创新热情和创新思维能力。当师生感受到创新的价值和被认可的喜悦时，他们将更加积极主动地投入到创新实践中，为学校的持续发展和教育质量的提升做出更大的贡献。

# 第三节　决策过程中的创新策略

## 一、数据驱动的决策制定

在当今这个信息时代，数据已经渗透到生活的方方面面，教育领域也不例外。校长作为学校的掌舵人，在决策过程中应当充分利用数据资源，确保决策的科学性和创新性。数据驱动的决策制定不仅能够提高决策的精准度和效率，还能为学校的创新发展提供有力支持。

## （一）数据收集与分析的重要性

实现数据驱动的决策制定，要对学校内外部的各种数据进行全面、准确的收集。这些数据包括学生的学习成绩、教师的教学评价、学校的资源使用情况等。通过对这些数据的深入分析，校长更加清晰地了解学校的实际情况，发现存在的问题和潜在的机会，为后续的决策提供有力依据。

## （二）数据在创新策略中的应用

在收集到足够的数据后，校长要运用这些数据来指导创新策略的制定。例如通过对学生学习数据的分析，校长发现哪些教学方法更有效，哪些学科领域需要更多的支持，从而有针对性地调整教学策略和资源分配。此外，数据还用于评估创新实践的效果，以便及时进行调整和优化。

## （三）数据驱动的决策制定的优势

相比于传统的经验主义决策方式，数据驱动的决策制定具有诸多优势。它能够确保决策更加客观、科学，减少人为因素的影响。数据驱动的决策制定更加透明、可追溯，有助于提高决策的可信度和执行力。通过对数据的持续监测和分析，校长可以及时发现问题并进行调整，确保学校始终沿着正确的创新方向发展。

表1-5　数据驱动在学校创新方向上的应用

| 优势维度 | 具体描述 | 实际应用示例 |
|---|---|---|
| 客观性 | 数据驱动决策能确保决策更加客观、科学，减少主观臆断和人为偏见 | 校长通过学生成绩、教师评估等数据分析，客观地确定教学改进的重点 |
| 精确性 | 基于数据的决策能够更准确地反映现实情况，提高决策的准确性 | 通过分析学生参与度、课程满意度等数据，校长可以精确地调整课程设置 |
| 透明性与可追溯性 | 数据驱动决策过程更加透明，决策依据可追溯，增加决策的可信度和执行力 | 校长公开用于决策的数据和分析方法，增强教职工对决策的理解和信任 |
| 实时调整 | 通过对数据的持续监测和分析，可以及时发现问题并进行调整，确保决策的有效性 | 校长根据实时监测的学生行为数据，及时调整校园安全管理措施 |
| 预测能力 | 利用数据分析可以预测未来趋势，为决策提供前瞻性依据 | 校长根据历年招生数据和市场趋势预测，制订下一学年的招生计划 |
| 创新引导 | 数据驱动决策有助于发现新的机会和增长点，引导学校创新方向的发展 | 校长通过分析学生兴趣、社会需求等数据，引导学校开设新的课程或项目 |

### （四）挑战与应对策略

虽然数据驱动的决策制定具有诸多优势，但在实际应用过程中也面临一些挑战。例如数据的准确性和完整性受到影响，导致决策失误；对数据的解读和分析也存在偏差。为了应对这些挑战，建立一套完善的数据管理机制，确保数据的准确性和完整性；加强对数据分析人员的培训和管理，提高他们的专业素养和分析能力。

随着技术的不断进步和教育理念的不断更新，数据驱动的决策制定在教育领域的应用将更加广泛和深入。校长不仅需要关注学校内部的数据资源，还需要积极与外部机构合作，共享更多的数据资源和分析工具。通过这些合作与交流，校长可以获取更多的创新灵感和实践经验，推动学校的持续创新与发展。同时，随着人工智能、大数据等技术的快速发展和应用，校长在决策过程中将更加便捷地获取和使用各种数据资源。这些技术不仅可以帮助校长更加精准地分析学校的实际情况和问题所在，还可以为学校的创新实践提供更加智能化、个性化的支持。例如通过对大量学生的学习数据进行挖掘和分析，学校为学生提供更加精准、个性化的学习方案和资源推荐；通过对教师的教学数据进行监测和评估，学校及时发现问题并提供有针对性的培训和指导。

数据驱动的决策制定是校长在激发教育创新中的关键策略之一。通过充分利用各种数据资源和分析工具，更加科学、客观地制定创新策略并确保其有效实施。

## 二、风险管理与容错文化

在推动教育创新的过程中，校长不仅要有前瞻性的眼光和果敢的决策，更需要建立一套完善的风险管理机制和容错文化。这是因为任何创新都伴随着风险，而如何在风险与机遇之间找到平衡点，考验着校长的智慧和勇气。

### （一）风险管理的重要性

风险管理是创新活动顺利进行的重要保障，在教育领域，创新往往意味着尝试新的教学方法、引入新的教育科技或进行教育模式的改革。这些尝试都面临失败的风险，而失败会对学校的声誉、资源和师生士气产生负面影响。校长需要通过风险管理来识别、评估和控制这些风险，确保创新活动能够在可接受的范围内进行。

### （二）建立风险识别与评估机制

进行有效的风险管理，建立风险识别与评估机制。校长组织专业的团队或邀请外部专家对学校的创新项目进行全面的风险评估，识别出潜在的风险因素，并对其进行量化分析。通过这种方式，学校更加清晰地了解创新项目的风险状况，为后续的风险控制和决策提供依据。

### （三）制定风险控制措施

在识别出风险后，校长制定相应的风险控制措施，可以包括建立风险预警系统、制订应急预案、进行定期的风险评估和审查等。通过这些措施，学校可以及时发现和处理创新过程中的风险问题，确保创新活动能够平稳进行。

### （四）倡导容错文化

除了建立风险管理机制外，校长还要在学校内部倡导一种容错文化。容错文化鼓励师生敢于尝试、勇于创新，即使面临失败也不会受到过多的指责和惩罚。这种文化可以减轻师生的心理压力，激发他们的创新热情，为学校的创新活动提供更加宽松和包容的环境。

### （五）容错文化的实践方式

要在学校内部建立容错文化，校长可以从以下几个方面入手：校长自己要以身作则，勇于承担责任和面对失败，为师生树立榜样；学校设立创新基金或创新奖励，鼓励师生积极参与创新活动；学校定期组织创新分享会或失败经验交流会，让师生在相互学习和交流中成长；最后学校建立一种开放、包容、尊重多元的文化氛围，让每个人都能够在这里找到自己的价值和归属感。

### （六）风险管理与容错文化的平衡

在推动教育创新的过程中，校长要平衡好风险管理与容错文化的关系。风险管理可以确保创新活动在可控的范围内进行，避免因为过于冒险而导致的巨大损失；而容错文化则可以为创新提供宽松的环境和强大的动力，激发师生的创新潜能。只有当两者相辅相成、共同作用时，才能为学校的创新发展提供最有力的保障。

在激发教育创新的过程中，校长作为学校的领导者发挥着至关重要的作用。通过建立完善的风险管理机制和倡导容错文化，校长可以为学校的创新活动提供更加坚实和全面的支持。不仅有助于推动学校的教育改革和发展，还能够培养师生的创新意识和能力，为未来的教育事业注入新的活力和动力。因此，校长应当高度重视这两个方面的工作，并将其作为推动学校创新发展的重要策略与行动来加以实施。

## 三、参与式决策与创新实验

在教育领域，激发创新不仅需要校长的远见卓识，更需要全校师生的共同参与。参与式决策与创新实验便是校长在推动教育创新时可以采纳的关键策略。通过鼓励师生参与决策过程，并进行创新实验，学校可以形成一个更加开放、包容、富有创造力的教育环境。

### （一）参与式决策的重要性

参与式决策强调在决策过程中广泛听取师生的意见和建议，确保决策能够反映多数人的利益和需求。这种决策方式不仅可以增加决策的合法性和可行性，还能够提高师生对决策的认同感和执行力。在教育创新中，参与式决策有助于汇聚全校师生的智慧和力量，共同推动学校的发展。

### （二）实施参与式决策的途径

通过多种途径实施参与式决策，如设立师生建议箱、组织座谈会、开展问卷调查等。这些途径为师生提供一个表达意见和建议的平台，让他们感受到自己的声音被重视和尊重。同时定期公布决策进展和结果，以增强决策的透明度和公信力。

### （三）创新实验的意义与策略

创新实验是激发教育创新的重要手段之一，通过在小范围内进行实验性尝试，学校更加直观地了解创新措施的实际效果，为后续的推广和改进提供依据。在创新实验中，校长要鼓励师生敢于尝试、勇于创新，即使面临失败也要保持积极的态度和开放的心态。

## （四）实施创新实验的策略

为确保创新实验的成功实施，校长可以采取以下策略：明确实验目标和预期效果，确保实验具有明确的方向性和针对性；选择合适的实验对象和实验环境，确保实验结果的客观性和准确性；加强对实验过程的监控和评估，及时发现和解决问题，确保实验能够顺利进行并取得预期效果。

## （五）结合参与式决策与创新实验

参与式决策和创新实验并不是孤立的两个过程，而是可以相互结合、相互促进的。通过参与式决策，校长更加全面地了解师生的需求和期望，为创新实验提供更加贴近实际的思路和方向。同时创新实验的结果也可以为参与式决策提供更加丰富和具体的实践依据，提高决策的科学性和可行性。

参与式决策与创新实验是校长在激发教育创新中可以采纳的关键策略，通过鼓励师生参与决策过程并进行创新实验，学校可以形成一个更加开放、包容、富有创造力的教育环境。这种环境不仅能够激发师生的创新潜能和热情，还能够推动学校不断向前发展并保持领先地位。校长应当高度重视这两个策略的运用和实施，为学校的创新发展注入新的活力和动力。

# 四、评估与反馈循环的建立

在教育创新的过程中，评估与反馈是确保创新实践有效性和持续改进的重要环节。校长需要建立一套完善的评估与反馈机制，以便对创新策略和实施效果进行持续的监测和反思，从而指导后续决策的调整和优化。

## （一）评估机制的构建

评估机制的构建是确保创新实践有效性的基础。校长可组织专业的评估团队或引入第三方评估机构，对学校的教育创新实践进行全面、客观、科学的评估。评估的内容应涵盖创新策略的可行性、实施过程的合规性、资源使用的效率以及创新成果的质量和影响等方面。通过定期评估，及时了解创新实践的优点和不足，为后续的改进提供有力依据。在构建评估机制时，校长要关注以下三个方面：一是评估指标的选择应科学合理，能够真实反映创新实践的情况；二是评估过程应公开透明，确保评估结果的可信度和公正性；三是评估结果应及时反馈，以便相关人员及时了解创新实践的进展情况。

### （二）反馈循环的建立

反馈循环是确保创新实践持续改进的关键，在评估结果得出后，校长组织相关人员对评估结果进行深入的分析和讨论，明确创新实践中的优点和不足，以及需要改进的具体方面。根据讨论结果制定相应的改进措施和行动计划，并将其纳入学校的教育创新规划中。这样就形成了一个完整的反馈循环，确保学校的创新实践能够在持续改进中不断得到提升。为了建立有效的反馈循环，校长需要注意以下三个方面：一是确保反馈信息的准确性和及时性，以便相关人员能够及时了解到创新实践的真实情况；二是鼓励全员参与反馈过程，让师生都能够积极参与到学校的教育创新中来；三是注重反馈结果的应用，确保改进措施能够真正落到实处并取得实效。

### （三）评估与反馈循环的实践应用

在实践中评估与反馈循环的应用可以贯穿于学校的教育创新全过程，例如在校本课程开发中，校长组织专家对课程开发方案进行评估，根据评估结果对方案进行调整和优化。在课程实施过程中，校长定期收集师生的反馈意见，对课程实施效果进行实时监测和反思。通过持续的评估与反馈循环，学校不断完善校本课程开发方案，提高课程质量和实施效果。在教学方法改革、教育技术应用等方面，评估与反馈循环同样发挥着重要作用，校长通过定期评估了解教学方法改革或教育技术应用的实际效果，根据师生的反馈意见进行相应的调整和改进。这样不仅可以确保教学方法改革或教育技术应用更加符合师生的实际需求，还能够提高教学效果和学习体验。

评估与反馈循环是校长在激发教育创新中的重要策略之一。通过构建完善的评估机制和反馈循环，确保学校的教育创新实践能够在持续改进中不断得到提升。随着教育理念的不断更新和技术的快速发展，评估与反馈循环将在教育创新中发挥更加重要的作用。校长要不断探索和创新评估与反馈的方法和手段，以适应教育创新发展的需要。同时也要加强对相关人员的培训和管理，提高他们的专业素养和参与意识，为学校的持续创新和发展提供有力保障。

# 第四节　领导在变革管理中的作用

## 一、管理变革的策略

在当今快速发展的教育环境中，变革已成为常态。作为学校的领导者，校长在推动教育变革中扮演着至关重要的角色。他们不仅需要具备前瞻性的眼光和战略性的思维，还需要掌握有效的变革管理策略，以确保变革的顺利进行并取得预期成果。

### （一）明确变革愿景与目标

校长须为学校制定一个清晰、具体的变革愿景与目标。这个愿景应该描述学校未来的发展方向、期望达到的成果以及变革所带来的益处。通过明确愿景与目标，校长可以激发师生员工的共同使命感，促使他们积极参与并支持变革，同时也为变革过程中的决策和行动提供了明确的指引。

### （二）建立变革领导小组

校长应组建一个由学校各部门代表组成的变革领导小组，这个小组负责策划、组织和监督变革过程，确保变革策略的落地实施。通过跨部门合作，变革领导小组可以打破组织内部的壁垒，促进信息共享与资源整合，从而提高变革的效率和成功率。

### （三）沟通与倾听

有效的沟通是管理变革的关键，校长定期与师生员工进行沟通，解释变革的目的、意义以及带来的影响。同时，校长也要倾听他们的意见和担忧，理解他们的需求和期望。通过双向沟通，增进彼此的理解与信任，减少变革过程中的阻力和冲突。

### （四）提供必要的培训与支持

变革往往伴随着新的理念、方法和技术。为了让师生员工能够适应并胜任变革后的工作，校长要提供必要的培训与支持，包括组织专业培训课程、邀请专家进行指导、设立学习资源中心等。通过培训与支持，校长帮助师生员工提升能力、增强信心，从而更好地应对变革带来的挑战。

### （五）监控与评估变革进展

变革是一个持续的过程，需要不断地监控与评估以确保其按照预期的方向进行。校长应建立一套有效的监控与评估机制，定期收集和分析变革过程中的数据与信息，评估变革的成果与影响。通过监控与评估，校长可以及时发现问题并采取相应措施进行改进，确保变革的顺利进行。

### （六）庆祝成功与总结经验

当变革取得阶段性成果或最终成功时，校长应组织庆祝活动以表彰参与者的努力与贡献。同时也要组织总结经验教训的会议或研讨会，回顾变革过程中的成功与失败案例，提炼出宝贵的经验教训。通过庆祝成功与总结经验，激励师生员工继续前行并为未来的变革积累宝贵的财富。

作为学校的领导者，校长在激发教育创新中发挥着举足轻重的作用。通过明确变革愿景与目标、建立变革领导小组、沟通与倾听、提供必要的培训与支持、监控与评估变革进展以及庆祝成功与总结经验等关键策略，校长可以有效地推动学校的教育变革并取得预期成果。这些策略不仅有助于校长更好地履行其领导职责，也为学校的持续发展与创新奠定了坚实的基础。在未来的教育变革中，校长们要继续探索和实践有效的管理策略，以引领学校走向更加美好的未来。

## 二、克服变革阻力的方法

在教育领域，变革是推动学校进步和发展的重要动力。然而任何变革都会遭遇阻力，这些阻力来自教师、学生、家长或其他利益相关者。作为学校的领导者，校长需要采取有效的策略来克服这些阻力，确保变革的顺利进行。

## （一）建立共识与沟通

建立共识是克服变革阻力的首要步骤，校长要通过与教师、学生和家长等利益相关者进行广泛而深入的沟通，解释变革的必要性和预期成果。这种沟通应该是双向的，允许各方表达自己的观点和担忧。通过真诚的对话和倾听，可以增进彼此的理解，减少误解和疑虑，从而为变革奠定坚实的群众基础。为了更有效地进行沟通，校长可以利用多种渠道，如座谈会、问卷调查等，收集各方的意见和建议。同时，校长还要定期公布变革的进展和成果，以增强利益相关者对变革的信心和支持。

## （二）提供培训与支持

变革往往伴随着新的理念、方法和技术。让教师和其他员工能够适应并胜任变革后的工作，校长要提供必要的培训和支持，包括新的教学理念、教学方法、教育技术等方面的内容，旨在提升教师的专业素养和创新能力。除了专业培训外，还可以为教师提供其他形式的支持，如教学资源、辅导时间、同行交流等。这些支持可帮助教师更好地应对变革带来的挑战，增强他们的教学效能感和工作满意度。

## （三）激励与认可

激励与认可是激发教师积极参与变革的重要手段，校长要建立一套公平、透明的激励机制，对在变革中表现出色的教师进行表彰和奖励。这些奖励可以是物质的，如加薪、晋升等，也可以是精神的，如荣誉证书、公开表扬等。同时，校长还要在日常工作中给予教师及时的认可和反馈。当教师取得进步或做出贡献时，校长应该给予积极的评价和鼓励，以增强教师的自信心和归属感。这种认可和反馈可以让教师感受到自己的价值被看见和肯定，从而更加积极地投入变革中。

克服变革阻力是校长在推动教育创新中必须面对的挑战，通过建立共识与沟通、提供培训与支持以及激励与认可等关键方法，有效地减少变革过程中的阻力，激发教师和其他利益相关者的积极性和创造力。这些方法不仅有助于变革的顺利进行，也为学校的长期发展和创新奠定了坚实的基础。然而克服变革阻力并非一蹴而就的过程。校长要持续关注变革的进展和反馈，及时调整和完善策略。同时还要培养一种开放、包容、勇于创新的学校文化，让每个人都能够在变革中找到自己的位置和价值。只有这样，学校才能在不断变革的教育环境中保持领先地位，为培养未来社会所需的人才做出更大的贡献。

### 三、引导与支持教师的变革适应

在教育变革的浪潮中，教师是学校变革的关键因素。他们的态度、行为和适应能力直接影响着变革的成败。因此，校长作为学校的领导者，在推动教育创新时，必须关注教师的变革适应过程，并采取有效的策略来引导和支持他们。

#### （一）明确变革愿景，激发教师使命感

校长要为教师明确变革的愿景和目标，一个清晰、具体且富有吸引力的愿景能够激发教师的使命感和责任感，使他们认识到变革的必要性和重要性。通过组织会议、研讨会等形式，校长可以向教师传达变革的理念、目的和预期成果，并与他们共同探讨如何实现这一愿景。这样教师不仅能够理解变革的意义，还能积极参与到变革中来。

#### （二）提供持续的专业发展和学习机会

变革往往伴随着新的教学理念、方法和技术的出现，为了让教师能够适应这些变化，校长要为他们提供持续的专业发展和学习机会，包括组织校内外的培训课程、邀请专家进行讲座、鼓励教师参加学术研讨会等。通过这些活动，教师不断更新自己的知识体系，提升教育教学能力，从而更好地应对变革带来的挑战。此外建立一种鼓励教师自主学习和合作学习的文化氛围，例如设立教师学习资源中心，提供丰富的图书、期刊和网络资源；鼓励教师之间开展同伴互助和合作学习活动，分享彼此的经验和成果。这样教师可以在一个积极、互助的环境中共同成长和进步。

#### （三）建立有效的激励和评价机制

激励和评价是激发教师变革适应动力的重要手段，校长需要建立一套公平、

透明且有效的激励和评价机制，以激发教师的积极性和创造力，包括设立奖励制度，表彰在变革中表现突出的教师；建立与教师职业发展相挂钩的评价体系，将变革适应能力作为评价的重要指标之一。同时，校长还需要关注教师的心理需求和情感支持，变革过程中，教师会面临压力、困惑和挫败感。校长要定期与教师进行面对面的沟通，倾听他们的声音，了解他们的需求和困难，并提供必要的心理疏导和情感支持，使教师更加坚定地面对变革带来的挑战。

在教育变革中，校长作为学校的领导者，承担着引导和支持教师适应变革的重要责任。通过明确变革愿景、提供持续的专业发展和学习机会以及建立有效的激励和评价机制等策略。激发教师的使命感和责任感，提升他们的教育教学能力，并帮助他们更好地应对变革带来的挑战。这些策略不仅有助于推动学校的整体进步和发展，还能为培养适应未来社会需求的人才奠定坚实的基础。因此，应不断探索和实践有效的领导策略和方法，以更好地引导和支持教师在教育变革中的成长和发展。

## 四、变革期的沟通与团队建设

在学校变革的过程中，沟通与团队建设是确保变革顺利进行并取得成功的关键因素。校长作为学校的领导者，在变革期间需要发挥核心作用，通过有效的沟通和团队建设策略，将学校师生凝聚成一个有力的整体，共同应对变革带来的挑战。

### （一）建立开放、透明的沟通机制

在变革期间，信息的流通和共享至关重要。须建立一个开放、透明的沟通机制，确保信息的及时、准确传递，包括定期召开全校会议、部门会议以及一对一的面谈，向师生员工传达变革的目的、意义、计划和进展。同时鼓励师生员工提出自己的意见和建议，及时反馈变革过程中的问题和困难。通过双向沟通，及时了解师生的需求和关切，调整变革策略，减少误解和阻力。

### （二）培养团队精神和合作意识

变革往往需要跨部门、跨学科的协作与配合。积极培养团队精神和合作意识，打破部门壁垒和学科界限，促进师生员工之间的交流与合作。通过组织团队建设活动、设立跨学科项目团队、鼓励教师之间的同伴互助等方式实现。同时，校长还要关注团队中的个体发展，为每个人提供成长的机会和平台，激发他们的工作热情和创造力。

### （三）强化共同愿景和价值观的引领

共同愿景和价值观是学校团队的灵魂和纽带，在变革期间，校长不断强化共同愿景和价值观的引领作用，将学校的发展目标与师生的个人追求紧密结合起来，形成共同的奋斗目标和价值追求。通过制订学校发展规划、明确办学理念和教育目标、加强校园文化建设等方式实现。同时还要在日常工作中践行这些价值观，以身作则，成为师生员工的楷模和榜样。

在学校变革期间，沟通与团队建设是确保变革成功的重要因素。校长发挥领导核心作用，通过建立开放、透明的沟通机制，培养团队精神和合作意识，强化共同愿景和价值观的引领等策略与行动，将学校师生凝聚成一个有力的整体共同应对变革带来的挑战。这些策略与行动不仅有助于变革的顺利进行并取得成功，还能为学校的长期发展奠定坚实的基础。校长需要不断提升自己的领导力和团队建设能力，以更好地引领学校应对变革并实现持续发展。同时，师生员工也需要积极参与到变革过程中来，与校长共同努力推动学校的进步和发展。通过全校上下的共同努力和协作，学校能够更好地适应时代的变化和社会的需求，培养出更多优秀的人才，为社会做出更大的贡献。

# 第二章 创新教育策略的制定与执行

## 第一节 教育创新策略的制定

### 一、确定教育创新的方向

在快速发展的现代社会中，教育创新已成为学校提升教育质量、培养未来人才的重要途径。作为学校的领导者，校长在激发教育创新中扮演着举足轻重的角色。而制定明确、前瞻性的教育创新策略，则是校长引领学校走向成功的关键一步。

#### （一）分析教育现状与未来趋势

确定教育创新的方向，要深入分析当前的教育现状，包括对学校教育理念、课程设置、教学方法、评价体系等方面的全面审视。通过收集教师、学生、家长以及社会各界的反馈意见，更加准确地把握学校教育的优势和不足。同时关注教育领域的未来发展趋势，包括新兴教育理念、技术进步对教育产生的影响，以及社会对人才需求的变化等。通过对这些趋势的深入研究和预测，校长可以为学校的教育创新找到正确的方向。

表2-1 教育现状与未来趋势

| 项目 | 教育现状 | 未来趋势 |
|------|----------|----------|
| 技术融合 | 数字化技术在教育领域逐渐得到应用，但融合程度有待提升 | 随着技术的进一步发展，AI、VR/AR等将更深入地与教育结合，提高教学效果 |
| 教育资源 | 资源分配不均，部分地区和学校缺乏优质教育资源 | 教育资源将更加均衡分配，共享和开放的教育资源平台将增多 |

（续表）

| 项目 | 教育现状 | 未来趋势 |
|---|---|---|
| 教学方法 | 传统教学方法仍占主导，缺乏个性化教学 | 个性化和定制化教学将成为主流，注重学生自主学习和探究能力 |
| 终身学习 | 终身学习意识逐渐普及，但实施体系尚不完善 | 构建完善的终身学习体系，提供更多元化和灵活的学习路径 |
| 教育国际化 | 国际化教育在部分地区和学校得到发展，但整体水平有待提升 | 教育国际化趋势将更加明显，跨文化交流和合作将成为常态 |
| 教育公平 | 教育公平问题依然存在，如城乡差距、性别差距等 | 政府和社会将更加重视教育公平，努力缩小教育差距 |

## （二）明确教育创新的目标与愿景

在分析现状与趋势的基础上，校长要明确教育创新的目标和愿景。这些目标和愿景应该既符合学校的教育理念和实际情况，又具有前瞻性和挑战性。包括提高学生的学习效果、培养学生的创新能力和批判性思维、促进教师的专业发展等。明确的目标和愿景不仅可以为学校的教育创新提供明确的方向，还可以激发师生员工的积极性和创造力。当每个人都清楚地知道学校要努力的方向和目标时，就会更加团结一致，共同为实现这些目标而努力。

## （三）制定具体可行的创新策略

有了明确的目标和愿景后，校长制定具体可行的创新策略，包括课程改革、教学方法创新、教育技术应用、评价体系改革等方面。在制定策略时，充分考虑学校的实际情况和资源条件，确保策略的可行性和有效性，同时还要关注策略的实施过程。他需要与教师、学生、家长等利益相关者进行充分的沟通和协商，确保他们能够理解并支持这些创新策略。此外还需要建立一套有效的监督和评估机制，及时发现问题并进行调整和改进。

## （四）持续推动与调整创新方向

教育创新是一个持续不断的过程，要时刻保持对教育领域的敏感度和洞察力，及时发现新的创新机会和挑战。同时根据学校的发展情况和外部环境的变化，不断调整和优化创新策略和方向。建立一套激励机制，鼓励师生员工积极参与教育创新活动。通过表彰先进、提供培训和发展机会等方式，激发他们的创新热情和创造力。学校的教育创新才能持续不断地进行下去，为培养未来人才做出更大的贡献。

校长在激发教育创新中的关键策略与行动之一就是确定明确、前瞻性的教育创新方向。通过深入分析现状与趋势、明确目标与愿景、制定具体可行的创新策略以及持续推动与调整创新方向等步骤，引领学校走向成功的教育创新之路。

## 二、制定具体可行的创新计划

在教育创新的过程中，制订具体可行的创新计划是至关重要的。这不仅为创新活动提供了清晰的路线图，还有助于确保资源的有效利用和目标的顺利实现。校长作为学校的领导者，在制订创新计划时发挥着核心作用。他们需要综合考虑学校的教育理念、现有资源、教师能力、学生需求以及社区期望等多个因素，以确保创新计划既具有前瞻性，又切实可行。

### （一）明确创新计划的目标与预期成果

制订创新计划的首要任务是明确目标与预期成果，这些目标应该与学校的整体发展战略和教育理念相一致，同时反映出学校在教育创新方面的独特追求。学校希望通过引入新的教学方法和技术来提高学生的学习效果，或者通过加强师资培训来提升教师的教学质量。明确的目标有助于统一全校师生的思想和行动，形成共同的努力方向。

### （二）细化创新计划的实施步骤与时间安排

为确保创新计划的顺利推进，校长需要细化实施步骤并制定合理的时间安排，包括确定各项创新活动的具体负责人、所需资源、实施时间以及预期完成时间等。通过详细规划每个阶段的工作重点和任务分配，确保创新活动有条不紊地进行，同时也有助于及时发现和解决问题。

### （三）评估创新计划的资源需求与可行性

在制订创新计划时，校长还需要对现有资源进行全面评估，包括师资力量、教学设施、信息技术支持以及经费预算等。这有助于确保创新计划在实际执行过程中不会因资源不足而受阻。同时对创新计划的可行性进行深入分析也是必不可少的，包括对计划实施过程中遇到的挑战和障碍进行预测，并制定相应的应对策略。

### （四）建立创新计划的监测与评估机制

为确保创新计划的有效实施并取得预期成果，校长需要建立一套完善的监测与评估机制，包括对创新活动的进度进行定期跟踪和评估，以及根据实施情况对计划进行适时调整和优化。通过持续地监测和评估，及时发现计划执行过程中的问题并采取相应措施加以解决，从而确保创新活动的顺利进行。

### （五）鼓励师生参与创新计划的制订与执行

鼓励师生积极参与创新计划的制定与执行过程，他们的直接参与不仅可以为创新活动提供更多有价值的想法和建议，还有助于增强他们对创新计划的认同感和归属感。通过广泛征求师生的意见和建议，更加全面地了解学校的教育需求和发展方向，从而制订出更加符合实际、更具针对性的创新计划。

制订具体可行的创新计划是校长在激发教育创新中的关键策略之一，通过明确目标与预期成果、细化实施步骤与时间安排、评估资源需求与可行性、建立监测与评估机制以及鼓励师生参与等策略与行动，校长可以引领学校在教育创新道路上稳步前行并取得显著成果。

## 三、策略的时间框架与目标设定

在教育创新的征程中，设定明确的时间框架与目标对于策略的成功至关重要。校长作为学校的领航者，在构建创新策略时，必须精心规划时间线并设定清晰、可衡量的目标，以确保创新活动能够有序、高效地推进。

### （一）设定短期、中期与长期时间框架

校长在规划创新策略时，应考虑不同的时间维度，包括短期、中期和长期。短期目标关注当前学年或学期内可实现的变革，如引入新的教学方法、改善教学设施等。中期目标则着眼于未来几年内的发展，涉及课程体系的重构、师资力量的培养等。而长期目标则是对学校未来十年甚至更长时间内的愿景规划，包括学

校文化的塑造、教育模式的创新等。通过设定不同时间框架的目标，确保创新策略既有针对性又具前瞻性，既关注眼前的挑战又着眼于未来的发展。

## （二）明确具体、可衡量的目标

在设定创新策略的目标时，校长需要确保这些目标是具体、可衡量的。提高学生的学习成绩可以具体化为在特定学科上提升平均分或及格率；培养学生的创新能力可以量化为增加学生参与创新项目的数量或获奖等级。这样的目标设定有助于明确创新策略的方向和重点，也为评估策略的执行效果提供了依据。还需要关注目标的可行性和挑战性，目标设定过高会导致难以实现而挫伤师生的积极性，目标设定过低则缺乏挑战性而难以激发创新动力。因此，要在深入了解学校实际情况的基础上，设定既具有挑战性又切实可行的目标。

## （三）将目标分解为可执行的任务与行动计划

为确保创新策略的有效实施，要将目标分解为一系列可执行的任务和行动计划。这些任务和计划应明确责任人、完成时间和所需资源，以确保各项创新活动能够按照既定的时间框架顺利推进。通过细化目标和制订具体的行动计划，可以将创新策略从抽象的愿景转化为师生可参与、可操作的实践活动。

## （四）建立时间管理与监控机制

在创新策略的执行过程中，建立一套有效的时间管理与监控机制，包括对各项创新活动的进度进行定期跟踪和评估，确保能够按照既定的时间框架进行。同时根据实际情况对策略进行适时调整和优化，以应对会出现的挑战和延误。通过持续的时间管理与监控，确保创新策略在时间维度上的有效性和可持续性。

## （五）激发师生对策略目标与时间框架的认同感

激发师生对创新策略目标与时间框架的认同感，通过广泛征求师生的意见和建议、组织相关的讨论和培训活动等方式实现。当师生对策略的目标和时间框架有了深入的理解和认同后，他们就更积极地参与到创新活动中来，为策略的成功实施贡献自己的力量。

校长在激发教育创新中需要精心规划策略的时间框架与目标设定，通过设定短期、中期与长期的目标，明确具体可衡量的指标，将目标分解为可执行的任务与行动计划，建立时间管理与监控机制以及激发师生的认同感等策略与行动，引领学校在时间维度上有序、高效地推进教育创新活动并取得显著成果。

## 四、资源分配与优先级管理

在教育创新策略的制定过程中，资源分配与优先级管理是不可或缺的重要环节。校长作为学校的领导者，需要在这方面发挥关键作用，确保有限的资源能够得到高效利用，同时确定各项创新活动的优先级，以推动学校整体发展。

### （一）全面评估学校资源状况

校长应对学校的资源状况进行全面评估，包括了解学校的人力资源、物力资源、财力资源以及信息资源等方面的情况。通过深入分析各项资源的数量、质量以及配置情况，更加清晰地认识到学校在资源方面的优势和不足，为后续的资源分配和优先级管理提供有力依据。

### （二）明确资源分配原则与标准

在进行资源分配时，遵循一定的原则和标准。这些原则和标准应该与学校的教育理念、发展目标以及创新策略保持一致。例如学校优先考虑那些对提升学生核心素养、促进教师专业发展以及推动学校特色建设具有重要意义的创新项目。同时关注资源的公平性和效率性，确保各项创新活动都能获得必要的支持。

### （三）确定创新活动的优先级

在明确资源分配原则与标准的基础上，要进一步确定各项创新活动的优先级。根据学校实际情况和创新策略的具体要求来进行综合判断。一般来说，对学校发展具有战略意义、能够显著提升教育质量以及有利于形成学校特色的创新活动会被赋予更高的优先级。同时，校长还要关注那些紧急且重要的创新需求，确保它们能够及时得到满足。

### （四）建立灵活高效的资源调配机制

为确保资源能够按照既定的优先级进行合理分配，校长要建立一套灵活高效的资源调配机制，包括完善学校的财务管理制度、优化物资采购流程、加强校内外合作与交流等。通过这些措施更加便捷地调配学校内部资源，同时还要积极争取外部资源的支持，为创新活动的顺利实施提供有力保障。

### （五）持续关注资源使用效果并优化调整

持续关注资源的使用效果，并根据实际情况进行优化调整，包括对各项创新活动的实施效果进行定期评估，了解资源投入与产出之间的比例关系，分析存在的问题和不足，并及时采取改进措施。同时关注学校内外环境的变化，及时调整资源分配策略和优先级管理方案，以确保学校能够始终站在教育创新的前沿。

激发教育创新中需要高度重视资源分配与优先级管理这一关键策略，通过全面评估学校资源状况、明确资源分配原则与标准、确定创新活动的优先级、建立灵活高效的资源调配机制以及持续关注资源使用效果并优化调整等策略与行动，确保学校的有限资源能够得到合理高效利用，从而推动学校在教育创新道路上不断取得新的突破和成就。

## 第二节　推进教学方法的创新

### 一、促进项目式学习 (PBL) 的实施

在当今教育改革的浪潮中，项目式学习（PBL）以其独特的魅力和实效性，逐渐成为教学方法创新的重要方向。校长作为学校的领航者，在推进PBL的实施中扮演着举足轻重的角色。他们不仅需要深刻理解PBL的核心理念和价值，更需要采取切实有效的策略与行动，确保PBL在学校教育中落地生根、开花结果。

### （一）理解 PBL 的核心理念与价值

项目式学习（PBL）是一种以学生为中心、以问题或项目为导向的教学方法。强调学生在真实情境中探究问题，通过合作、交流、批判性思维和创新等方式，形成对知识的深刻理解和应用。PBL的核心理念在于激发学生的主动性和创造性，培养他们的问题解决能力和终身学习能力。对于学校而言，PBL的实施有

助于提升教学质量，营造积极的学习氛围，培养适应未来社会挑战的创新人才。

## （二）制订 PBL 实施计划与策略

校长在推进PBL实施时，应制订详细的计划和策略，包括明确PBL的教学目标、选择适合的教学内容、设计富有挑战性的项目任务、提供必要的资源和支持等。同时关注教师的专业发展，组织相关的培训和研讨活动，提升教师实施PBL的能力和信心。建立有效的激励机制和评价体系也是确保PBL顺利实施的关键。

表2-2　制订PBL（问题式学习）实施计划与策略的实施方案

| 实施步骤 | 具体内容 | 时间安排 |
|---|---|---|
| 明确 PBL 教学目标 | 确定 PBL 教学要培养学生的核心能力和素养<br>与课程标准相结合，明确 PBL 目标与课程目标的对应关系 | 开学初 |
| 选择适合的教学内容 | 筛选与 PBL 目标相契合的教学内容<br>确保内容具有实际意义和吸引力，能激发学生兴趣 | 开学前两周 |
| 设计富有挑战性的项目任务 | 根据教学目标和内容，设计具有挑战性和探究性的项目任务<br>确保任务能够促进学生团队合作和问题解决能力的发展 | 开学前一个月 |
| 提供必要的资源和支持 | 确定实施 PBL 所需的硬件和软件资源<br>安排专业人员进行技术支持和培训<br>提供必要的教学材料和参考书籍 | 开学前一个月至开学初 |
| 关注教师专业发展 | 组织 PBL 相关的培训和研讨活动，提升教师的理论水平和实践能力<br>鼓励教师参与 PBL 教学研究和经验分享 | 全年持续进行 |
| 建立有效的激励机制 | 设立 PBL 教学成果奖，表彰在 PBL 实施中取得突出成绩的教师和学生<br>将 PBL 实施情况纳入教师绩效评价体系 | 全年持续进行 |
| 建立评价体系 | 制定 PBL 实施评价标准，包括教学过程、学生成果、教师反思等方面<br>定期进行 PBL 实施效果评估，收集师生反馈意见，及时调整实施方案 | 每学期末 |

## （三）营造支持 PBL 的学习环境

PBL的实施需要一个开放、灵活、协作的学习环境。校长要积极营造这样的学习环境，包括改善教学设施、优化课程安排、鼓励师生交流等。同时，校长还要结合学校文化，倡导创新、合作、探究的学习精神，让PBL成为学校文化的重要组成部分。

### （四）关注PBL实施过程中的挑战与困难

在PBL实施过程中，要密切关注遇到的挑战和困难，包括师生适应问题、资源配备不足、评价体系不完善等。针对这些问题，采取及时有效的措施加以解决，如加强师生沟通、争取外部资源支持、完善评价体系等。同时要保持持续的学习和反思，不断调整和优化PBL的实施策略。

### （五）分享PBL实施成果与经验

当PBL在学校教育中取得一定成果时，校长要积极分享这些成果和经验。不仅可以增强学校的影响力和吸引力，还可以为其他学校提供有益的借鉴和参考。通过举办研讨会、发表学术论文、建立合作关系等方式，将PBL的实施成果和经验传播出去，为整个教育领域的创新和发展做出贡献。

校长在激发教育创新中需要采取切实有效的策略与行动来促进项目式学习（PBL）的实施，通过理解PBL的核心理念与价值、制订实施计划与策略、营造支持性的学习环境、关注实施过程中的挑战与困难以及分享实施成果与经验等步骤，校长可以引领学校在教学方法创新上不断取得新的突破和成就。不仅有助于提升学校的教育质量和竞争力，更为培养适应未来社会挑战的创新人才奠定坚实的基础。

## 二、探索翻转课堂与混合学习模式

随着信息技术的迅猛发展和教育理念的持续更新，翻转课堂与混合学习模式逐渐成为教学方法创新的重要方向。校长作为学校的领导者，在探索和实施这些新型教学模式中扮演着关键角色。他们的决策、引导和支持对于翻转课堂与混合学习模式在学校中的成功应用至关重要。

### （一）翻转课堂的理念与实践

翻转课堂是一种将传统课堂中的知识传授与内化过程颠倒的教学模式。在翻转课堂中，学生课前通过在线视频、教学资料等自主学习新知识，而课堂时间则主要用于师生之间的互动讨论、问题解决和实践应用。这种模式强调学生的主动性和参与度，旨在提高教学效果和学习体验。校长在推进翻转课堂时，要明确其教育理念和教学目标，确保翻转课堂与学校整体教育策略相一致。引导教师团队进行翻转课堂的设计和实施，提供必要的培训和资源支持。关注翻转课堂实施过程中的问题与挑战，及时进行调整和优化。

### （二）混合学习模式的探索与应用

混合学习模式结合了在线学习和面对面教学的优势，为学生提供更加灵活、个性化的学习体验。在混合学习模式中，学生可以根据自己的时间、地点和学习风格进行自主学习，同时也可以在教师的引导下进行课堂讨论和实践操作。校长在探索混合学习模式时，需要关注以下四个方面：一是完善学校的在线教学平台和技术设施，确保在线学习的顺利进行；二是制订混合学习的教学计划和评价体系，明确教学目标和考核标准；三是加强教师培训，提升教师在线教学和面对面教学的能力；四是与学生和家长保持密切沟通，了解他们的需求和反馈，不断优化混合学习模式。

### （三）校长在推进翻转课堂与混合学习模式中的关键行动

1.建立创新团队：校长应组建由教学骨干、教育技术专家和学科带头人组成的创新团队，共同研究和推进翻转课堂与混合学习模式的实施。

2.制定激励政策：通过设立教学创新基金、举办教学竞赛等方式，激励教师积极参与翻转课堂与混合学习模式的探索和实践。

3.加强校际合作与交流：与其他在翻转课堂与混合学习模式方面取得成功的学校建立合作关系，共享经验、资源和成果，促进共同发展。

4.关注学生需求与发展：始终以学生为中心，关注他们在翻转课堂与混合学习模式中的学习体验和发展需求，及时调整教学策略和方法。

5.持续评估与改进：建立科学、全面的评价体系，对翻转课堂与混合学习模式的实施效果进行持续评估，根据评估结果进行及时改进和优化。

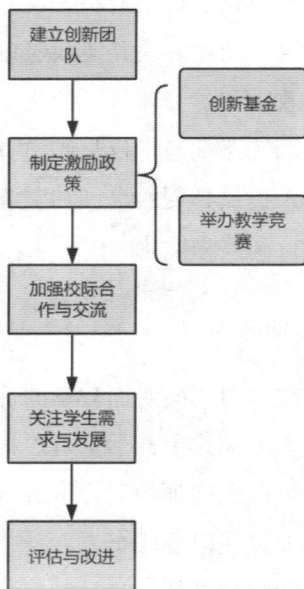

图2-1　推进翻转课堂和混合学习模式流程图

## （四）面对的挑战与应对策略

在推进翻转课堂与混合学习模式的过程中，会面临技术资源不足、教师抵触心理、学生适应能力差等挑战。针对这些挑战，校长可以采取以下策略：一是加大技术投入，提升学校的信息技术水平；二是加强教师培训和引导，帮助教师转变教学观念；三是提供学生必要的辅导和支持，帮助他们适应新的学习模式；四是建立有效的反馈机制，及时收集和处理师生在翻转课堂与混合学习模式中的问题和建议。

在激发教育创新中需要积极探索和推进翻转课堂与混合学习模式的应用，通过明确教育理念、引导教师团队、关注学生需求、加强校际合作与交流以及持续评估与改进等关键行动，校长可以推动学校教学方法的创新与发展，为学生提供更加优质、个性化的教育服务。

## 三、整合技术工具与数字资源

随着信息技术的快速发展，教育领域正经历着一场前所未有的变革。在这场变革中，技术工具和数字资源成为推动教学方法创新的重要力量。校长作为学校的领导者，需要敏锐地捕捉到这一趋势，并采取有效的策略与行动，整合技术工具与数字资源，以推动教学方法的创新，提升教育质量。

## （一）认识技术工具与数字资源的教育价值

深刻理解技术工具与数字资源在教育领域中的巨大潜力，这些工具和资源不仅能够丰富教学内容，使教学更加生动、有趣，还能够提供个性化的学习路径，满足学生的多样化需求。同时还能够促进师生之间的实时互动，提升教学效果。要将技术工具与数字资源视为教学方法创新的重要支撑，并将其纳入学校的教育发展规划中。

## （二）制定技术整合的明确策略

在认识到技术工具与数字资源的教育价值后，制定明确的策略来整合这些资源，包括确定整合的目标、选择适合的技术工具和数字资源、制定整合的时间表和路线图等。建立一支由信息技术专家、教育专家和教师组成的团队，共同负责技术整合的规划和实施工作。在这个过程中，确保团队成员之间的紧密合作和有效沟通，以确保整合工作的顺利进行。

## （三）教师培训与专业发展

技术工具与数字资源的整合不仅需要校长的领导和支持，还需要教师的积极参与和配合。重视教师的培训工作，提升他们运用技术工具和数字资源进行教学的能力。通过组织定期的培训课程、邀请专家进行讲座、鼓励教师参加在线学习等方式实现。建立一种激励机制，鼓励教师在日常教学中积极尝试和运用新的技术工具和数字资源。

## （四）打造数字化学习环境

为了充分发挥技术工具与数字资源在教育中的作用，努力打造一个数字化学习环境，包括完善学校的硬件设施、提升网络带宽、建立电子图书馆等。校长还需要关注数字资源的更新和维护工作，确保学生能够及时获取最新、最优质的学习资源。在这个过程中，积极与企业、社区等外部机构合作，共同为学生营造一个良好的数字化学习环境。

### （五）评估与持续改进

建立一套评估机制，对技术工具与数字资源的整合效果进行定期评估。通过收集学生的反馈、观察教师的教学实践、分析学生的学习成绩等方式实现。评估的结果将为校长提供宝贵的反馈信息，帮助了解整合工作的成效和不足之处。基于这些反馈信息，及时调整策略和方法，以确保整合工作的持续改进和优化。

在激发教育创新中需要采取一系列关键策略与行动来整合技术工具与数字资源。这些策略与行动包括认识技术工具与数字资源的教育价值、制定明确的整合策略、加强教师培训与专业发展、打造数字化学习环境以及进行评估与持续改进等。通过这些努力，校长将能够成功地将技术工具与数字资源融入教学方法中，推动教育质量的不断提升。

## 四、支持个性化学习与教学

随着教育理念的不断进步，个性化学习与教学逐渐成为教育改革的重要方向。校长作为学校的领导者，在推动个性化学习与教学方面扮演着关键角色。他们的策略与行动对于营造个性化学习环境、提升教学质量、满足学生多样化需求至关重要。

### （一）理解个性化学习与教学的核心理念

个性化学习与教学强调尊重每个学生的个体差异，包括他们的兴趣、能力、学习风格等。这种教学方法的目标是提供定制化的学习体验，使每个学生都能在适合自己的学习路径上发展。通过个性化学习，学生可以培养自主学习能力，增强学习动力，提高学习效果。

### （二）制定个性化学习与教学策略

校长在推进个性化学习与教学时，需要制定明确的策略，包括：

1.评估学生需求：通过定期的学生评估，了解每个学生的兴趣、能力和学习风格，为个性化教学提供依据。

2.提供多样化教学资源：确保学校拥有丰富多样的教学资源，如不同难度的教材、在线学习平台、实验设备等，以满足不同学生的需求。

3.教师培训与发展：组织教师培训，提升他们实施个性化教学的能力，包括如何设计差异化教学方案、如何评估学生的学习进度等。

4.调整课程与教学方法：鼓励教师根据学生的个体差异调整课程内容和教学方法，如采用分组教学、项目式学习等。

5.建立反馈机制：建立有效的学生反馈机制，及时了解学生对个性化学习的需求和意见，以便及时调整教学策略。

### （三）营造支持个性化学习的学校文化

除了制定具体的策略外，校长还需要营造一种支持个性化学习的学校文化。

1.倡导尊重与包容：强调每个学生都是独一无二的，应该受到尊重和理解。鼓励师生之间相互学习、相互支持。

2.提供灵活的学习空间：打造灵活多变的学习空间，如创客空间、自主学习室等，方便学生进行个性化学习。

3.鼓励创新与尝试：鼓励教师和学生在教学和学习过程中勇于创新、敢于尝试新的方法和策略。

4.分享成功案例：定期举办分享会或研讨会，让教师和学生分享他们在个性化学习与教学中的成功案例和经验，激发更多人的参与热情。

### （四）面对的挑战与应对策略

在推进个性化学习与教学过程中，校长会面临一些挑战，如资源限制、教师抵触心理、学生适应能力差等。针对这些挑战，可以采取以下策略应对：

1.合理配置资源：在有限的资源条件下，通过优化资源配置、争取外部支持等方式满足个性化学习的需求。

2.加强沟通与引导：与教师进行充分沟通，解释个性化学习的意义和价值，引导他们转变教学观念；同时为学生提供必要的辅导和支持，帮助他们适应新的学习方式。

3.逐步推进与调整：个性化学习与教学是一个长期的过程，需要逐步推进和调整。根据学校的实际情况和学生的反馈，逐步完善个性化学习与教学策略。

4.建立评价体系：建立科学的评价体系，对个性化学习与教学的效果进行定期评估，以便及时发现问题并进行改进。

在激发教育创新中需要积极支持个性化学习与教学，通过理解个性化学习的核心理念、制定明确的策略、营造支持性的学校文化以及应对面临的挑战。校长可以推动学校教学方法的创新与发展，为学生提供更加优质、个性化的教育服务。

# 第三节　创新环境的构建

## 一、物理空间与学习环境的创新设计

在快速发展的21世纪，学习环境已不再局限于传统的教室四壁之内。为了激发学生的创新思维，提高他们的问题解决和团队合作能力，物理空间与学习环境的创新设计显得尤为重要。

### （一）传统教室的变革

传统教室往往是排排坐的桌椅，老师站在讲台上传授知识。然而这种布局不利于学生之间的交流与合作。创新设计的首要任务就是对传统教室进行变革。校长引导学校引入灵活可调的家具，如可移动桌椅、站立式工作台等，以便学生能够根据学习活动的需求自由组合。同时，教室内可以设置多媒体互动墙或白板，鼓励学生主动展示和分享学习成果。

### （二）学习角落与创意空间的创建

学生需要一个更加多元化、开放性和创造性的学习环境。学习角落是校园中的小天地，它们为学生提供了一个舒适、自主的学习环境。例如学校可以设立一些安静的阅读区，这些地方配置了丰富的图书和舒适的座椅，让学生能够在课间或自习时间沉浸于书海中。在这里学生不仅能够扩大知识面，还能够培养出良好的阅读习惯和自主学习能力。除了安静的阅读区，充满创意的艺术工作坊也是学习角落的重要组成部分。在这些工作坊中，学生可以自由地发挥创造力，进行绘画、雕塑、摄影等艺术创作。工作坊不仅为学生提供了展示才华的平台，还能够通过艺术教育培养学生的审美情趣和创新精神。进行科学实验的探究室也是必不可少的创意空间，在这些探究室中，学生可以开展各种有趣的科学实验，探索科学奥秘。通过实验，学生能够亲身感受科学知识的魅力，提高解决问题的能力和动手能力。探究室的设立还能够促进科学教育在学校中的普及和提高，为培养未来的科学家奠定基础。

### （三）技术支持下的学习环境

随着科技的飞速发展，学习环境已不再是传统的、静态的空间，而是逐渐向数字化、智能化方向迈进。技术创新不仅为学习带来了无限的可能性，更为学习环境的设计提供了全新的视角和工具。作为学校的领导者，校长应站在前沿，积极探索并引入各种先进技术手段，以提升学习环境的互动性和智能性，从而满足现代学生的学习需求。虚拟现实（VR）和增强现实（AR）技术是近年来备受瞩目的教育科技。通过佩戴特制的头盔或眼镜，学生进入一个三维的、仿真的虚拟世界或与真实世界叠加的虚拟信息层。在这样的学习环境中，学生可以身临其境地探索宇宙、历史场景或进行医学、工程等复杂实验的模拟操作。这种沉浸式的学习体验不仅能够激发学生的学习兴趣和动力，还能够提高他们的空间认知能力和问题解决能力。

物联网（IoT）技术也为学习环境带来了革命性的变化，通过将各种设备和传感器连接起来，实现数据的实时采集和传输，物联网技术能够让教室设备变得更加智能化和自动化。智能灯光系统可以根据天气和时间自动调节光线亮度和色温，为学生提供舒适的视觉环境；智能温控系统则可以根据室内温度和湿度自动调节空调和通风设备，确保学生能够在舒适的环境中学习。这些智能化的设备不仅提高了学习环境的舒适度和便捷性，还能够节省能源和降低运营成本。大数据和人工智能技术的结合也为学习环境带来了个性化的学习支持。通过分析学生的学习习惯、兴趣爱好、成绩变化等大量数据，人工智能技术可以为学生推荐适合的学习资源、制订个性化的学习计划，并实时跟踪学习进度和效果。这种个性化的学习支持不仅能够满足学生的多样化需求，还能够提高他们的学习效率和成就感。同时，教师也可以通过数据分析了解学生的学习状况和需求，以便及时调整教学策略和方法。在技术支持下的学习环境中，校长还需要关注师生的信息素养和技术能力的提升。通过组织培训、开设课程、举办比赛等方式，提高师生对新技术的认知和应用能力。还应与科技企业、研究机构等建立合作关系，共同探索和开发适合学校教育需求的技术产品和解决方案。

### （四）与社区资源的连接

学习环境的设计不应仅限于学校内部，校长应积极探索如何将学校与周边社区资源连接起来，为学生提供更加丰富多元的学习体验。通过建立校外实践基地、与当地企业合作开展实习项目、邀请社区专家进校开展讲座等方式实现。通过与社区的连接，学生能够更好地理解社会现象和职业发展，从而为未来的生活和工作做好准备。

物理空间与学习环境的创新设计是激发教育创新的重要环节，校长作为学校的领导者和决策者，在这一过程中发挥着关键作用。不仅需要引导设计理念的转变，还需要确保这些创新设计能够在实践中得到有效实施和持续改进。通过不断地努力和创新，校长可以为师生打造一个充满活力、激发创意的学习环境，推动学校教育质量的持续提升。

## 二、创造有利于创新的学习氛围

在快速变化的21世纪，学习氛围对于激发学生的创新精神至关重要。一个鼓励尝试、容错并重视过程而非结果的环境，能够极大地促进学生勇敢地探索未知领域，提出新颖的想法，并付诸实践。校长作为学校的领航者，有责任也应该有能力去塑造这样一种有利于创新的学习氛围。

### （一）倡导开放与包容的文化

创新往往伴随着风险，因为新的想法和做法往往是对现有框架的挑战。校长应当在学校中倡导一种开放和包容的文化，鼓励学生敢于质疑、勇于挑战，而不是盲目地接受现有的知识和观念。在课堂上，教师鼓励学生提出不同的观点，甚至在适当的时候组织辩论，让学生在思想的碰撞中学会批判性思考。开放与包容的文化还要求学校尊重每一位学生的个性，每个学生都有自己独特的兴趣和才能，学校应该提供多样化的教育路径，让学生能够在自己感兴趣的领域深入探索。通过设立选修课程、兴趣小组或社团活动，让学生有更多选择的空间，从而激发他们的创造力和创新精神。

### （二）建立鼓励尝试与容错的机制

创新是一个不断试错的过程，然而在传统的教育环境中，错误往往被视为失败的标志，导致许多学生害怕尝试新事物。为了改变这种状况，校长应该建立一个鼓励尝试与容错的机制。这意味着当学生在创新过程中犯错时，他们不仅不会受到惩罚，反而会得到支持和引导，帮助他们从错误中学习并继续前进。学校可以设立一些创新项目或比赛，让学生有机会展示自己的创意和成果。即使这些项目最终没有成功，或者比赛中没有获得名次，学校也应该给予参与者正面的反馈和认可，肯定他们的努力和勇气。通过这种方式，学生可以逐渐培养出一种积极面对挑战和失败的心态，这对于他们的创新之路至关重要。

### （三）强调过程导向而非结果导向

在创新教育中，过程往往比结果更重要。因为创新的过程涉及问题的发现、假设的提出、实验的设计、数据的收集与分析等一系列复杂的思维活动和实践技能。这些都是无法通过简单的结果来衡量的。校长应该强调过程导向而非结果导向的评价方式。在评价学生的学习成果时，教师应更加关注学生在创新过程中所展现出的思维活跃度、问题解决能力、合作精神和创新意识等方面。即使学生的最终成果并不完美或者没有达到预期的目标，只要他们在过程中付出了努力并有所收获，就应该得到肯定和鼓励。这种评价方式不仅能够更加全面地反映学生的真实水平和发展潜力，还能够进一步激发他们的创新热情。

### （四）培养教师的创新意识和能力

创造有利于创新的学习氛围，校长的努力固然重要，但教师的角色同样不可忽视。因为教师是学生学习过程中的重要引导者和支持者，他们的创新意识和能力直接影响到学生的创新学习体验。因此，校长应重视培养教师的创新意识和能力，通过组织定期的教师培训、邀请专家进行讲座或工作坊、鼓励教师参与教育研究项目等方式实现。通过这些活动，不断更新自己的教育观念和教学方法，学会如何有效地激发学生的创新思维和实践能力。同时建立一个鼓励教师之间交流与合作的机制，让他们能够共同探讨创新教育的理念和实践问题，从而形成一个积极向上的教师群体学习氛围。

创造有利于创新的学习氛围是一个复杂而系统的工程，需要从多个方面入手进行策略性的规划和行动。通过倡导开放与包容的文化、建立鼓励尝试与容错的机制、强调过程导向而非结果导向的评价方式以及培养教师的创新意识和能力等措施，为学校营造一个充满活力、激发创新的良好学习环境。

## 三、利用校园资源支持创新活动

在校园这片充满活力的土地上，隐藏着丰富的资源等待发掘和利用。校长作为学校的领航者，应独具慧眼，识别并整合这些资源，以支持师生的创新活动，从而推动学校整体的创新氛围和教育质量的提升。

### （一）挖掘与整合校园物理资源

校园的物理资源是创新活动的基础。学校的教室、实验室、图书馆、运动场等场所，都可以经过巧妙的设计和调整，成为激发学生创新思维的摇篮。教室的布局可以更加灵活多变，支持小组合作学习和项目式学习；实验室可以配备先进的设备，鼓励学生进行跨学科的科学实验和研究；图书馆可以设立创新学习区，提供丰富的参考书籍和数字化资源，满足学生的自主学习需求。校长还可以考虑将校园内的一些闲置空间改造为创新工作坊或创客空间。这些地方可以配备3D打印机、激光切割机、焊接设备等工具，供学生进行手工制作、创意设计和科技创新。通过这样的物理环境改造，学校不仅能够为学生提供更多的学习和实践机会，还能够培养他们的团队协作能力和创新思维。

### （二）调动与激发教师资源

教师是学校最宝贵的资源之一，他们在教学一线与学生密切接触，对学生的需求和发展有着深刻的理解。因此，校长应该充分调动教师的积极性和创造性，让他们在创新教育中发挥更大的作用。组织教师进行创新教育理念的培训和学习，提高他们的创新意识和能力；鼓励教师在日常教学中尝试新的教学方法和手段，如翻转课堂、慕课、微课等，以激发学生的学习兴趣和动力；还可以设立创新教育研究基金，支持教师进行创新教育的实践和研究工作。除了个体教师的激发外，还应重视教师团队的建设，通过搭建跨学科的教师交流平台，促进不同学科教师之间的合作与交流，共同开发跨学科的创新课程和项目。这种教师资源的整合与利用，不仅能够为学生提供更加全面和深入的学习体验，还能够促进学校整体的创新教育水平提升。

## （三）开发与利用课程资源

课程是学校教育活动的核心载体，在创新教育中，校长应多关注课程资源的开发与利用，确保课程内容与时俱进、贴近学生需求。对现有课程进行梳理和评估，找出其中过时或与学生实际需求脱节的内容，并进行相应的调整或更新。同时积极引入新兴领域的知识和技术，如人工智能、大数据、环保科学等，开设相关的选修课程或专题讲座，以拓展学生的视野和知识面。鼓励教师进行课程创新实践，尝试将传统课程与项目式学习、研究性学习等先进教学模式相结合，让学生在解决实际问题的过程中掌握知识和技能。积极利用数字化技术和网络资源，开发在线课程、虚拟实验等新型教学资源，为学生提供更加灵活和多样化的学习体验。

## （四）构建合作与交流平台

创新往往需要在思想的碰撞中产生，校长应积极构建校园内外的合作与交流平台，促进师生之间、学校与社区之间、学校与学校之间的交流与互动。定期举办创新教育研讨会、教学观摩活动、学生创新作品展示等校内活动，为师生提供一个展示和交流创新成果的平台。积极与其他学校建立合作关系，共同开展创新教育项目或比赛，促进校际间的资源共享和经验交流。邀请企业、科研机构等社会力量参与学校的创新教育活动，为学生提供更加广阔的实践舞台和职业发展机会。

校长在激发教育创新中的关键策略与行动之一就是利用校园资源支持创新活动，通过挖掘与整合物理资源、调动与激发教师资源、开发与利用课程资源以及构建合作与交流平台等措施，为师生营造一个充满活力和创新精神的校园环境，推动学校教育的持续创新与发展。

## 四、建立外部合作伙伴关系

在当今这个高度互联的时代，学校不再是一个孤立的教育机构。为了有效地推动教育创新，校长必须积极寻求并建立外部合作伙伴关系，将学校的教育资源与社区、企业、高等教育机构等外部资源紧密结合起来。这种合作伙伴关系不仅可以为学校带来新的教育资源和发展机会，还能帮助学生更好地适应未来社会的挑战。

### （一）与社区建立紧密合作关系

社区是学校最直接的外部环境，也是学生生活和实践的重要场所。与社区建立紧密合作关系，对于学校的教育创新具有重要意义。校长可以组织师生参与社区的文化、科技、体育等活动，让学生在实践中增长见识、锻炼能力。同时，学校也可以利用社区的资源，如邀请社区的专业人士来学校开设讲座、指导学生的实践活动等，为学生提供更加多样化的学习体验。与社区的合作还可以体现在学校的教育改革和创新上，积极征求社区的意见和建议，了解社区对教育的需求和期望，以此为依据调整学校的教育策略和方向。这种以社区为导向的教育创新，不仅能够更好地满足社区的需求，还能够增强学校与社区之间的联系和互动。

### （二）与企业建立产学研合作关系

随着科技的快速发展和产业结构的不断升级，企业对人才的需求也在不断变化。为了培养符合企业需求的高素质人才，校长应该积极与企业建立产学研合作关系。通过这种合作，学校可以及时了解企业的技术动态和人才需求，调整专业设置和课程内容，确保教育与市场的紧密对接。企业也可以为学校提供实习、实训等实践教学资源，帮助学生更好地掌握实际技能和工作经验。企业还可以与学校共同开展科研项目和技术创新活动，促进学校科研水平的提升和科技成果的转化。这种产学研一体化的合作模式，不仅能够提高学校的教育质量和科研水平，还能够为企业的创新发展提供有力的人才支持。

### （三）与高等教育机构建立衔接机制

对于许多中小学来说，与高等教育机构的衔接是教育创新的重要一环。校长应积极与高等教育机构建立衔接机制，为学生的升学和未来发展铺平道路。这种衔接机制可以体现在课程设置、教学方法、评价体系等多个方面。例如学校与高等教育机构共同开发一些衔接课程或项目，让学生在中小学阶段就能接触到大学的知识和思维方式。同时，学校还可以借鉴高等教育机构的教学方法和评价体系，改进自己的教学模式和考核方式，使学生能够更好地适应大学的学习和生活。与高等教育机构的合作还可以为学校提供师资培训、学术交流等方面的支持，促进学校整体教育水平的提升。

## （四）建立多元化的合作网络

除了与社区、企业、高等教育机构等建立合作关系外，校长还应积极拓展多元化的合作网络。这些合作网络可以包括政府机构、非营利组织、研究机构等。通过与这些机构的合作，学校可以获得更多的政策支持和资源投入，推动教育创新的深入发展。多元化的合作网络还可以为学校提供更多的教育创新思路和灵感。不同机构有着不同的教育理念和实践经验，通过交流与合作，学校可以借鉴他人的成功经验和做法，避免走弯路和重复劳动。这种跨界的合作与交流不仅能够激发学校的创新活力，还能够推动整个教育行业的进步与发展。

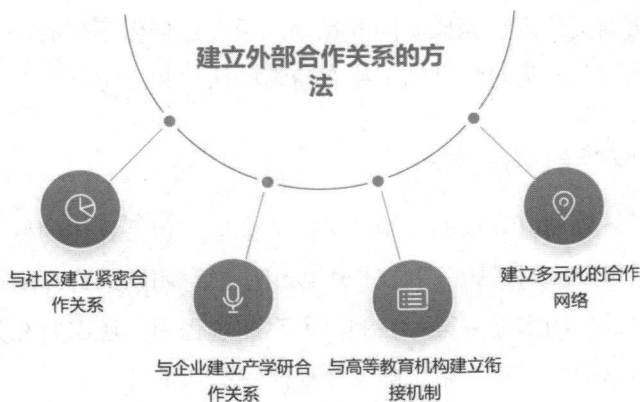

图2-2 建立外部合作方法

建立外部合作伙伴关系是校长在激发教育创新中的重要策略之一，通过与社区、企业、高等教育机构等建立紧密合作关系以及拓展多元化的合作网络，学校可以获得更多的教育资源和发展机会，推动教育创新的深入发展。这种合作伙伴关系还能够增强学生的实践能力和社会适应能力，为他们的未来发展奠定坚实的基础。

# 第四节　创新计划的执行与监督

## 一、执行计划的策略与步骤

在教育创新的道路上，制订计划只是第一步，而如何有效地执行这些计划，确保它们能够落地生根并产生预期的效果，则是校长必须面对的重要挑战。执行计划的策略与步骤涉及多个方面，包括明确目标、制订详细方案、合理分配资源、建立执行团队、持续监督与评估等。

### （一）明确目标与细化任务

执行任何计划之前，首先必须明确目标。校长应该与教育团队一起，将创新教育的大目标分解为具体、可衡量的小目标。这些目标应该既具有挑战性又切实可行，能够激发团队成员的积极性和创造性。还需要将每个小目标进一步细化为具体的任务，明确责任人、完成时间和预期成果。这样做不仅有助于确保计划的可行性，还能让团队成员对自己的工作有清晰的认识和定位。

### （二）制订详细实施方案

明确目标后，要制订详细的实施方案。方案应该包括具体的行动步骤、所需资源、风险评估以及应对措施等。校长可以组织教育团队进行头脑风暴，集思广益，共同商讨出最佳的实施方案。在制订方案的过程中，还需要充分考虑各种困难和挑战，提前制定好应对策略，确保计划能够顺利推进。

### （三）合理分配与调配资源

执行创新计划需要各种资源的支持，包括人力、物力、财力等。校长应根据计划的实际情况，合理分配和调配这些资源。在人力资源方面，要确保每个团队成员都能够发挥自己的专长和优势；在物力和财力资源方面，要优先保障关键项目和重要环节的需求。同时还要具备一定的资源整合能力，善于从外部获取更多的资源支持。

### （四）建立高效执行团队

一个高效的执行团队是确保计划成功实施的关键，校长应注重团队的建设和管理，选拔具有创新精神和执行力的优秀人才加入团队，同时建立明确的团队分工和协作机制，让每个团队成员都能够明确自己的职责和任务。此外关注团队成员的成长和发展，为他们提供必要的培训和支持。

### （五）持续监督与评估进展

计划执行过程中，持续的监督和评估是必不可少的。建立一套完善的监督机制，定期对计划的执行情况进行检查和评估。通过定期召开会议、收集反馈意见、查看进度报告等方式实现。在评估过程中，不仅要关注计划的完成情况，还要关注实施过程中的问题和困难，及时进行调整和改进。同时对执行团队进行激励和奖励，以激发他们的工作热情和创造力。

执行计划的策略与步骤涉及多个环节和方面，校长作为领导者和决策者，需要在整个执行过程中发挥关键作用。通过明确目标、制订详细方案、合理分配资源、建立高效执行团队、持续监督与评估进展以及灵活调整与持续改进等策略与步骤，确保创新计划得到有效执行并取得预期成果。

## 二、监督与调整创新活动

在教育创新的征途中，监督与调整创新活动是确保计划有效执行、目标顺利达成的关键环节。校长作为学校的领航者，不仅要高瞻远瞩地制定创新策略，更要深入一线，精准监督，适时调整，确保每一项创新活动都能沿着正确的轨道前进。

### （一）建立多维度的监督体系

监督创新活动，建立一个全面、多维度的监督体系。这个体系应涵盖创新计划的各个方面，包括教学创新、管理创新、技术创新等。校长要亲自挂帅，组建由教育专家、一线教师、学校管理者、家长代表等多方参与的监督小组，从不同角度对创新活动进行审视和评估。监督体系还应包括定期的进度报告、成果展示、学生反馈等环节，以便校长及时了解创新活动的最新进展，发现存在的问题和困难。通过这种全方位的监督，确保创新活动始终在正确的轨道上运行，不偏离既定的目标。

### （二）注重过程与结果的双重监督

在监督创新活动时，校长既要关注活动的最终结果，也要重视活动的过程。过程监督主要关注创新活动的实施步骤、方法是否科学有效，团队成员是否积极参与，资源是否得到合理利用等。通过过程监督，校长可以及时发现并纠正活动执行中的偏差，确保活动能够按照既定计划顺利推进。结果监督则主要关注创新活动是否达到了预期的目标，取得了哪些具体的成果。通过结果监督，校长可以评估创新活动的整体效果，为下一阶段的创新决策提供重要依据。结果监督也是对团队成员工作成果的一种认可和激励，有助于激发大家的工作热情和创造力。

### （三）灵活调整创新活动

在监督过程中，校长会发现一些创新活动并未达到预期效果，或者遇到难以克服的困难。要果断决策，对创新活动进行灵活调整，调整的内容包括改变活动目标、优化实施方案、重新分配资源、调整团队成员等。

调整创新活动时，校长要保持开放的心态和灵活的思维，敢于面对问题、勇于承担责任。善于听取团队成员的意见和建议，集思广益，共同商讨出最佳的调整方案。通过这种灵活调整，确保创新活动能够持续健康地发展下去。

### （四）建立激励与约束机制

为了更有效地监督与调整创新活动，建立一套完善的激励与约束机制。激励机制主要通过表彰、奖励等方式激发团队成员的积极性和创造力；约束机制则通过制定规章制度、明确责任等方式对团队成员的行为进行规范和约束。在建立激励与约束机制时，充分考虑团队成员的实际需求和特点，确保机制既具有针对性又公平合理。注重机制的执行力度和持续性，确保机制能够真正发挥作用。通过这种激励与约束并重的机制建设，打造一个高效、有序的创新团队，为学校的持续发展注入强大动力。

监督与调整创新活动是校长在激发教育创新中的关键策略与行动之一，通过建立多维度的监督体系、注重过程与结果的双重监督、灵活调整创新活动以及建立激励与约束机制等措施，确保学校的创新活动始终沿着正确的轨道前进并取得丰硕成果。

## 三、创新成果的评估与展示

在教育创新的征途中，校长不仅要引领团队制订并执行创新计划，更要对创新成果进行科学评估和有效展示。这既是对创新活动效果的检验，也是激发团队持续创新动力的重要手段。

### （一）建立科学的评估体系

评估创新成果，要建立一套科学、全面、可操作的评估体系。这个体系应该包括明确的评估标准、多维度的评估指标以及合理的评估流程。评估标准要具有针对性，能够真实反映创新活动在教育教学中的实际效果；评估指标要涵盖创新活动的各个方面，如教学质量、学生发展、社会影响等；评估流程要公开透明，确保评估结果的客观公正。在评估过程中，校长要亲自参与，深入了解创新活动的实施情况，与团队成员一起分析评估结果，找出成功的经验和存在的问题。同时鼓励团队成员之间开展互评和自评，促进相互学习和共同进步。

### （二）注重成果的多维度展示

展示创新成果，是激发团队创新热情、提升学校社会影响力的重要途径。校长要注重成果的多维度展示，让更多的人了解和认可学校的创新成果。通过组织召开创新成果发布会、教育论坛等活动，邀请教育行政部门、同行学校、家长代表等社会各界人士参加，向他们展示学校的创新成果和教育理念。不仅可以增强学校的知名度，还能为学校争取到更多的支持和资源。利用现代信息技术手段，如学校官网、社交媒体等平台，将创新成果以文字、图片、视频等多种形式进行展示。这种线上展示方式具有传播速度快、覆盖范围广的优势，能够让更多的人了解并关注学校的创新活动。通过编印创新成果集、举办创新成果展览等方式，将学校的创新成果进行固化和传承。这不仅为学校留下宝贵的历史资料，还能为后来的创新活动提供有益的借鉴和参考。

## （三）及时反馈与持续改进

评估与展示创新成果的过程中，校长要及时收集各方面的反馈意见，对创新活动进行持续改进。无论是正面的肯定还是负面的批评，都是宝贵的财富，都能为学校的创新发展提供有力的支持。对于正面的反馈，要鼓励团队成员继续发扬优点、保持创新热情；对于负面的反馈，要引导团队成员正视问题、深入分析原因并寻求解决方案。通过这种及时反馈与持续改进的方式，可以确保学校的创新活动始终在正确的轨道上前进并取得更大的成功。同时将评估与展示的结果作为未来创新计划制订的重要依据，通过对过去创新活动的总结和反思，更加清晰地认识到学校的优势和不足以及未来发展的方向和目标。有助于校长制、订出更加科学、合理、具有针对性的创新计划并引领学校走向更加辉煌的未来。

评估与展示创新成果是校长在激发教育创新中的关键策略与行动之一，通过建立科学的评估体系、注重成果的多维度展示以及及时反馈与持续改进等措施，确保学校的创新活动取得实效并为社会所认可，将为学校的发展注入强大的动力并推动整个教育事业的进步与繁荣。

## 四、持续改进的机制

在教育领域，创新计划的执行并非一蹴而就，而是一个需要不断试错、反思和优化的过程。校长作为学校的领航者，必须建立一种持续改进的机制，以确保创新计划能够适应教育环境的变化，持续为学校带来正向的变革。

## （一）建立常态化的反思机制

在教育创新的征途中，创新计划的执行是一个复杂且充满挑战的过程。校长作为学校的领导者，必须认识到，任何创新都不会一帆风顺，问题和挑战是常态而非例外。建立一种常态化的反思机制至关重要，这种反思机制的核心在于鼓励团队成员定期进行自我审视和批判性思考。营造一个开放、包容的氛围，让团队成员敢于面对问题、勇于承担责任，并积极寻求解决方案。这种反思可以是定期的团队会议，也可以是个人工作日志的形式，关键是要让反思成为团队成员日常工作的一部分。

通过常态化的反思机制，团队成员更加清晰地认识到自己在执行过程中的不足之处，以及创新计划本身存在的问题。这种自我觉察是持续改进的起点，为后续的改进提供了明确的方向和强大的动力。反思机制也有助于培养团队成员的批判性思维和问题解决能力，为学校的长远发展奠定坚实的基础。

### （二）鼓励团队成员提出改进建议

校长应该明确表示，欢迎并鼓励团队成员积极提出对创新计划的改进建议。这些改进建议可以源自一线教师的课堂教学实践，他们直接面对学生，对教学效果有着最直观的感受；也来自管理人员的深入观察和思考，他们站在学校的全局角度，对创新计划的实施有着更全面的认识。无论是哪一种来源，校长都应该给予高度的重视和尊重。当团队成员提出改进建议时，校长应该立即组织团队进行讨论和评估。这不仅是对提建议者的尊重，也是对整个团队智慧的利用。讨论可以让不同的观点得以碰撞和交流，评估则可以确定建议的可行性和价值。通过这种集思广益的方式，创新计划可以得到不断的完善和优化。

对于经过讨论和评估后被认为有价值的建议，校长应该迅速做出决策，将其纳入创新计划中。这种快速的反馈和决策机制不仅让团队成员感受到自己的参与和贡献是有意义的，还进一步激发他们的积极性和创造力。当他们看到自己的建议被采纳并付诸实施时，那种成就感和自豪感将是对他们最大的激励。通过公开表彰、给予物质或精神奖励等方式，对提出有益建议的团队成员进行正向激励。将在整个团队中树立起一种"敢于创新、勇于建议"的良好风气，推动学校的教育创新工作不断向前发展。

### （三）定期评估与修订创新计划

除了日常的反思和改进建议外，校长还应定期组织对创新计划的全面评估。这种评估可以邀请外部专家参与，以确保评估的客观性和专业性。评估的内容应包括创新计划的执行效果、存在的问题以及未来的发展方向等。根据评估结果，修订创新计划，调整目标、优化策略、重新分配资源等。修订后的创新计划应更加符合学校当前的实际情况和未来的发展方向。修订过程本身也是一个学习和提升的过程，可以帮助校长和团队成员更好地理解教育创新的本质和规律。

## （四）构建持续改进的文化

持续改进不仅仅是一种机制或流程，更是一种文化。校长应通过言行举止来传递这种文化价值观，让团队成员明白持续改进是学校发展的重要驱动力。在这种文化中，每个人都有责任和义务为创新计划的执行和改进贡献自己的力量。可以采取多种措施构建这种文化，例如设立创新奖励制度，表彰在创新计划执行过程中做出突出贡献的团队成员；定期组织创新分享会，让团队成员分享自己的创新经验和故事；将持续改进的理念融入学校的日常管理和教学中，使之成为学校文化的一部分。

持续改进的机制是校长在激发教育创新中必须关注的关键环节，通过建立常态化的反思机制、鼓励团队成员提出改进建议、定期评估与修订创新计划以及构建持续改进的文化等措施，确保学校的创新计划能够不断适应教育环境的变化并持续为学校带来正向的变革。这将为学校的发展注入强大的动力并推动整个教育事业的进步与繁荣。

# 第三章　教师专业发展与创新能力提升

## 第一节　教师培训与发展计划

### 一、设计有针对性的教师培训

在激发教育创新的过程中，教师的专业发展和创新能力的提升是至关重要的。作为学校的领导者，校长在推动教师专业发展方面具有举足轻重的作用。而设计有针对性的教师培训，是实现这一目标的关键策略之一。

#### （一）明确培训目标

明确教师培训的目标，目标围绕提升教师的教学能力、教育理念创新以及科研能力等方面来设定。通过培训，希望教师能够掌握最新的教育教学方法，能够灵活运用信息技术工具辅助教学，或者能够开展具有创新性的教育科研项目等。

#### （二）分析教师需求

为了达到这些目标，校长要对教师的实际需求进行深入的分析。包括对教师的教育背景、教学经验、教学能力、科研水平以及个人发展愿望等方面的全面了解。通过这样的需求分析，更加准确地把握教师在专业发展过程中的瓶颈和难点，从而制订出更加贴合实际的培训计划。

#### （三）制订个性化培训方案

对于新入职的教师而言，他们往往缺乏实际教学经验和课堂管理技巧。培训方案应重点围绕教学方法和教学策略展开，帮助他们快速掌握有效的教学技巧，提升课堂教学效果。针对新教师的心理适应和职业规划问题，培训中还应包含相应的心理辅导和职业规划指导。对于有一定教学经验的教师，他们在教学上已经具备了一定的基础，此时更需要的是教育理念的更新和教学研究能力的提升。培训方案更加关注新的教育理念、教学模式的介绍，以及教学研究方法和技能的传授。通过培训，引导他们反思自己的教学实践，探索更加符合学生发展需求的教学方法。对于骨干教师或学科带头人，他们已经是学校教学的中坚力量，具有较高的教学水平和学术影响力，培训方案更加注重高水平的学术交流、科研项目合作等形式的培训活动。通过这些活动，为他们提供与国内外同行交流的机会，拓展其学术视野，进一步提升其在教学和科研领域的领导力。

在制订个性化培训方案时，校长还要注意方案的灵活性和可持续性。一方面，方案应根据教师的实际需求和学校的发展目标进行动态调整；另一方面，方案应建立长效的培训机制，确保教师能够持续获得专业发展和创新能力的提升机会。

## （四）实施多样化培训形式

传统的培训形式，如集中授课和专题讲座，虽然有其优点，但往往缺乏足够的互动性和参与性，难以充分激发教师的学习兴趣和积极性。引入更多元化的培训方式，例如工作坊模式可以让教师在实践中学习，通过亲手操作来掌握新的教学技能或方法；研讨会则为教师提供一个交流思想、分享经验的平台，促进彼此之间的学习和启发；案例分析让教师从具体的教学实践中提炼经验和教训，提升解决实际问题的能力；角色扮演则模拟真实的教学场景，让教师在模拟中体验不同的教学角色和策略，从而更加深入地理解教学过程。随着现代信息技术的发展，校长还可以积极利用这些技术手段来创新培训形式。例如开发网络课程，让教师根据自己的时间和进度进行自主学习；建立在线教育平台，为教师提供丰富的教学资源和互动工具，支持他们进行在线协作和交流；利用移动应用程序，推送最新的教育理念和教学资讯，帮助教师随时随地保持学习的状态。

通过实施多样化的培训形式，不仅满足不同教师的个性化学习需求，还充分激发学习动力和创造力。这样的培训方式将更加贴近教师的实际工作场景和学习习惯，有助于将所学知识和技能更好地应用于教学实践中，从而推动学校的教育创新工作不断向前发展。同时，多样化的培训形式也有助于营造一种开放、包容的学习氛围，促进教师之间的交流和合作，为学校的整体发展注入新的活力和动力。

设计有针对性的教师培训是校长在激发教育创新中的重要策略之一，通过明确目标、分析需求、制订个性化方案、实施多样化形式以及建立评估与反馈机制等步骤，推动教师的专业发展和创新能力的提升，从而为学校的教育创新工作提供有力的支撑和保障。这也需要校长具备前瞻性的眼光、敏锐的洞察力以及卓越的领导才能，以引领学校走向更加辉煌的未来。

## 二、促进教师专业成长的策略

在推动教育创新的过程中，教师的专业成长是核心要素之一。校长作为学校的领导者，肩负着引领教师专业成长、打造高素质教师队伍的重任。为此，校长需要采取一系列策略，为教师的专业成长提供有力支持。

### （一）建立专业成长导向的评价体系

在教育创新的大背景下，传统的以学生成绩为核心的教师评价体系已经难以满足当下教育的需求。为了更好地推动教师的专业成长，应建立一套全面而客观的评价体系。这一体系的核心是以教师专业成长为导向，关注学生的全面发展以及教师在这一过程中的关键作用。摒弃过去那种单一、刻板的评价模式，不再将学生的考试成绩作为衡量教师教学质量的唯一标准。相反更加注重对教师教学能力、教育理念、科研能力以及团队合作精神等多方面的综合评估。通过组织丰富多样的教学活动来观察和评价教师的表现。定期的教学观摩活动可以让校领导和其他教师有机会亲身感受不同教师的教学风格和教育理念，从而更加准确地评价他们的教学能力。教案评比活动则可以鼓励教师在教学设计和教学方法上进行创新，同时也提供了一个展示和交流教学成果的平台。科研成果的展示活动不仅可以展示教师在学术研究方面的能力和成果，还有助于推动学校内部的学术交流与合作。

除了这些定期的活动外，还应建立一套长效的评价机制，确保对教师的专业成长进行持续、动态的评估。包括定期与教师进行面对面的反馈交流，肯定他们的优点和进步，同时针对存在的问题和不足提供具体的改进建议。此外，还可以鼓励教师进行自我评价和同行评价，以多角度、多层次的方式全面了解自己的专业成长情况。

## （二）提供多元化的学习资源

在推动教师专业成长的过程中，学习资源的丰富性和多样性至关重要。为了满足不同教师的个性化学习需求，校长需要积极为教师提供多元化的学习资源。这些资源可以涵盖多个方面，以确保教师在专业发展的道路上得到充分的支持和滋养。专业书籍和学术期刊是教师专业成长的基础资源，校长可以通过学校图书馆或专门的资料室，为教师提供丰富的教育类书籍和期刊杂志。这些书籍和期刊应涵盖教育学、心理学、课程与教学论等多个领域，帮助教师深入了解教育理论和实践的最新动态。同时还可以鼓励教师定期借阅这些资料，以拓宽教育视野，提升专业素养。在线课程和教育研讨会也是教师专业成长的重要途径，随着信息技术的快速发展，网络学习已经成为一种便捷高效的学习方式。可以与知名教育机构或平台合作，为教师提供高质量的在线课程，让他们能够随时随地学习先进的教育理念和教学技能。定期组织或参与教育研讨会、工作坊等活动，邀请教育专家、优秀同行进行分享和交流。这些活动不仅可以为教师提供与同行互动的机会，还能激发他们的创新思维和灵感。

除了以上两种资源外，还可以积极利用社会资源，为教师提供更多的学习机会。例如与当地的教育研究机构、博物馆、文化中心等合作，为教师提供实地考察和学习的机会。这些实践性的学习活动有助于教师将理论知识与实际情境相结合，提升教学效果和创新能力。

## （三）搭建教师合作与交流的平台

教师的专业成长是一个持续不断的过程，而这一过程离不开同行之间的深入合作与广泛交流。为了促进教师之间的互动与合作，校长应积极为教师搭建一个开放、平等的合作与交流平台。这些平台可以采取多种形式，如教研组、课题组、教师工作坊等，以满足不同教师的需求和兴趣。

教研组是教师进行教学研究和交流的重要阵地，校长鼓励教师积极参与教研活动，共同探讨教育教学中的热点问题和难点问题。通过集体备课、听课评课、教学反思等活动，教师相互学习、相互借鉴，共同提高教学水平和教学质量。教研组还可以组织专题研讨、教学沙龙等活动，为教师提供更加宽松、自由的交流环境，激发他们的创新思维和灵感。课题组是教师进行科研合作的重要形式，校长鼓励教师积极申报和参与各级各类课题，组织教师围绕课题进行深入的研究和探讨。通过课题研究，拓展学术视野，提升科研能力，司时也为学校的教育教学改革提供有力的理论支撑和实践经验。

教师工作坊则是一种更加灵活、多样的教师交流平台。校长根据教师的兴趣和需求，定期或不定期地组织各种主题的教师工作坊。在这些工作坊中，教师可以围绕某个具体的教学问题或技能进行深入的学习和交流，通过实践操作、案例分析、角色扮演等方式，提升自己的教学能力和实践智慧。教师工作坊还可以邀请校外专家、优秀同行进行分享和指导，为教师提供更加广阔的学习视野和机会。

## （四）实施激励性的教师发展政策

为了激发教师专业成长的内在动力，校长要实施一系列激励性的教师发展政策。这些政策包括设立教学成果奖、科研成果奖、优秀教师奖等荣誉奖项，对在专业成长方面取得突出成绩的教师给予表彰和奖励。同时校长将教师的专业成长与职称晋升、岗位聘任等挂钩，为教师提供更多的职业发展机会和空间。这些激励政策有助于营造积极向上的教师成长氛围，激发教师不断提升自己的专业素养和创新能力。

## （五）关注教师的心理健康与职业发展困惑

在促进教师专业成长的过程中，校长还需要关注教师的心理健康和职业发展困惑。工作压力大、职业倦怠等问题是影响教师专业成长的重要因素。校长应定期组织心理健康讲座、心理咨询等活动，帮助教师缓解工作压力、调整心态。同时，校长还应关注教师在职业发展过程中遇到的困惑和难题，及时为他们提供指导和帮助。

促进教师专业成长是校长在激发教育创新中的重要策略之一，通过建立专业成长导向的评价体系、提供多元化的学习资源、搭建教师合作与交流的平台、实施激励性的教师发展政策，以及关注教师的心理健康与职业发展困惑等策略的实施，为教师的专业成长提供有力支持，推动学校的教育创新工作不断向前发展。同时也需要校长具备前瞻性的眼光、敏锐的洞察力以及卓越的领导才能，以引领学校走向更加辉煌的未来。

### 表3-1  促进教师专业成长策略的实施方案

| 策略名称 | 实施步骤与内容 | 预期效果 | 实施时间 | 负责人 |
|---|---|---|---|---|
| 教师培训计划 | 1.分析教师培训需求<br>2.制订培训计划，包括课程目标、内容和方式<br>3.安排专业培训机构或专家进行授课<br>4.定期评估培训效果并调整计划 | 提升教师的教育理念、教学技能和专业素养，增强教学能力 | 每学期进行至少一次 | 教务处主任 |
| 校本研修活动 | 1.确立研修主题，聚焦教学难点和热点问题<br>2.组织教师共同研究，开展交流讨论<br>3.鼓励教师进行教学反思和经验总结<br>4.形成研修成果并分享 | 促进教师之间的互相学习和合作，形成教师群体的教学智慧 | 每月至少一次 | 教研组组长 |
| 教学观摩与交流 | 1.安排教师参加校内外优秀教师的课堂观摩<br>2.鼓励教师进行课堂教学录像的自我反思<br>3.组织教学交流活动，分享观摩心得和教学实践 | 拓展教师的教学视野，提高课堂教学水平，激发创新思维 | 每季度至少一次 | 教师个人及教务处协调 |
| 教学研究与课题研究 | 1.鼓励教师参与教育教学研究项目<br>2.提供研究经费和资源支持<br>3.定期组织课题研究成果汇报与交流 | 培养教师的教育研究能力和学术素养，提升学校整体教研水平 | 根据课题研究周期进行安排 | 教科研处主任 |
| 绩效考核与激励机制 | 1.建立科学合理的教师绩效评价体系<br>2.将教师专业成长与晋升、薪酬挂钩<br>3.设立教师专业发展奖励和荣誉称号 | 激发教师专业发展的积极性和内在动力，形成良好的竞争和合作氛围 | 每年进行一次绩效考核 | 人力资源处主任 |

## 三、教师领导力与创新能力培养

在推动教育创新的过程中，教师领导力与创新能力的培养显得尤为重要。校长作为学校的领导者，要认识到教师不仅是执行教学任务的主体，更是学校创新发展的重要力量。因此，校长应致力于提升教师的领导力，激发他们的创新意识，以推动学校整体教育水平的提升。

## （一）教师领导力的内涵与价值

教师领导力是指教师在教育教学、课程开发、学校管理等方面发挥的积极作用，以及他们对学生、同事和学校产生的正面影响。提升教师领导力，有助于增强教师的责任感和使命感，提高他们的工作积极性和满意度。教师领导力的发挥还能促进学校内部的民主管理，形成和谐、合作的校园文化氛围。在教育创新背景下，教师领导力具有更加丰富的内涵。除了传统的教学和管理职责外，教师还需要具备创新思维、团队协作、问题解决等能力。这些能力的提升，有助于教师在教育实践中不断探索新的教学方法和策略，推动学校教育的持续改进和创新发展。

## （二）创新能力培养的途径与方法

培养教师的创新能力，校长要采取多种途径和方法，定期举办教育创新研讨会、工作坊等活动，为教师提供交流思想、分享经验的平台。这些活动可以邀请教育专家、学者或具有丰富创新实践经验的教师来校指导，激发教师的创新思维和灵感。鼓励教师参与课题研究、教学改革等实践活动。通过承担课题、研究问题、探索解决方案的过程，锻炼自己的创新思维和实践能力。学校还可以设立创新奖励机制，对在教育创新方面取得突出成绩的教师给予表彰和奖励，以激励更多的教师投身于教育创新实践。关注教师的个性化发展需求，为他们提供定制化的培训和发展机会。针对不同学科、不同教龄的教师，设计有针对性的培训课程或发展项目，以满足他们在专业成长和创新发展方面的个性化需求。

## （三）校长在培养教师领导力与创新能力中的角色

校长在培养教师领导力与创新能力中扮演着关键角色，校长需要树立正确的教育创新观念，明确教师在学校创新发展中的重要地位和作用。通过制订学校发展规划、营造创新氛围等措施，为教师的创新实践提供有力支持。建立与教师之间的良好沟通机制，了解他们的需求、困惑和期望。通过定期的座谈会、个别交流等方式，与教师共同探讨教育创新的问题和解决方案，激发他们的积极性和创造力。校长还要关注教师的成长和发展，为他们提供持续的学习和培训机会。通过组织校内外的培训活动、邀请专家指导、鼓励教师参加学术研讨会等方式，帮助教师拓宽视野、更新知识、提升能力。

校长在激发教育创新中需要关注教师领导力与创新能力的培养，通过明确教师领导力的内涵与价值、探索创新能力培养的途径与方法以及发挥校长在培养过程中的关键作用，可以推动学校整体教育水平的提升和创新发展的实现。

## 四、创建教师学习社区

在推动教师专业发展与创新能力提升的过程中，创建教师学习社区是一种富有成效的策略。教师学习社区能够为教师提供一个持续学习、互动合作、共同成长的平台，有助于激发教师的教育创新精神，提升他们的专业素养和教学能力。

### （一）教师学习社区的概念与特点

教师学习社区是指由具有共同学习目标和兴趣的教师自发组成的学习团体。在这个社区中，教师们可以共享教育资源、交流教学经验、探讨教育问题，并通过合作研究、同伴互助等方式促进个人和集体的专业成长。

教师学习社区的特点主要包括以下四个方面，一是社区成员具有共同的学习目标和兴趣，这是社区形成和发展的基础；二是社区活动以教师的自主学习和合作学习为主，注重教师的主体性和参与性；三是社区资源丰富多样，包括书籍、期刊、网络课程、专家讲座等，能够满足教师的不同学习需求；四是社区氛围开放、包容、互助，有助于形成良好的学习生态。

### （二）创建教师学习社区的意义与价值

创建教师学习社区对于激发教育创新、提升教师专业素养和教学能力具有重要意义。教师学习社区能够为教师提供一个持续学习的环境，有助于他们不断更新教育观念、掌握新的教学方法和技能；通过社区内的互动合作，教师可以相互启发、共同解决问题，形成教育创新的合力；教师学习社区有助于培养教师的自主学习能力和终身学习习惯，为他们的专业成长提供源源不断的动力；教师学习社区还能够促进学校文化的建设和发展，形成积极向上、富有创新精神的校园文化氛围。

### （三）校长在创建教师学习社区中的作用与策略

校长在创建教师学习社区中发挥着关键作用，校长要明确教师学习社区的目标和定位，将其纳入学校发展规划中，为社区的建设和发展提供有力支持；积极营造开放、包容、互助的社区氛围，鼓励教师积极参与社区活动、分享自己的经验和成果；为教师提供丰富多样的学习资源和学习机会，满足他们的不同学习需求；校长还要建立有效的激励机制和评价体系，激发教师的学习热情和创新精神。

在创建教师学习社区的过程中，校长可以采取以下策略：一是以问题为导向，组织教师围绕教育教学中的热点问题和难点问题进行深入研究和探讨；二是以项目为驱动，鼓励教师以小组合作的形式开展课题研究、教学改革等实践活动；三是以成果为展示，定期举办教师学习成果展示活动，让教师们相互学习、相互借鉴；四是以专家为引领，邀请教育专家、学者来校指导或参与社区活动，为教师们提供高水平的学术支持和专业引领。

### （四）教师学习社区的实践案例与效果评估

国内外许多学校都成功创建了教师学习社区，并取得了显著成效。例如某小学通过创建"教师读书会"这一学习社区，鼓励教师们共读教育名著、分享读书心得、开展教学研讨等活动。经过一段时间的实践，教师们的专业素养和教学能力得到了明显提升，学校的教育教学质量也得到了显著提高；又如某中学通过创建"教师科研团队"这一学习社区，组织教师们围绕课题研究、教学改革等实践活动进行深入合作与交流。不仅激发了教师们的创新精神和实践能力，还推动了学校的教育教学改革和特色发展。

在评估教师学习社区的效果时，可以从以下四个方面进行考量：一是教师的学习态度和学习行为是否发生了积极变化；二是教师的专业素养和教学能力是否得到了提升；三是学校的教育教学质量是否得到了提高；四是学校的文化氛围和教师的精神面貌是否得到了改善。通过这些评估指标的综合分析，可以对教师学习社区的效果进行客观、全面的评价。

# 第二节 激励教师参与创新

## 一、创新教学的激励机制

在推动教师专业发展与创新能力提升的过程中，激励教师积极参与创新是至关重要的。创新教学的激励机制，作为激发教师创新活力的重要手段，对于促进学校教育教学的持续改进和创新发展具有不可替代的作用。

## （一）创新教学激励机制的构建原则

构建创新教学的激励机制，需要遵循一定的原则，以确保其科学性和有效性。激励机制应体现公平性，确保所有教师都有机会参与创新并获得相应的奖励；激励机制还应具有针对性，根据教师的不同需求和特点，设计差异化的激励措施；激励机制应具有可持续性，能够长期激发教师的创新热情，促进学校创新文化的形成和发展。

## （二）创新教学激励机制的具体措施

1.设立创新教学奖项：学校设立专门的创新教学奖项，表彰在创新教学方面做出突出贡献的教师。这些奖项包括创新教学设计奖、创新教学实践奖等，通过物质奖励和荣誉证书等形式，激发教师的创新积极性。

2.提供创新教学资金支持：学校设立创新教学基金，为教师提供资金支持，鼓励他们开展创新教学实践和研究。这些资金用于购买教学设备、参加专业培训、开展教学研究等，为教师的创新活动提供有力保障。

3.搭建创新教学展示平台：学校定期举办创新教学展示活动，为教师提供一个展示自己创新成果和交流经验的平台。通过观摩其他教师的创新教学实践，教师相互学习、相互启发，进一步激发自己的创新灵感。

4.实施创新教学能力提升计划：学校制订创新教学能力提升计划，通过组织专题培训、邀请专家讲座、开展教学研讨等方式，帮助教师提升创新教学的理念和能力。同时，学校还鼓励教师参加国内外创新教学研讨会等活动，拓宽视野、更新观念。

5.建立创新教学评价体系：学校建立科学的创新教学评价体系，将创新教学纳入教师考核和职称晋升的重要指标中。通过客观、公正的评价，肯定教师的创新成果和贡献，进一步激发他们的创新动力。

## （三）创新教学激励机制的实践效果与持续改进

实施创新教学激励机制后，学校对其效果进行定期评估和总结。通过收集教师的反馈意见、观察教师的教学行为变化、分析学生的学习成绩提升情况等途径，评估激励机制的实践效果。根据评估结果，学校对激励机制进行适时调整和优化，以确保其持续发挥激发教师创新活力的作用。学校还需要关注激励机制存在的局限性和问题，如激励措施过于单一、激励力度不足等。针对这些问题，学校采取相应的改进措施，如增加激励措施的多样性、提高激励力度等，以不断完善创新教学的激励机制。

构建科学有效的创新教学激励机制是激发教师参与创新的重要途径，通过设立奖项、提供资金支持、搭建展示平台、实施能力提升计划以及建立评价体系等措施的综合运用，充分激发教师的创新活力，推动学校教育教学的创新发展。

## 二、为教师创新提供资源支持

在教育创新的道路上，教师是推动力量中的核心。然而很多时候，即便教师怀揣着创新的教育理念和方法，也会因缺乏必要的资源支持而难以实施。校长在激发教育创新中的另一项关键策略就是为教师提供充足的资源支持，从而扫清创新道路上的障碍，让创新的种子在教育的沃土中生根发芽。

### （一）理解教师创新的资源需求

有效地支持教师创新，校长必须深入理解教师在创新过程中的资源需求。这些资源包括但不限于教学材料、教育技术、时间和空间、专业发展和学习机会，以及与同行专家的交流合作机会等。每位教师都有不同的创新想法，而这些想法往往需要特定的资源来实现。校长应该通过定期与教师沟通，了解他们的创新计划和所需的资源，然后努力提供这些资源。

### （二）提供丰富多样的教学资源

针对教师的教学创新，校长可以提供最新、最先进的教学材料和教育技术。例如引入新的教科书、教学软件、在线课程和其他数字资源，这些不仅可以丰富教学内容，还能使教学方式更加多样化和现代化。建立一个教学资源共享平台，鼓励教师们上传和分享自己的教学资源，这样不仅可以节约成本，还能促进教师之间的交流和合作。

### （三）创造有利于创新的时间和空间

除了物质资源外，校长还应该为教师创造足够的时间和空间来实施创新。这意味着要减轻教师的工作负担，让他们有更多的时间来备课、进行教育研究和尝试新的教学方法。提供一个宽松、自由的教学环境也是至关重要的。教师可根据自己的创新理念重新布置教室，或者尝试不同的教学组织形式，如小组讨论、项目式学习等。

### （四）提供专业发展和学习机会

教师的创新能力与他们的专业素养密切相关，校长应投入资金和时间，为教师提供各种专业发展和学习机会，包括内部培训、外部研讨会、在线课程、学术交流等。通过这些活动，教师不断更新自己的教育理念，学习新的教学方法和技能，从而提升自己的创新能力。

### （五）建立合作与交流的平台

创新往往是在交流和碰撞中产生的，校长应努力为教师建立一个合作与交流的平台。可以是一个实体的教师休息室或咖啡厅，也可以是一个虚拟的在线社区或论坛。在这个平台上，教师分享自己的教学经验、讨论教育问题、合作开展研究项目等。通过与其他教师的交流和合作，教师可以拓宽自己的视野，获取新的灵感和想法。

### （六）持续评估与调整资源支持策略

校长应定期评估所提供的资源是否真正满足了教师的创新需求，并根据反馈进行必要的调整。通过定期的满意度调查、教师会议或个别访谈等方式来实现。只有确保资源支持策略与教师的实际需求相匹配，才能真正激发教师的创新活力并推动学校的教育创新。

为教师创新提供资源支持是校长在激发教育创新中的一项关键策略，通过理解教师的资源需求、提供丰富多样的教学资源、创造有利于创新的时间和空间、提供专业发展和学习机会以及建立合作与交流的平台等具体行动，校长可以为教师打造一个充满创新活力和机会的教育环境。这不仅有助于提升教师的专业素养和创新能力，更将为学生带来更加优质和创新的教育体验。

### 三、认可与奖励教师的创新成果

在推动教师专业发展和创新能力提升的过程中，认可和奖励教师的创新成果是至关重要的。这不仅能激发教师的创新动力，还能在教师队伍中树立榜样，形成积极向上的创新氛围。

#### （一）建立科学的创新成果评价体系

要确保对教师的创新成果给予公正、客观的认可，建立一套科学的创新成果评价体系，包括明确的评价标准、多元化的评价方法和公正的评价过程。评价标准可以围绕创新性、实用性、影响力等方面来设定，确保能够全面、准确地反映教师的创新成果。评价方法包括同行评审、学生评价、教学成果展示等多种形式，以便从多个角度对教师的创新成果进行评估。评价过程则需要确保公开、透明，让每位教师都能了解评价的标准和流程，从而增强评价的公信力和说服力。

#### （二）设立创新成果奖励机制

在建立了科学的创新成果评价体系之后，还要设立相应的奖励机制，对在创新方面做出突出贡献的教师进行表彰和奖励。这些奖励可以是物质上的，如奖金、证书等，也可以是精神上的，如荣誉称号、晋升机会等。重要的是，奖励机制需要与教师的实际需求相契合，确保能够真正激发教师的创新热情。奖励的颁发也需要公开、公正，让每位教师都能感受到自己的努力得到了应有的认可。

#### （三）推广和分享创新成果

除了对个别教师进行表彰和奖励之外，还要将优秀的创新成果在全校范围内进行推广和分享。通过组织教学观摩、召开创新成果交流会、编写创新案例集等方式来实现。通过推广和分享，不仅让更多的教师了解和学习到优秀的创新实践，还能在全校范围内营造一种鼓励创新、尊重创新的氛围。这种氛围的形成对于激发教师的创新活力、推动学校的整体创新发展具有至关重要的作用。

#### （四）激发教师持续创新的动力

认可和奖励教师的创新成果不仅仅是一次性的行为，更重要的是要激发教师持续创新的动力。通过为教师提供持续的专业发展机会、支持他们进行深入的教育研究、鼓励他们参与更广泛的学术交流等方式来实现。同时，学校还可以设立一些长期的创新项目或研究课题，让教师有机会在实践中不断探索和创新。通过这些措施，让教师感受到自己的创新努力不仅得到了认可，还能为个人的专业发展和学校的整体进步做出更大的贡献。

### （五）构建积极的学校创新文化

认可和奖励教师的创新成果需要上升到构建积极的学校创新文化的高度，这种文化应鼓励教师勇于尝试、敢于失败、乐于分享，让创新成为学校发展的核心驱动力。在这个过程中，校长发挥关键的领导作用，通过制定明确的创新政策、提供充足的资源支持、搭建良好的交流平台等方式，为构建积极的学校创新文化奠定坚实的基础。

认可与奖励教师的创新成果是激发教育创新中的重要环节，通过建立科学的创新成果评价体系、设立奖励机制、推广和分享创新成果、激发持续创新动力以及构建积极的学校创新文化等策略与行动，有效地激发教师的创新活力，推动学校的整体创新发展。不仅有助于提升教师的专业素养和创新能力，更能为学生的全面发展和社会的进步做出积极的贡献。

## 四、教师创新案例的分享与推广

在教育领域，创新是推动学校发展和提升教育质量的关键因素。而教师作为教育创新的主体，他们的创新实践和经验对于激发整个教师队伍的创新活力具有重要意义。校长在激发教育创新中的一项关键策略就是积极分享和推广教师的创新案例。

### （一）挖掘并筛选优秀创新案例

组织专门的团队或委员会，负责挖掘和筛选学校内部的优秀创新案例，这些案例涵盖教学方法、课程设计、学生评价、班级管理、师生互动等多个方面。挖掘的过程通过教师自荐、同事推荐、学生反馈等多种途径进行。筛选的标准则应注重创新性、实效性、可推广性等方面，确保所选出的案例具有代表性和借鉴意义。

## （二）多渠道分享创新案例

分享创新案例的方式可以多种多样，以确保更多的教师能够了解和受益。在学校内部举办创新案例分享会或研讨会，邀请案例的实施者进行详细介绍和现场演示。这种面对面的交流方式可以让教师们深入了解创新实践的具体过程和效果，同时也有助于激发他们的创新灵感。利用学校网站、社交媒体等网络平台，将创新案例以文字、图片、视频等多种形式进行展示和传播。这种方式可以突破时间和空间的限制，让更多的教师随时随地学习和借鉴。通过校际交流、学术期刊等途径，将学校的创新案例推广到其他学校或更广泛的教育领域。

## （三）建立创新案例库与资源共享平台

为了更好地管理和利用创新案例资源，校长可以组织建立创新案例库和资源共享平台。这个平台可以收集、整理、分类和存储学校内部的优秀创新案例，同时提供便捷的检索和下载功能。通过这个平台，教师们可以随时查找和借鉴他人的创新实践，也可以将自己的创新成果上传分享，从而实现资源的共享和互利共赢。这个平台还可以与其他学校或机构进行合作，共同打造更加丰富和完善的创新案例资源库。

## （四）鼓励教师参与创新案例的研讨与改进

分享与推广创新案例的目的不仅仅是让其他教师了解和借鉴，更重要的是激发整个教师队伍的创新活力。校长要鼓励教师们积极参与创新案例的研讨和改进。定期组织专题研讨会或工作坊，邀请教师们对已有的创新案例进行深入分析和讨论，提出改进意见和建议。同时也可以设立创新基金或奖励机制，支持教师们对优秀创新案例进行进一步的研究和实践。通过这种参与式的研讨和改进过程，不仅可以提升教师们的专业素养和创新能力，还能促进学校内部形成良好的创新氛围和合作文化。

## （五）总结和反思分享与推广的效果

校长要对分享与推广创新案例的效果进行总结与反思，通过问卷调查、教师反馈、学生评价等多种方式收集信息和数据，分析分享与推广活动的成效和不足。关注教师们在参与过程中的体验和感受，了解他们的需求和期望。根据总结和反思的结果，及时调整和优化分享与推广策略，确保这项工作能够持续有效地激发教师队伍的创新活力并推动学校的教育创新发展。

分享与推广教师的创新案例是校长在激发教育创新中的一项关键策略。通过挖掘并筛选优秀创新案例、多渠道分享、建立创新案例库与资源共享平台、鼓励教师参与研讨与改进以及总结和反思分享与推广的效果等具体行动措施，有效地推动教师队伍的创新发展并提升学校的教育质量。

## 第三节　教师合作与团队建设

### 一、促进跨学科团队合作

在当今教育变革的大背景下，跨学科团队合作已成为教师专业发展与创新能力提升的重要途径。校长作为学校的领导者，肩负着激发教师合作与创新、推动学校整体发展的重任。探讨校长如何促进跨学科团队合作，对于提升教师队伍素质、推动学校教育改革具有深远的意义。

#### （一）构建共同愿景，明确合作目标

校长应与教师共同构建学校发展的共同愿景，明确跨学科团队合作的目标和意义。通过组织教师研讨会、座谈会等形式，让教师深入理解跨学科合作的重要性，认识到只有打破学科壁垒，实现资源共享、优势互补，才能更好地应对教育变革的挑战。同时，校长要引导教师将个人发展目标与学校愿景相结合，形成共同的价值追求，为跨学科团队合作奠定坚实的思想基础。

#### （二）搭建交流平台，促进教师互动

为促进跨学科团队合作的深入开展，校长需要积极搭建各种交流平台，如定期的跨学科教研活动、教学观摩、课题研究等，为教师提供充足的互动机会。通过这些平台，教师分享各自的教学经验、探讨教育教学问题、共同研究解决方案，从而实现知识的共享与思维的碰撞。此外，校长还应鼓励教师利用现代信息

技术手段，如网络教研平台、社交媒体等，进行更为广泛和深入的交流与合作。

### （三）完善激励机制，激发教师热情

为确保跨学科团队合作的持续性和有效性，校长要建立一套完善的激励机制。包括物质激励和精神激励两个方面：在物质激励方面，设立跨学科团队合作专项经费，用于支持教师开展合作研究、参加培训交流等活动；将团队合作成果纳入教师绩效考核体系，与教师的晋升、评优等方面挂钩。在精神激励方面，校长要定期对优秀的跨学科团队进行表彰和奖励，树立典型榜样，营造积极向上的团队氛围。校长还要关注教师的成长需求，为他们提供更多的职业发展机会和空间，以激发他们参与跨学科团队合作的内在动力。

促进跨学科团队合作是校长在激发教育创新中的重要策略之一，通过构建共同愿景、搭建交流平台和完善激励机制等关键行动，推动教师之间的深度合作与创新实践，进而提升教师队伍的整体素质和创新能力。有助于学校更好地适应教育变革的需求，实现教育教学质量的持续提升和学校的可持续发展。在未来的教育工作中，应继续关注教师合作与团队建设的新动态和新需求，不断调整和优化策略与行动方案，以推动学校教育改革不断向纵深发展。

## 二、构建支持性的教师团队

在推动教育创新的过程中，构建一个支持性的教师团队是至关重要的。这样的团队不仅能够提升教师的教学质量，还能够促进教师的专业发展，进而推动形成整个学校的创新氛围。校长作为学校的领导者，其在构建支持性教师团队中发挥着不可替代的作用。

### （一）营造积极的团队氛围

在构建支持性教师团队的过程中，校长首要的任务是营造一种积极、健康、向上的团队氛围。这种氛围的营造并非一蹴而就，而是需要校长在日常工作中持续不断地付出努力。要倡导开放、包容、合作的理念，学校是一个充满创意和想法的地方，每个教师都应被鼓励发表自己的观点和见解。校长要带头打破学科和年级的壁垒，推动不同背景、不同经验的教师相互学习、相互借鉴。学校还应该

包容教师的个性和差异，让每个人都有机会展示自己的才华和特长。鼓励教师之间进行交流与合作，因为教育教学中的问题往往不是孤立的，而是需要多个教师共同思考和解决。定期组织团队建设活动，如教学研讨会、经验分享会等，为教师提供一个交流思想、分享经验的平台。通过这些活动，教师相互启发、相互激励，共同探索教育教学的最佳实践。此外，还要关注教师的心理健康问题，教师是一个高压群体，他们面临着来自学生、家长、社会等多方面的压力。校长要时刻关注教师的情绪状态，及时发现并解决教师间的矛盾和冲突。以设立心理咨询室、开展心理健康讲座等方式，帮助教师缓解压力、调整心态，确保团队氛围的和谐与稳定。校长要以身作则，成为团队中的榜样，校长的言行举止对教师有着深远的影响。校长要展现出对教育的热情和对教师的关爱，用自己的行动来感染和带动整个团队。还要勇于承担责任，面对困难和挑战时能够挺身而出，为团队指明方向并带领大家共同前进。

## （二）提供必要的资源和支持

在推动教师专业发展和创新能力提升的过程中，为教师提供必要的资源和支持是至关重要的。这些资源和支持不仅能够帮助教师解决教育教学中的实际问题，还能够促进他们的专业成长和创新实践。校长应确保教师能够获取丰富的教育教学资源，包括教材、教辅资料、教学软件、多媒体设备等。校长可以与教育机构、出版社等建立合作关系，为教师引进优质的教学资源，确保他们能够使用最新、最适合的教学材料。同时建立教学资源库，鼓励教师之间共享教学资源，提高资源利用效率。搭建教师专业发展的平台，通过设立教师发展中心、组织专业研讨会、邀请专家讲座等方式实现。这些平台为教师提供学习、交流、研究的机会，帮助他们拓宽视野、更新观念、提升技能。鼓励教师参与课题研究、教学改革等活动，为他们提供更多的实践机会和展示平台。为教师提供充足的培训和学习机会，包括定期组织校本培训、选派教师参加外部培训、支持教师攻读更高学位等。通过培训和学习，教师不断提升自己的专业素养和教育教学能力，更好地适应教育变革的需求。关注教师的个性化需求，根据他们的兴趣和特长提供有针对性的培训和学习机会。

除了以上提到的资源和支持外，校长还可以积极争取外部资源，如与教育机构、企业等建立合作关系。这些合作为学校带来更多的教育资源和实践机会，帮助教师了解行业最新动态和发展趋势。通过与企业的合作，教师还可以参与到实际的项目中，提升自己的实践能力和创新能力。

### （三）建立激励和评价机制

为了全面激发教师的积极性和创造力，校长必须建立一套既科学又有效的激励和评价机制。这一机制的核心目的在于鼓励教师在教育教学工作中追求卓越、勇于创新，同时确保每位教师的工作都能得到公正、客观的评价和反馈。设立明确的奖励制度是激励教师的重要手段，这些奖励可以是物质的，如提供额外的津贴、奖金或晋升机会，也可以是非物质的，如授予荣誉称号、提供专业发展机会等。奖励制度必须公开透明、标准明确，以确保所有教师都有机会通过自己的努力获得认可。校长还可以通过开展定期的评优评先活动，表彰那些在教育教学和创新方面做出突出贡献的教师，树立榜样，并激励其他教师向优秀教师看齐。建立科学的评价体系是确保教师工作得到全面、客观评价的关键，这一体系包括多个评价维度，如教学质量、学生满意度、同事评价、科研成果等，以确保能够从多个角度全面反映教师的工作表现。评价体系还应注重过程性评价，关注教师在工作中的成长和进步，而不仅仅是结果。为了确保评价的公正性和有效性，校长必须确保评价过程中教师的广泛参与和及时反馈。通过定期组织教师座谈会、开展问卷调查等方式实现，让教师有机会表达自己的观点和看法，并对评价结果提出异议或建议。

在建立激励和评价机制时，还必须考虑到教师的个体差异和需求。不同的教师有不同的职业发展目标和工作动力来源，因此，激励机制和评价体系应该具有一定的灵活性和可调整性，以满足教师的个性化需求。对于年轻教师，可以提供更多的职业发展机会和培训资源；对于资深教师，可以赋予他们更多的教学自主权和领导责任。

构建支持性的教师团队是校长在激发教育创新中的重要策略之一，通过营造积极的团队氛围、提供必要的资源和支持以及建立激励和评价机制等关键行动，打造一个团结、和谐、富有创新精神的教师团队。这样的团队不仅能够提升教师的专业发展和创新能力，还能够为学校的整体发展注入强大的动力。在未来的教育工作中，应继续关注教师团队的建设和发展需求，不断优化和完善相关策略与行动方案，以推动学校教育改革不断向前发展。校长还需要关注外部环境的变化和教育发展的新趋势，及时调整教师团队建设的方向和重点，确保团队始终保持与时俱进的状态。

## 三、团队创新项目的实施

在教育领域，创新是推动学校发展和提升教育质量的关键因素。而团队创新项目的实施，则是激发教师创新活力、促进教师专业发展和加强团队合作的有效途径。校长作为学校的领导者，在推动团队创新项目实施中扮演着举足轻重的角色。

### （一）明确创新项目的目标与愿景

在教育领域推动团队创新项目，首要之务是确立清晰、具体且富有远见的目标与愿景。这不仅为项目指明了方向，也为团队成员提供了行动的指南和动力源泉。校长作为学校的领航者，在这一过程中扮演着至关重要的角色。

校长需要与团队成员深入沟通、共同商讨，确保项目的目标既符合学校整体发展战略，又能回应教育领域的现实需求和未来挑战。这些目标应该具有可衡量性，以便在项目实施过程中进行追踪和评估。校长还须引导团队成员明确项目预期的具体成果，这些成果可以是教学质量的提升、学生学习效果的改善、教师教学方法的创新等。除了具体目标外，校长还须为团队描绘一个宏伟且切实可行的愿景。这个愿景应该能够激发团队成员的热情和使命感，让他们意识到自己的工作不仅关乎个人职业发展，更与学校的长远未来紧密相连。通过将项目愿景与学校文化、教育理念相结合，校长可以进一步凝聚团队共识，形成强大的内驱力。

为确保项目的顺利推进，校长还须制订详尽的项目计划和时间表，包括明确各个阶段的关键任务、责任人、完成时间以及所需的资源支持。通过精细化的管理和定期的进度检查，确保每个团队成员都能明确自己的职责所在，并在项目实施过程中保持紧密协作和高效沟通。

### （二）搭建跨学科、跨领域的合作平台

在教育创新的道路上，跨学科、跨领域的合作显得尤为关键。应搭建一个

充满活力、开放包容的合作平台，以汇聚不同学科、不同背景教师的智慧和创意。这样的平台不仅有助于打破学科壁垒，促进知识交流和资源共享，还能为团队创新项目注入新的活力和动力。鼓励教师跨学科组建团队，共同参与创新项目。通过不同学科教师的合作与交流，激发出新的思维火花和创新点，推动项目向更深层次、更宽领域发展。积极邀请校外专家、学者或企业代表参与项目指导或合作。他们的加入不仅能为团队提供更广阔的视野和更丰富的实践经验，还能帮助学校建立起与外部世界的紧密联系，及时获取最新的教育动态和创新资源。

在搭建合作平台的过程中，校长还应注重营造开放、包容、平等的氛围。鼓励教师敢于表达自己的想法和观点，勇于尝试新的教学方法和手段。同时要尊重每个教师的个性和特长，充分发挥他们的优势和潜能，使每个人都能在团队中找到自己的位置和价值。通过搭建跨学科、跨领域的合作平台，推动学校形成一个充满活力、不断创新的教育生态。在这个生态中，教师们相互学习、相互启发、相互支持，共同推动学校教育事业的发展和创新项目的成功实施。

### （三）营造鼓励创新、宽容失败的文化氛围

创新总是伴随着风险和挑战，而失败往往是成功之母。在团队创新项目实施过程中，校长要营造一种鼓励创新、宽容失败的文化氛围。通过定期组织分享会、研讨会等活动，让团队成员分享彼此的经验和教训，相互学习和借鉴。校长要对团队成员的努力和付出给予充分的肯定和鼓励，即使项目在某些方面未能达到预期目标。这样的文化氛围有助于激发团队成员的积极性和创造力，让他们在面对困难和挑战时能够保持坚定的信念和持续的动力。

团队创新项目的实施是校长在激发教育创新中的重要策略之一，通过明确创新项目的目标与愿景、搭建跨学科、跨领域的合作平台以及营造鼓励创新、宽容失败的文化氛围等关键行动，引领和推动团队在项目实施过程中不断取得突破和成果。这些行动有助于提升教师的专业发展和创新能力，还能够加强团队合作和凝聚力，为学校的教育改革和发展注入新的活力。在未来的工作中，继续关注团队创新项目的实施情况，不断优化和完善相关策略与行动方案，以推动学校教育事业不断向前发展。

## 四、教师合作的挑战与解决方案

在教育领域，教师合作被视为提升教学质量、促进教师专业发展和推动教育创新的重要途径。然而，在实际操作中，教师合作往往面临各种挑战，这些挑战源于教师个体、学校组织或外部环境等多个层面。为了充分发挥教师合作的潜力，校长需要识别这些挑战，并采取有效的解决方案。

### （一）教师合作中个体层面的挑战与解决方案

个体层面的挑战主要包括教师的个人观念、能力和时间等方面的限制。有些教师习惯于独立工作，对合作持保守态度；有些教师缺乏合作所需的沟通技巧或专业知识；还有些教师因为繁重的教学任务而难以抽出时间参与合作。

针对这些挑战，采取以下解决方案：一是组织教师研讨会、分享会等活动，传播合作的理念和价值，引导教师转变观念，认识到合作的重要性；二是提供必要的培训和支持，帮助教师提升合作所需的技能和知识。例如邀请专家进行团队协作、沟通技巧等方面的培训。合理安排教学任务和工作时间，为教师参与合作创造条件。通过调整课程安排或引入助教等辅助人员来减轻教师的教学负担。

### （二）教师合作中学校组织层面的挑战与解决方案

学校组织层面的挑战主要包括组织结构、管理制度和文化氛围等方面的制约。有些学校的组织结构过于僵化，不利于教师之间的横向合作；有些学校的管理制度过于烦琐，限制了教师的自主性和创新性；还有些学校的文化氛围不够开放包容，抑制了教师的合作意愿。

针对这些挑战，可优化学校的组织结构，打破部门壁垒，促进不同学科、不同年级教师之间的交流与合作，例如设立跨学科教研团队或项目小组来推动教师合作。简化管理制度，赋予教师更多的自主权和决策参与权，实行弹性工作时间制或项目负责制来激发教师的积极性和创新性。营造开放包容的文化氛围，鼓励教师敢于尝试、勇于创新、乐于分享。定期举办教师创新成果展示活动或教学经验交流会来增强教师的归属感和成就感。

### （三）教师合作中外部环境层面的挑战与解决方案

外部环境层面的挑战主要包括政策导向、社会期望和资源限制等方面的压力。随着教育改革的不断深入和社会对教育质量要求的不断提高，教师合作面临着更大的期望和压力。由于教育资源的有限性，教师合作面临资金、设备等方面的制约。面对这些挑战，应积极关注政策动态和社会需求变化，及时调整学校的发展战略和合作方向。根据政策导向和社会热点来设置合作项目或研究课题来吸引外部资源和关注。加强与政府、企业和社会组织的沟通与合作，争取更多的外部支持和资源投入，例如与当地企业建立校企合作项目或争取政府的教育改革试点项目来获得资金和设备支持。注重资源的合理配置和高效利用，确保有限的资源能够用在刀刃上，建立资源共享平台或实行设备轮换制度来提高资源利用效率。

教师合作是推动教育创新和专业发展的重要途径之一，但在实际操作中往往面临各种挑战。校长作为学校的领导者和管理者，在激发教师合作潜力方面发挥着关键作用。应通过识别不同层面的挑战并采取有效的解决方案，推动教师合作向更深层次、更宽领域发展，为提升教育质量、促进教师专业发展和推动教育创新做出积极贡献。

# 第四节　教师创新能力的评估与反馈

## 一、设计有效的评估机制

在教育领域，教师的创新能力对于推动学校发展和提升教育质量至关重要。而要对教师的创新能力进行准确评估并提供有针对性的反馈，就需要设计一套科学、合理且行之有效的评估机制。这不仅有助于识别教师的创新潜力，还能为教师的专业发展提供明确的方向和动力。校长在这一过程中扮演着举足轻重的角色，他们需要领导并参与评估机制的设计与实施，确保评估的公正性、准确性和有效性。

### （一）明确评估目的与标准

要设计有效的评估机制，必须明确评估的目的和标准。评估的目的不仅是为了了解教师当前的创新能力水平，更重要的是为了促进教师的专业成长和创新能力提升。评估标准应既包含对教师创新成果的评价，也包含对教师创新过程和创新潜力的考量。这些标准应该是具体、可衡量且与教育目标和学校发展战略相一致的。

### （二）采用多元化的评估方法

教师的创新能力体现在多个方面，如教学理念、教学方法、课程设计、学生指导等，单一的评估方法难以全面反映教师的创新能力。有效的评估机制应采用多种评估方法相结合，包括自我评估、同行评估、学生评估以及专家评估等。这样可以从多个角度获取教师的创新表现信息，使评估结果更加全面和客观。

### （三）确保评估过程的公正性与透明度

评估机制的公正性和透明度对于维护教师的积极性和信任至关重要，确保评估过程公开、透明，评估标准和方法对所有人都是一致的。同时评估结果应及时、准确地反馈给教师本人，以便他们了解自己的创新表现，明确改进方向。

### （四）利用评估结果进行针对性反馈与指导

评估的结果不应该仅仅是一个分数或等级，更应该成为指导教师专业发展和创新能力提升的依据。校长和评估团队应该对评估结果进行深入分析，针对每位教师的具体情况提供个性化的反馈和指导建议。这些反馈和指导应该既包含对教师创新成果的认可和鼓励，也包含对教师创新过程中存在问题的分析和改进建议。

### （五）建立动态调整与持续改进的评估机制

教育环境和教师需求是不断变化的，因此评估机制也需要进行动态调整和持续改进。校长应定期回顾评估机制的运行情况，收集教师和其他利益相关者的反馈意见，对评估标准、方法和过程进行必要的调整和优化。这样可以确保评估机制始终与教育目标和学校发展战略保持一致，为教师的专业发展和创新能力提升提供持续有效的支持。

设计有效的教师创新能力评估机制是校长在激发教育创新中的一项关键任务。通过明确评估目的与标准、采用多元化的评估方法、确保评估过程的公正性与透明度、利用评估结果进行针对性反馈与指导，以及建立动态调整与持续改进的评估机制等策略与行动，构建一套科学、合理且行之有效的评估机制。这不仅有助于全面、客观地了解教师的创新能力水平，更能为教师的专业发展和创新能力提升提供明确的方向和持续的动力。

## 二、提供及时与建设性的反馈

在教师创新能力的培养与提升过程中，及时且建设性的反馈是至关重要的。它不仅能够帮助教师认清自己的创新实践现状，还能够为教师提供改进的方向和动力。校长作为学校的领导者，有责任确保反馈机制的有效运行，以推动教师的专业成长和学校的整体创新氛围。

### （一）反馈的及时性

及时性是有效反馈的首要特征，当教师在创新实践中取得成就或遭遇困难时，校长应迅速给予反馈，以强化正面行为或及时纠正错误。这种及时性不仅有助于巩固教师的创新成果，还能防止小问题演变成大难题。为了实现及时反馈，校长要建立一套高效的信息收集和传递系统，如定期的教学观摩、教师座谈会或在线交流平台等。

### （二）反馈的建设性

建设性反馈是指那些能够帮助教师改进和提升的反馈，它不仅仅是对教师工作的简单评价，更是对教师未来发展方向的具体建议。校长在提供反馈时，应注重其建设性，避免过于笼统或模糊的评语。建设性反馈应该包含对教师创新实践的明确肯定，指出其亮点和不足之处，并提供具体的改进策略或资源支持。

### （三）个性化反馈的重要性

每位教师都有其独特的教学风格和创新路径，校长在提供反馈时也需要考虑到教师的个体差异。个性化反馈能够更准确地反映教师的创新实践情况，也更容易被教师接受和采纳。为了实现个性化反馈，校长要深入了解每位教师的教学理念、创新实践以及面临的挑战，并根据这些信息量身定制反馈内容。

### （四）反馈的双向性

有效的反馈机制应该是双向的，既包括校长对教师的反馈，也包括教师对校长的反馈。这种双向性有助于建立一种开放、平等的沟通氛围，促进双方的共同成长。校长应鼓励教师提出自己的见解和建议，认真对待教师的反馈，并根据实际情况进行调整和改进。同时校长也应定期向教师传达学校的发展战略和创新目标，以便教师能够更好地理解校长的期望和要求。

### （五）反馈的持续性与跟踪

提供反馈不是一次性的活动，而是一个持续的过程。校长要定期跟踪教师的创新实践进展，并根据教师的改进情况调整反馈策略。这种持续性的反馈有助于确保教师的创新实践始终沿着正确的方向前进，也有助于及时发现和解决潜在的问题。为了实现持续性的反馈，可建立一套长期的教师创新实践跟踪系统，如创新项目档案、教学反思日志或专业发展计划等。

提供及时与建设性的反馈是校长在激发教师创新能力过程中的一项关键策略。通过确保反馈的及时性、建设性、个性化、双向性以及持续性，建立一套高效的反馈机制，促进教师的专业成长和学校的整体创新氛围。在这个过程中校长须扮演好领导者和支持者的角色，既要给予教师充分的信任和自主权，又要为教师提供必要的指导和资源支持。只有这样才能真正激发教师的创新潜能，推动学校教育的持续发展和进步。

## 三、教师自我评估与发展计划

在推动教师专业发展和创新能力提升的过程中，教师的自我评估与发展计划是至关重要的环节。它不仅能够促进教师的自我反思和自我认知，还能够帮助教师明确个人发展目标，制订切实可行的发展计划。校长应当支持和鼓励教师参与自我评估，以激发他们的内在动力和创新潜能。

### （一）自我评估的重要性

自我评估是教师专业成长和创新能力提升的起点。通过自我评估，教师能够全面审视自己的教学理念、教学方法、知识水平、技能技巧以及创新实践等方面的情况。这种内省式的自我反思有助于教师发现自己的优点和不足，明确个人在专业发展中的需求和方向。自我评估还能够增强教师的自我意识和自信心，提升他们在教学实践中的主动性和创造性。

## （二）制订发展计划的必要性

基于自我评估的结果，教师要制订个人专业发展计划。这个计划应该具有明确的目标、可操作的步骤以及合理的时间安排。发展目标应该既符合教师的个人实际，又能够体现学校的整体发展战略和教育创新需求。计划中的步骤和措施具有可操作性和可衡量性，以确保计划的顺利实施和成果的可评价性。通过制订发展计划，教师能够将自己的专业发展与学校的发展紧密联系起来，实现个人价值与学校目标的共赢。

## （三）校长在自我评估与发展计划中的作用

校长在教师自我评估与发展计划的过程中发挥着关键的作用，校长需要营造一个开放、包容、鼓励自我反思的组织氛围，让教师敢于正视自己的不足并寻求改进。校长要为教师提供必要的指导和支持，帮助他们准确地进行自我评估并制订出切实可行的发展计划。校长还要定期对教师的自我评估与发展计划进行检查和督导，确保计划的实施效果和教师的成长进步。

## （四）实施自我评估与发展计划的策略

为了有效地实施自我评估与发展计划，教师可以采取以下策略：一是采用多元化的评估方法，如自我反思日记、同行观摩评议、学生反馈调查等，以获取全面客观的自我认知；二是将发展计划细化为具体的行动步骤和时间节点，以便于操作和监控；三是积极参与学校组织的专业发展活动和培训项目，以拓宽视野和提升能力；四是定期回顾和调整发展计划，以适应教育环境的变化和个人成长的需求。

## （五）克服自我评估与发展计划的挑战

在实施自我评估与发展计划的过程中，教师会面临一些挑战和困难。例如自我认知的局限性、发展计划的可行性问题、外部环境的制约等。为了克服这些挑战，教师要保持开放的心态和持续学习的精神，勇于尝试新的教学方法和教育理念。校长也要为教师提供足够的支持和资源保障，帮助他们克服困难并实现个人发展目标。

自我评估与发展计划在教师专业发展和创新能力提升中具有不可替代的作用。通过自我评估和发展计划的制订与实施，教师能够不断提升自己的专业素养和创新能力水平，为学校的整体发展贡献智慧和力量。校长在这个过程中扮演着重要的领导者和支持者的角色，要积极营造有利于教师自我反思和发展的组织环境，为教师提供专业指导和资源保障，实现教师个人与学校整体的共同成长与进步。

## 四、创新实践的记录与分析

在教育领域，创新是推动学校发展和提升教育质量的关键动力。而教师作为教育创新的主要实践者，他们的创新能力和实践成果对于学校的整体创新水平具有决定性的影响。对教师的创新实践进行记录与分析，是校长在激发教育创新中必须关注的重要环节。通过对教师创新实践的记录和分析，校长不仅可以了解教师的创新能力和需求，还可以为学校的创新发展提供有力的数据支持。

### （一）创新实践记录的重要性

创新实践记录是对教师创新活动过程的详细记载，包括创新理念的产生、创新方案的设计与实施、创新成果的展示与评价等各个环节。这些记录不仅可以帮助教师回顾和总结自己的创新实践，发现其中的亮点和不足，还可以为其他教师提供借鉴和学习的案例。创新实践记录也是校长评估教师创新能力的重要依据，有助于校长全面、客观地了解教师的创新表现和发展需求。

### （二）创新实践分析的方法与工具

对教师的创新实践进行分析，需要运用科学的方法和工具。例如采用案例分析、问卷调查、访谈等方法收集教师的创新实践数据；运用统计软件、文本分析工具等对收集到的数据进行处理和分析，以揭示教师创新实践的规律、特点和问题。还可以邀请专家或同行对教师的创新实践进行评议和分析，以获取更专业、更深入的反馈和建议。

### （三）创新实践分析的应用与价值

通过对教师创新实践的分析，获得丰富的信息和洞察。了解教师在不同创新领域和主题上的分布情况，以及他们的创新偏好和专长；识别出教师在创新过程中遇到的困难和挑战，以及需要得到的支持和帮助；发现教师在创新实践中展现出的优秀经验和成果，以及值得推广和借鉴的创新模式和方法。这些信息对于校长制定有针对性的教师创新支持策略、优化学校的创新资源配置、提升学校的整体创新水平具有重要的参考价值。

### （四）校长在创新实践记录与分析中的角色与行动

校长在教师创新实践记录与分析中扮演着重要的角色。校长要建立和完善创新实践记录与分析的制度体系，明确记录的内容、方式、频率等要求，确保记录的全面性和准确性；校长要为教师提供必要的培训和支持，帮助他们掌握创新实践记录与分析的方法和技能；校长还要亲自参与或委托专人对收集到的创新实践数据进行分析和处理，以获取有价值的洞察和建议。通过这些行动，有效地推动教师创新实践记录与分析工作的开展和实施。

教师创新实践的记录与分析是校长在激发教育创新中的一项重要工作，通过对教师创新实践的全面记录和深入分析，了解教师的创新能力和需求、发现创新实践中的问题和挑战、挖掘创新实践中的优秀经验和成果。校长要高度重视教师创新实践的记录与分析工作，采取有效的措施和方法推动其开展和实施。

# 第四章 技术在教育创新中的应用

## 第一节 整合新兴技术与教学

### 一、探索 AI、VR/AR 在教学中的应用

随着科技的飞速发展,人工智能(AI)和虚拟现实/增强现实(VR/AR)等新兴技术逐渐进入教育领域,为传统教学注入了新的活力。校长作为学校的领导者,需要敏锐地捕捉到这些技术的发展趋势,积极探索它们在教学中的应用,以推动教育创新、提高教学质量。

#### (一)AI 在教学中的应用

人工智能(AI)技术的崛起为教育领域带来了前所未有的变革机遇。通过先进的智能算法和大数据分析技术,AI能够在教学中实现个性化指导、智能评估等创新功能,从而有效解决传统教学模式中普遍存在的"一刀切"问题。在传统的教学环境中,教师往往难以充分照顾到每个学生的个体差异,导致教学进度和内容无法满足所有学生的需求。借助AI技术的支持,智能教学系统可以根据学生的学习进度、能力水平以及兴趣偏好等多个维度,进行精准的数据分析和挖掘。基于这些数据,系统能够智能地推荐适合每个学生的学习资源,制订高度个性化的学习计划,从而确保每位学生都能在最适合自己的学习路径上获得成长。AI技术还可以在教学管理中发挥巨大作用,例如批改学生作业和学习成果分析是教师工作中最为耗时且重复性强的任务之一。通过利用AI的自然语言处理和机器学习等技术,教师可以实现对学生作业的自动批改和智能分析。这样不仅能大幅度减轻教师的工作负担,让他们有更多时间和精力投入教学设计和学生互动中,同时也能为学生提供更及时、更准确的反馈,帮助他们更好地了解自己的学

习状况并做出调整。结合实际，总结 AI 在教学中的应用如下表。

表 4-1　AI 在教学中的应用

| 序号 | 应用领域 | 描述 |
|------|----------|------|
| 1 | 个性化教育 | AI 通过分析学生的学习历史和表现，生成个性化的学习计划和推荐相应的学习资源，从而实现针对每个学生的定制化教育 |
| 2 | 自适应教学 | AI 根据学生的学习速度和理解能力调整教学进度和难度，确保教学内容与学生的实际水平相匹配，提高教学效果 |
| 3 | 智能辅助教学 | 利用 AI 技术如智能语音识别和自然语言处理，帮助教师迅速了解学生情况，提供精准的教学辅助，提高教学质量 |
| 4 | 学习数据分析 | AI 能够自动化地监测学生的学习活动，并进行精确的分析，帮助教师全面了解学生学习情况，有助于制定更有针对性的教学策略 |
| 5 | 教学质量评估 | AI 利用学生的学习数据和表现，进行教学质量的评估，为教学改进提供依据 |
| 6 | 早教机器人 | AI 应用于早教机器人中，帮助家长或教师更有效地指导孩子的早期发展，提供寓教于乐的学习体验 |
| 7 | 教育研究 | 利用 AI 技术分析大量学习数据和教学资源，探索教学规律和方法，为教育研究提供有力支持 |
| 8 | 拍照搜题 | AI 通过拍照捕捉题目中的关键信息，利用计算机视觉技术进行搜索和识别，帮助学生快速找到解题方法和答案 |
| 9 | 在线教育平台 | AI 通过在线教育平台提供个性化的学习体验，包括智能化的学习路径、自适应的学习内容和及时的反馈，满足学生多样化的学习需求 |

## （二）VR/AR 在教学中的应用

虚拟现实（VR）和增强现实（AR）技术的结合为教学带来了全新的维度。这些先进技术通过构建逼真且引人入胜的虚拟学习环境，使学生能够完全沉浸于丰富多样的感官体验之中，从而极大地增强了学习的趣味性和互动性。在历史课程的教学中，传统的讲述和图片展示往往难以让学生真切地感受到历史事件的魅力和影响。借助 VR 技术，教师可以重现历史场景，将学生置身于那个时代的真实环境中。学生可以亲身参与虚拟的历史事件，与历史人物互动，甚至改变历史的走向。这样的体验不仅让学生更加直观地理解历史的发展脉络，而且激发了他们对历史学科的浓厚兴趣。在科学课程的领域，AR技术则展现出了其独特的优势。科学概念和原理往往抽象而复杂，难以通过传统的讲述和实验演示完全掌握。利用AR技术，教师将这些难以理解的科学原理和结构以三维立体图像的形式展示在学生眼前。学生自由地探索这些虚拟的科学模型，从各个角度观察它们的构造和工作原理，甚至通过交互操作来深入了解其运行规律。这样的教学方式不仅帮助学生更好地理解和掌握科学知识，而且培养了他们的空间思维能力和问题解决能力。结合实际，总结应用如下表所示。

表4-2　VR/AR在教学中的应用

| 序号 | 应用领域 | 实际案例 |
|---|---|---|
| 1 | 虚拟实验室 | 科学课上，学生使用VR头戴设备进入虚拟实验室，进行化学反应的模拟实验，观察分子结构的变化过程 |
| 2 | 历史和地理教育 | 历史课上，学生利用AR应用程序在手机上扫描教室中的图片或标记，观看历史事件的三维重现，如古罗马竞技场的角斗士比赛 |
| 3 | 虚拟艺术工作室 | 艺术课上，学生戴上VR头戴设备进入虚拟艺术工作室，选择不同的画笔和颜料进行创作，教师在旁边提供指导和建议 |
| 4 | 虚拟语言学习 | 语言课上，学生使用VR头戴设备进入虚拟的语言学习环境，与虚拟角色进行对话练习，模拟真实场景中的交流情境 |

## （三）技术应用的挑战与对策

尽管AI和VR/AR等新兴技术在教学中的应用展现出了令人振奋的前景和潜力，但在实际应用过程中，也面临着一些不可忽视的挑战和问题。技术成本高、教师技能不足以及学生适应性差异是最为突出的几个方面。技术的高成本是制约这些新兴技术在教学领域广泛应用的重要因素之一，无论是购买先进的AI教学系统，还是配置高性能的VR/AR设备，都需要学校投入大量的资金。对于许多经费有限的学校来说，无疑是一个巨大的负担。为了降低技术应用的成本，校长应积极争取政府和社会各界的支持与合作。例如向政府申请专项经费，与企业建立校企合作项目，或者通过社会捐赠等方式筹集资金。学校还可以考虑与其他学校共享资源，共同建设和使用这些技术设施，以进一步分摊成本。

教师在应用这些新兴技术时往往面临着技能不足的困境，许多教师缺乏相关的技术背景和培训，难以有效地将这些技术融入自己的教学中。为了解决这个问题，学校要加强对教师的培训和技术指导。组织定期的技术培训课程，邀请专家或技术人员为教师讲解相关技术的原理和应用方法。学校还可以建立技术支持团队，为教师提供日常的技术咨询和帮助。通过这些措施，教师可以逐步提高自己的技术应用能力和信心，更好地利用这些技术来改进自己的教学。学生的适应性差异也是技术应用中需要关注的一个重要方面，每个学生对于新技术的接受能力和使用习惯都有所不同，有些学生很快能适应并充分利用这些新技术进行学习，而另一些学生则需要更长的时间和更多的帮助才能适应。为了应对这种差异，学校要制订灵活多样的教学方案和辅助措施。例如根据学生的不同需求和水平，提供个性化的学习资源和指导。同时，学校还可以设置专门的技术辅导课程或咨询服务，帮助学生解决在使用新技术过程中遇到的问题和困难。

### （四）技术与教学整合的未来趋势

随着科技日新月异的发展以及教育理念的持续更新，AI、VR/AR等新兴技术与教学的融合将日益加深，展现出前所未有的紧密与深入。展望未来教育将不再是一成不变的传统模式，而是更加注重每位学生的个性化需求、自主学习能力的提升以及创新精神的培养。在这一变革中，AI技术将扮演越发重要的角色。随着算法的不断优化和大数据的深度应用，AI将能够更精准地分析学生的学习习惯、兴趣点和知识掌握情况，为每位学生量身定制最适合的学习路径和资源。AI还将助力教师从繁重的教学任务中解脱出来，通过智能批改、学习进度跟踪等功能，让教师有更多精力关注学生的个体差异和成长发展。而VR/AR技术则将为学生提供更加沉浸式和交互性的学习体验，通过佩戴VR眼镜或AR设备，学生可以瞬间穿越到历史事件的现场，与虚拟人物进行对话交流；或者在科学实验中亲手操作虚拟仪器，观察微观世界的奥秘。这样的学习方式不仅能够极大地激发学生的学习兴趣和好奇心，还能够培养他们的空间认知能力、问题解决能力以及创新思维。面对这些变革和趋势，校长作为学校的领航者，必须紧密关注教育科技的发展动态，不断更新自己的教育观念和教学策略，积极探索新兴技术与教学的最佳结合点，以适应新时代教育创新的需求。校长还要鼓励教师团队持续学习和进修，提升整体的技术应用能力和创新意识，确保学校能够在激烈的竞争中保持领先地位。

AI、VR/AR等新兴技术在教育领域的应用为传统教学带来了革命性的变革，校长作为学校的领导者，需要积极探索这些技术在教学中的应用策略与行动路径，以推动教育创新、提高教学质量。通过加大技术投入、加强教师培训、关注学生需求等措施的实施，校长引领学校走向更加智能化、个性化的新时代教育模式。同时也需要密切关注技术应用的挑战与问题，不断调整和优化教学策略与管理机制，以确保技术应用能够更好地服务于教育教学实践和学生成长发展需求。

## 二、利用大数据与分析改善学习

在当今信息爆炸的时代，大数据和分析技术已经成为推动教育创新的重要力量。校长作为学校的领导者，在激发教育创新方面扮演着至关重要的角色。他们不仅需要关注新兴技术的发展，还需要思考如何将这些技术有效地整合到教学中，以改善学生的学习体验和提高学习效果。大数据与分析技术为个性化教学、精准评估和教学改进提供了前所未有的可能性。通过深入挖掘和分析学生的学习数据，教师可以更准确地了解每个学生的学习状况、兴趣爱好和学习需求，从而为他们提供更有针对性的教学。

### （一）个性化学习路径的设计

在当今信息爆炸的时代，大数据如同一个宝藏丰富的矿藏，蕴藏着无穷无尽的价值。在教育这片广阔的天地里，大数据的运用正逐渐展现出其强大的潜力和魅力。大数据的核心价值在于它能够从海量、繁杂的信息中提炼出有价值、有洞察力的信息，揭示了学生学习背后的故事。在教育领域，大数据的运用体现在对学生学习数据的全面收集和深度分析上。这些数据涵盖了学生的学习习惯、成绩变化轨迹、在线学习平台的互动频率、课堂参与度等多个维度。当将这些数据汇聚一堂，并运用先进的数据分析技术进行深入挖掘时，一个生动而立体的学生画像便逐渐浮现出来。

通过大数据分析，教师能够精准地洞察到每个学生的学习需求和难点所在。不再是一刀切的教学方式，而是针对每个学生的独特性进行量身定制。例如对于那些在数学上显得力不从心、成绩起伏较大的学生，系统可以智能地识别出他们的薄弱环节，并推荐一系列更为基础、更加贴合他们实际水平的练习题。学生便可以在一个适合自己的学习节奏中稳步前行，逐渐克服难关。相反对于那些在学业上展现出超常天赋、进步神速的学生，传统的教育方式往往难以满足他们的学习需求。而有了大数据的支撑，系统可以为他们提供更高级、更具挑战性的学习任务和资源，让他们在不断挑战自我中实现更快的成长。

这种基于大数据的个性化学习路径设计，不仅确保了每个学生都能够在最适合自己的速度和节奏下掌握知识，还极大地激发了他们的学习兴趣和内在动力。因为当学习变得更加个性化、更加贴近学生的实际需求时，他们便会感受到前所未有的学习成就感和满足感，而这正是教育创新所追求的理想境界。

## （二）精准评估与即时反馈

传统的教育评估方式，如期末或期中考试，虽然在一定程度上能够衡量学生的整体表现，但却存在着明显的局限性。这种"一刀切"的评估方式往往无法全面、准确地反映每个学生的学习状况，更难以提供及时、有效的反馈。学生在面对这样的评估时，常常感到迷茫和挫败，不知道自己的问题出在哪里，也不知道该如何改进。随着大数据和分析技术的崛起，这一局面正在被逐步打破。大数据具有实时监控和即时分析的能力，能够全面、准确地捕捉学生的学习进度和表现。通过对学生学习数据的深入挖掘和分析，教师可以获得更加细致、全面的了解，从而为每个学生提供精准的评估。

这种精准评估不仅关注学生的知识掌握情况，还能深入洞察学生的学习态度、方法和习惯等多个方面。更为重要的是，大数据和分析技术能够提供即时的反馈，意味着学生在学习过程中，可以随时随地了解自己的学习状况，及时调整学习策略和方法。这种即时反馈的机制对于学生的学习至关重要，它不仅能够帮助学生及时纠正学习中的错误和偏差，避免在错误的道路上越走越远，还能够激发学生的学习动力。当学生看到自己的进步和成就时，他们会感受到学习的乐趣和成就感，从而更加积极地投入学习中。

## （三）预测学生表现与预防辍学

在教育的海洋中，每一个学生都是一艘独特的航船，他们的航行轨迹充满了无数的可能性和未知。而大数据，就像是一盏能够照亮未来的灯塔，帮助预测学生的航行方向，及时发现潜在的暗礁，为他们提供必要的指引和援助。除了能够实时监控学生的学习进度和表现，大数据更为神奇的地方在于其预测功能。通过对历史数据的深度挖掘和分析，教育机构可以建立起复杂而精准的数据模型，这些模型能够预测哪些学生在未来的学习中会遇到困难或挑战。这种预测并不是凭空臆测，而是基于大量的数据和科学的算法得出的结论。

这种预测功能的意义在于，它使得教育机构能够提前为学生提供必要的支持和干预。对于那些在学习上出现问题的学生，教师和辅导员在他们陷入困境之前给予关注和帮助，从而避免他们因为学习困难而选择放弃学业。在预防学生辍学方面，大数据发挥着不可替代的作用。辍学是学生面临的一种极为严重的教育问题，它不仅影响到学生的个人前途，也给社会带来了巨大的负担。而通过大数据分析，可以及时发现那些有辍学风险的学生。如果一个学生的出勤率突然出现了明显的下降，或者他的作业完成情况变得糟糕，这些都是他即将陷入学习困境的信号。当系统检测到这些异常数据时，可以自动发出警报，提醒教师或辅导员及时介入。这种及时的干预往往能够帮助学生重新找回学习的信心和动力，从而避免他们走上辍学的道路。

### （四）优化教学资源和教学方法

在大数据的助力下，教育机构迎来了优化教学资源和教学方法的黄金时代。传统的教学资源和方法的选择往往依赖于教师的经验和直觉，但这种方式很难保证资源的有效利用和教学方法的持续优化。而大数据的出现，为教育机构提供了一种全新的视角和工具，使得教学资源和方法的优化变得更加科学、精准和高效。

通过收集和分析学生的学习数据，教育机构清晰地了解到哪些教学资源最受学生欢迎、哪些资源被学生冷落。这些数据不仅可以反映学生的兴趣和需求，还揭示出教学资源的有效性和适用性。基于这些数据，学校更加明智地分配其预算和资源，将有限的资源投入最受学生欢迎、最具教学效果的领域，从而提高教学资源的利用率和教学效果。大数据还可以帮助教育机构评估和优化教学方法，不同的学生有着不同的学习方式和习惯，而传统的教学方法往往难以满足所有学生的需求。通过大数据分析，教师了解到哪些教学方法对学生最有效、哪些方法需要改进或调整。这种基于数据的优化，不仅提高教学效果，还可以让教学更加个性化、多样化，更好地满足学生的需求。大数据还帮助教育机构实现教学资源的动态管理和更新，教学资源并非一成不变，随着学科的发展和教学理念的更新，教学资源也需要不断地更新和升级。通过大数据分析，教育机构可及时发现过时的教学资源，及时进行更新和替换，确保教学资源的时效性和先进性。

### （五）挑战与应对策略

数据隐私是一大挑战，学生的个人信息和学习数据属于敏感信息，一旦泄露或被滥用，将对学生的隐私造成严重侵犯。在收集、存储和使用学生数据时，教育机构必须严格遵守相关法律法规，确保学生的隐私得到充分的保护。校长要制定明确的数据使用政策，规范数据的收集、存储和使用流程，明确数据的使用目的和范围，防止数据被滥用或泄露。

数据安全也是不容忽视的挑战，随着网络技术的发展，黑客攻击、数据泄露等安全风险日益凸显。教育机构需要加强数据安全防护，采取一系列技术措施和管理手段，确保学生数据的安全性和完整性，包括加强网络防火墙建设、定期进行数据安全漏洞扫描和修复、严格限制数据访问权限等。

数据质量是影响大数据分析效果的关键因素，如果数据存在大量错误、缺失或重复等问题，那么分析结果将失去准确性和可信度。为了提高数据质量，教育机构要投入足够的资源，建立完善的数据质量管理体系，对数据进行清洗、整合和验证等处理，确保数据的准确性和可靠性。

为了克服这些挑战，校长不仅要关注技术层面的问题，更需要从组织和管理层面进行全面考虑。除了制定明确的数据使用政策和加强数据安全防护外，校长还要培养一支具备数据素养的教师队伍。这些教师要掌握数据分析的基本知识和技能，能够利用大数据工具进行教学分析、学生评估和课程设计等工作。同时他们还要具备批判性思维和数据伦理意识，能够正确理解和分析数据背后的含义和价值，避免被数据误导或滥用数据。

大数据和分析技术在教育创新中发挥着越来越重要的作用，校长作为学校的领导者，要紧密关注这一领域的发展动态，并采取有效的策略将这些技术整合到教学中。通过个性化学习路径的设计、精准评估与即时反馈、预测学生表现与预防辍学以及优化教学资源和教学方法等手段，大数据和分析技术有望为教育带来革命性的变革。然而，这也要求校长和教师们不断地学习和适应新技术带来的挑战和机遇。

### 三、云计算与移动学习资源的应用

随着信息技术的飞速发展，云计算和移动学习已经成为教育领域不可忽视的重要力量。云计算以其强大的数据处理和存储能力，为教育提供了无限的可能性；而移动学习则以其便捷性和灵活性，满足了学生随时随地学习的需求。校长作为教育机构的领导者，在激发教育创新中扮演着关键角色。他们不仅需要认识到云计算和移动学习资源的重要性，更需要采取有效的策略与行动，将这些技术整合到教学中，推动教育的创新与发展。

#### （一）云计算在教育创新中的价值

云计算作为一种新兴的信息技术，具有数据存储、处理、共享等功能，为教育创新带来了革命性的变革。云计算可以实现教育资源的集中管理和共享，打破传统教育资源的地域和时间限制，让优质教育资源得以更加公平地分配。云计算可以提供强大的数据处理和分析能力，帮助教育机构更加精准地了解学生的学习情况，为个性化教学提供有力支持。云计算还可以促进教育机构之间的合作与交流，推动教育行业的共同进步。

#### （二）移动学习资源的应用与优势

移动学习是指利用移动设备（如智能手机、平板电脑等）进行的学习活动。随着移动设备的普及和网络技术的发展，移动学习已经成为一种趋势。移动学习资源的应用具有以下优势：移动学习可以满足学生随时随地学习的需求，打破传统课堂的时空限制，提高学习效率；提供丰富多样的学习资源和学习方式，满足学生的个性化需求；促进师生之间的互动与交流，增强学习效果。

表4-3　移动学习资源的应用与优势

| 序号 | 应用领域 | 优势 |
|---|---|---|
| 1 | 灵活学习 | 移动学习资源使学习不再局限于特定时间和地点，学习者可以随时随地通过手机、平板电脑等设备进行学习，极大提高了学习的灵活性和便利性 |
| 2 | 个性化学习 | 移动学习应用可以根据学习者的兴趣、能力和学习进度提供个性化的学习资源和路径，满足不同学习者的需求，提升学习效果 |

| 序号 | 应用领域 | 优势 |
|---|---|---|
| 3 | 多样化内容 | 移动学习资源涵盖了丰富多样的内容，包括文字、图片、音频、视频等多种形式，使学习更加生动有趣，激发学习者的学习兴趣和动力 |
| 4 | 实时互动 | 移动学习应用支持学习者之间的实时互动和合作，通过在线讨论、小组协作等方式促进知识交流和共享，提升学习者的参与度和学习效果 |
| 5 | 学习进度跟踪 | 移动学习应用可以记录学习者的学习进度和成绩，为学习者提供明确的学习目标和反馈，帮助学习者更好地掌握自己的学习情况和调整学习策略 |
| 6 | 跨平台同步 | 移动学习应用通常支持跨平台同步功能，学习者可以在不同设备之间无缝切换学习，保持学习进度的连续性和一致性 |

### （三）校长在整合云计算与移动学习资源中的策略与行动

1.制订明确的技术整合规划

校长制订明确的技术整合规划，包括目标设定、资源分配、实施步骤等。规划应充分考虑教育机构的实际需求和条件，确保云计算和移动学习资源的应用能够真正提升教学质量和学习效果。

2.加强教师培训和技术支持

教师是技术应用的关键，校长要加强对教师的培训和技术支持，提高他们的信息素养和技术应用能力。还要建立一支专业的技术支持团队，为教师提供及时的技术帮助和解决方案。

3.优化学习环境和学习资源

校长要关注学习环境和学习资源的优化，完善校园网络设施，确保网络覆盖全面、稳定可靠；丰富移动学习资源的内容和形式，满足学生的多样化需求；建立完善的学习资源管理系统，实现资源的有效共享和利用。

4.鼓励学生参与和反馈

学生是学习的主体，校长要鼓励学生积极参与移动学习，提供反馈和建议。通过学生的参与和反馈，及时了解学生的学习需求和问题，为进一步优化移动学习资源和应用提供有力支持。

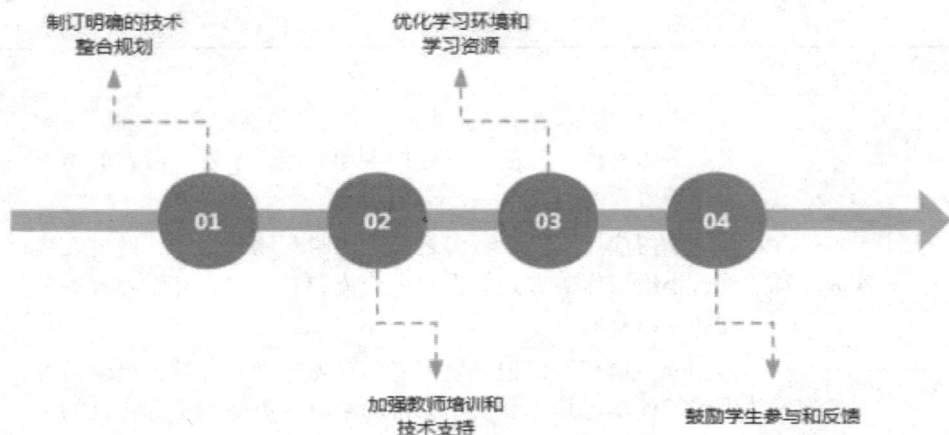

**图4-1 整合云计算与移动学习资源策略流程**

云计算与移动学习资源的应用是教育创新的重要方向，校长作为教育机构的领导者，要充分认识到这些技术的价值，采取有效的策略与行动进行整合。通过制订明确的技术整合规划、加强教师培训和技术支持、优化学习环境和学习资源以及鼓励学生参与和反馈等措施，推动云计算和移动学习资源在教育中的广泛应用，为培养创新型人才提供有力支持。校长还要关注技术发展的最新动态，不断更新教育观念和技术应用策略，以适应教育创新发展的需求。

## 四、网络安全与数字素养

随着信息技术的迅猛发展，网络已成为教育领域不可或缺的一部分。然而网络安全问题日益凸显，数字素养的培养也显得尤为重要。校长作为学校的领导者，在激发教育创新的同时，必须高度重视网络安全和数字素养的提升，以确保学校教育的安全、高效和创新。

### （一）网络安全在教育创新中的重要性

网络安全是教育信息化建设的基础保障，随着学校网络应用的广泛普及，网络安全问题日益突出。黑客攻击、数据泄露、网络欺凌等事件时有发生，给学校教育带来了极大的挑战。校长必须采取有效策略，加强网络安全管理，确保学校网络的安全稳定运行。校长应制定完善的网络安全管理制度，明确网络安全责任人和管理流程。加强网络基础设施建设，提高网络防御能力。采用先进的网络安全技术，如防火墙、入侵检测系统等，确保学校网络的安全可靠。定期开展网络安全培训和演练，提高师生的网络安全意识和应对能力。

## （二）数字素养在教育创新中的培养

数字素养是指个体在数字化环境中获取信息、处理信息、交流信息和创新信息的能力。在教育信息化背景下，数字素养已成为学生必备的基本素养之一。校长应重视数字素养的培养，将其纳入学校课程体系，贯穿于教育教学全过程。校长应倡导数字化教学理念，鼓励教师运用信息技术创新教学方式方法。完善数字化教学设施和资源建设，为学生提供丰富的数字化学习环境。加强数字素养教育评价体系建设，将数字素养纳入学生综合素质评价范畴，激励学生不断提升自己的数字素养水平。

## （三）校长在网络安全与数字素养提升中的策略与行动

1.建立网络安全与数字素养工作领导小组

校长应牵头成立网络安全与数字素养工作领导小组，明确工作职责和任务分工。定期召开工作会议，研究解决网络安全和数字素养提升过程中的问题和挑战。

2.加强师资培训和技术支持

校长应加大对教师的网络安全和数字素养培训力度，提高教师的信息技术应用能力和数字素养水平。建立技术支持团队，为教师提供及时的技术支持和帮助。

3.开展丰富多彩的网络安全与数字素养教育活动

校长应组织丰富多彩的网络安全和数字素养教育活动，如网络安全知识竞赛、数字素养技能展示等。通过活动激发学生的学习兴趣和参与度，提高学生的网络安全意识和数字素养水平。

4.加强与家长和社会的沟通与合作

校长应加强与家长和社会的沟通与合作，共同关注学生的网络安全和数字素养教育。通过家长会、社区讲座等形式，宣传网络安全和数字素养的重要性，形成家校共育的良好氛围。

网络安全与数字素养在教育创新中具有重要意义，校长作为学校的领导者，应高度重视网络安全和数字素养的提升工作。通过制定完善的管理制度、加强师资培训和技术支持、开展丰富多彩的教育活动以及加强与家长和社会的沟通与合作等策略与行动，共同推动学校网络安全和数字素养教育的创新发展。有助于为学生营造一个安全、高效、创新的数字化学习环境，为培养具备高度数字素养的未来人才奠定坚实基础。

# 第二节　促进技术的有效使用

## 一、培训教师与学生的技术应用能力

在教育信息化的大背景下，技术的有效使用已成为提升教育质量、推动教育创新的关键因素。教师与学生的技术应用能力，直接决定了技术能否在教育领域发挥最大效用。校长在激发教育创新的过程中，必须高度重视对教师与学生技术应用能力的培训。

### （一）教师技术应用能力的重要性及培训策略

教师是教育活动的主导者，他们的技术应用能力直接影响着教学效果。在信息化教学环境中，教师需要掌握各种教学软件、在线平台等工具的使用方法，才能有效整合教学资源，创新教学方式。校长应制订系统的教师技术培训计划，包括定期培训、专题研讨、实践操作等多种形式，确保教师能够熟练掌握并应用各种教学技术。校长还应鼓励教师在日常教学中积极应用新技术，通过实践锻炼提升技术应用能力。设立教学技术创新奖等激励机制，表彰在技术应用方面表现突出的教师，形成积极向上的技术应用氛围。

### （二）学生技术应用能力的培养途径

学生是教育活动的主体，他们的技术应用能力同样重要。在信息化社会，学生需要具备一定的信息素养和技术操作能力，才能更好地适应未来社会的发展需求。校长应将学生的技术应用能力培养纳入课程体系，通过信息技术课程、综合实践活动等多种途径，提升学生的信息素养和技术操作能力。利用课余时间组织各类技术竞赛、创新实践活动等，激发学生的学习兴趣和创新精神。通过与企业、社区等机构的合作，为学生提供更多的实践机会和资源，帮助他们更好地掌握和应用技术。

### （三）校长在培训教师与学生技术应用能力中的关键作用

校长作为学校的领导者和管理者，在培训教师与学生技术应用能力中发挥着关键作用。应制定明确的培训目标和计划，确保培训工作的有序进行。校长要为培训工作提供必要的资源支持，包括教学设备、培训材料、专家指导等。对培训工作进行监督和评估，确保培训效果达到预期目标。积极营造有利于技术应用能力培养的校园文化氛围，通过举办讲座、研讨会等活动，提高全校师生对技术应用的认识和重视程度。加强与外部机构的合作与交流，引进先进的教育理念和技术资源，为学校的教育创新提供有力支持。

培训教师与学生的技术应用能力是校长在激发教育创新中的重要策略之一，通过制订系统的培训计划、提供必要的资源支持、营造积极的校园文化氛围等措施，有效提升教师与学生的技术应用能力，推动教育的信息化和创新发展。有助于提高教育质量、培养创新型人才，为学校的长远发展和社会的进步做出积极贡献。

## 二、创造性地利用技术促进学习

在快速发展的数字时代，技术的革新为教育领域带来了前所未有的机遇。技术的有效使用不仅能够提升教学质量，更能够创造性地促进学生的学习体验，培养他们的21世纪技能。校长作为教育机构的领航者，肩负着引领学校走向创新的重要使命。他们需要洞察技术的潜力，并创造性地将其融入学校的教学实践中，以激发学生的学习热情，培养他们的创新能力和批判性思维。

### （一）技术与创新教学方法的融合

在教育领域，技术的作用往往被局限于作为传统教学方法的辅助工具，如简单的幻灯片展示或视频播放，这种对技术的有限应用远未发挥其真正的潜力。技术应该成为推动教育创新、引领教学方法改革的强大动力。

要鼓励并引导教师团队深入思考如何将技术与现代教学方法相结合，项目式学习和翻转课堂等教学方法以其学生中心、实践导向的特点，已经成为教育创新的重要方向。而将技术与这些方法相融合，进一步提升其效果，创造更加丰富、多样的学习体验。以虚拟现实技术为例，这种技术为学生打造一个身临其境的虚拟学习环境。在历史课程中，学生不再仅仅通过文字和图片了解历史事件，而是可以亲自"穿越"到历史现场，感受那个时代的氛围，与历史人物互动。这样的学习体验无疑更加生动、深刻。在线协作工具也是培养学生团队合作能力的重要工具，在传统的课堂环境中，学生的团队合作往往受到时间和空间的限制。而在线协作工具则打破了这些限制，允许学生在任何时间、任何地点进行团队合作。通过共同编辑文档、在线讨论、分工合作等方式，学生更加高效地完成团队任务，同时也在过程中培养了他们的沟通、协调、领导等团队合作能力。

校长要积极为教师提供相关的技术培训和资源支持，帮助他们掌握这些新技术并将其灵活应用于教学中。同时建立一个鼓励创新、宽容失败的文化氛围，让教师敢于尝试、勇于创新，不断探索技术与教学方法的最佳融合方式。使学校真正发挥技术的潜力，推动教育的持续创新和发展。

## （二）个性化学习的实现

在传统的教学模式中，教师往往采用"一刀切"的方式进行教学，忽视了学生之间在学习需求、学习风格和学习节奏上的巨大差异。每位学生都是独一无二的个体，他们有着不同的学习偏好、学习速度和学习难点。实现真正有效的学习，必须尊重并满足学生的个性化需求。数据分析和学习管理系统等现代技术工具为个性化学习的实现提供了有力支持，通过这些工具，教师收集并分析学生在学习过程中的各种数据，如学习时长、作业完成情况、测试成绩等。这些数据不仅揭示学生的学习进度和学习效果，还能帮助教师发现学生的学习难点和兴趣点。基于这些数据，教师为每位学生制定个性化的学习路径和资源。例如对于学习基础薄弱的学生，教师为他们提供更多的基础知识和辅导资源；对于学习兴趣浓厚的学生，教师为他们设计更具挑战性和探索性的学习任务。这样每位学生都能在适合自己的学习路径上不断进步，实现真正的个性化学习。

然而要实现个性化学习，仅靠技术工具是不够的。校长必须发挥领导作用，推动学校建立一套完整的个性化教学体系，包括制定个性化教学策略、开发个性化教学资源、建立个性化评价机制等。同时确保教师接受相关的培训和支持，以帮助他们掌握数据分析技能、学习管理系统使用方法等，从而有效地实施个性化教学策略。在个性化学习的实施过程中，持续关注学生的学习进展和反馈意见，及时调整和优化教学策略和资源。

## （三）构建互动与合作的学习环境

在传统的课堂设置中，学生之间的互动与合作往往受到物理空间的限制。随着技术的发展，已经有能力打破这些限制，为学生构建一个更加开放、多元的互动与合作环境。在这个环境中，学生不仅可以与班上的同伴进行交流和合作，还可以扩展到更广泛的社交圈，甚至与全球的学习者共同学习和进步。校长在推动这种学习环境构建方面扮演着至关重要的角色，应积极支持教师利用社交媒体、在线论坛等现代技术平台，为学生打造一个既安全又富有活力的数字学习环境。这些平台不仅提供丰富的学习资源，还能促进学生之间的实时交流和深度互动。

在这样的学习环境中，学生跨越时空界限，随时随地与同伴进行学术讨论、项目合作等活动。他们还利用这些平台与专家进行在线交流，获取第一手的行业信息和专业指导。通过与全球不同文化背景的学习者互动，学生培养跨文化交流能力和全球视野，为未来的职业生涯和国际合作打下坚实基础。为了确保这种学习环境的顺利运行，校长还须制定一套完善的管理和监管机制，包括设置明确的行为规范、建立有效的监督系统以及提供及时的技术支持和维护服务。鼓励教师定期组织线上和线下的互动活动，如在线研讨会、虚拟实验室等，以进一步激发学生的参与热情和学习动力。

## （四）培养学生的数字素养和批判性思维

在数字化时代，技术的快速发展和广泛应用已经深刻改变了生活方式和工作方式。培养学生的数字素养和批判性思维变得至关重要。数字素养不仅是指学生能够熟练使用各种数字工具和设备，更重要的是他们具备有效搜索、评估和使用网络资源的能力。而批判性思维则要求学生在面对海量信息和各种观点时，能够保持独立思考，理性分析，并做出明智的判断。确保学校的课程设置中包含信息素养和计算思维的培养，信息素养课程教会学生如何利用搜索引擎、数据库等网络工具高效获取信息，并评估信息的真实性、可靠性和价值。计算思维课程则帮助学生掌握问题解决的基本方法和逻辑，培养他们的编程和数据分析能力。通过这些课程的学习，学生逐渐掌握数字时代的基本技能，为未来的学习和工作打下坚实基础。还应注重培养学生的批判性思维，在技术无处不在的当下，学生需要学会批判性地看待技术在社会中的影响。思考技术如何改变生活方式、工作方式和社交方式，以及这些变化带来的利与弊。学生还需要关注技术伦理和道德问题，如隐私保护、数据安全等，以成为有责任的数字公民。

培养学生的批判性思维，鼓励教师在课堂中引入讨论、辩论等互动形式，让学生针对技术相关的话题发表自己的观点和看法。同时邀请行业专家、学者等举办讲座或研讨会，为学生提供更广阔的视野和更深入的思考。通过这些活动，不断提升自己的批判性思维能力，为未来的挑战做好准备。

## （五）持续的技术更新与评估

在当今快速发展的教育技术领域，新技术和工具不断涌现，为教学和学习提供了更多的可能性。作为学校的领导者，校长需要保持敏锐的市场洞察力，时刻关注教育技术的最新发展动态。通过参加教育技术展会、阅读专业文献、与同行交流等方式，了解当前最新的教育技术趋势和应用案例。在了解新技术的基础上，结合学校的教学目标和实际需求，精心挑选和引入与学校发展相契合的新技术。这些技术能够真正提升教学质量、激发学生的学习兴趣、培养学生的创新能力，并为教师提供便捷高效的教学支持。例如虚拟现实技术用于创建沉浸式的学习体验，人工智能技术用于个性化教学和学习分析，在线协作工具促进学生之间的合作与交流等。

然而仅仅引入新技术并不足以保证教育的创新和发展，应建立一套科学有效的评估机制，定期检查技术的使用效果，并根据反馈进行调整和优化。这套评估机制包括明确的评估标准、多元化的评估方法以及及时的反馈机制。评估标准围绕技术的使用频率、学生的参与度、教学效果等方面制定；评估方法包括问卷调查、访谈、观察等；反馈机制则确保教师和学生能够及时向学校反馈技术使用中的问题和建议。通过持续的技术更新与评估，确保学校的教育技术始终保持领先地位，并真正为教学和学习提供有力支持。促进学校教师团队的不断学习和成长，提高他们的教育技术能力和素养。这种持续的技术更新与评估将推动学校教育的全面创新和发展，培养出更多适应未来社会需求的优秀人才。

创造性地利用技术促进学习是校长在激发教育创新中的一项关键策略，通过融合技术与创新教学方法、实现个性化学习、构建互动与合作的学习环境、培养学生的数字素养和批判性思维以及持续的技术更新与评估，引领学校走向一个更加充满活力、以学生为中心的教育新时代。在这个过程中，校长不仅要作为决策者和管理者，更要成为教育创新的倡导者和实践者，与教师、学生以及整个社区共同创造一个充满可能性的教育未来。

## 三、技术融合的课程设计

在21世纪的教育领域中，技术的迅速发展为教学模式的革新提供了前所未有的机遇。为了真正实现教育现代化，技术必须与课程设计紧密融合，使教学内容更加生动、多样且符合当代学生的学习需求。

### （一）校长应倡导技术与课程的深度融合

在教育创新的浪潮中，校长作为学校的领航者，其视野和决策对学校的发展方向具有决定性影响。首先，面对技术与教育的交会点，校长不仅要认识到技术的重要性，更要积极倡导技术与课程的深度融合，使之成为推动学校教学质量提升的强大动力。校长应当站在教育前沿，明确指出技术与课程设计融合的必要性。通过校内外的各种平台，如教职工大会、教育论坛等，不断强调技术在教学中的潜在价值和实际应用意义。引用国内外成功的技术融合案例，展示技术如何改变教学方式、提高学生学习效果，从而激发教师对技术融合的热情和兴趣。

其次，通过政策引导来营造有利的环境，包括制订明确的技术融合战略计划，将技术融合纳入学校的发展规划和教学目标中。同时修改或完善教学评价体系，将教师在课程中使用技术的有效性和创新性作为重要的评价指标，从而激励教师更积极地探索和实践技术与课程融合的教学模式。资金支持是技术与课程融合得以实施的重要保障，应设立专项基金，专门用于支持教师在课程中融入创新技术的项目。这些资金用于购买先进的教育技术设备、软件或资源，也用于资助教师参加相关的技术培训和研讨会。通过提供充足的资金支持，消除教师在尝试技术融合时的经济顾虑，使他们能够更专注于教学创新和实践。促进技术与课程融合经验的交流和分享，定期组织教学研讨会。在这些研讨会上，教师们展示自已在课程中成功融入技术的案例，分享他们的教学经验和心得。同时也可以邀请校外的专家或学者来校进行讲座或工作坊，为教师们提供新的思路和灵感。通过这些活动，激发教师的创新思维，促进教师之间的合作与交流，共同推动学校技术与课程融合工作的深入发展。

### （二）教师在课程设计中应充分发挥技术的优势

全面了解并掌握各种教育技术工具的功能和特点，包括但不限于多媒体教学软件、在线学习平台、虚拟现实技术等。通过参加专业培训、阅读相关文献、与同行交流等方式，教师不断拓宽自己的技术视野，提升对技术的理解和应用能力。在课程设计中，教师根据课程内容和学生的特点，精心选择合适的技术来增强教学效果。例如在数学课程中，教师利用虚拟现实技术为学生创建一个三维的几何空间，让他们通过亲身体验和操作，更加直观地理解抽象的空间几何概念。在历史课程中，教师借助大数据分析技术，挖掘历史事件的深层背景和影响因素，帮助学生更深入地了解历史的真实面貌和发展规律。教师还应关注技术的创新应用，不断探索将新技术融入课程设计的新方法。例如教师尝试利用人工智能技术为学生提供个性化的学习路径和反馈，或者利用社交媒体平台促进学生的协作与交流。通过不断地尝试和创新，教师让技术更好地服务于教学，提升学生的学习体验和效果。教师在课程设计中发挥技术优势的同时，也应注意技术的合理使用和适度原则。技术虽然为教学带来便利和创新，但过度依赖或滥用技术也导致教学效果的降低。教师须根据实际情况和需求，合理选择和使用技术，确保技术真正为教学服务，而不是成为教学的负担或干扰因素。

### （三）技术融合课程设计应以学生为中心

在教育领域中，技术的最终目的是服务于学生的学习和发展。因此，在技术融合课程设计时，必须始终坚持以学生为中心的原则，确保技术的运用能够切实提升学生的学习体验和学习效果。教师应深入了解每个学生的个性化需求和学习特点。每个学生都是独特的个体，他们有着不同的学习风格、兴趣和能力。通过日常观察、交流以及评估工具的使用，教师更加全面地了解学生的个性化需求，为技术融合课程设计提供有力的依据。利用技术为学生提供更加定制化的学习路径是至关重要的，传统的课程设计往往采用"一刀切"的方式，难以满足不同学生的需求。而现代技术的发展为教师提供了更多的可能性，例如通过智能教学平台，教师根据学生的学习进度和反馈，为他们推荐个性化的学习资源和学习路径。这种定制化的学习方式不仅激发学生的学习兴趣和动力，还提高他们的学习效率和成就感。

同时技术融合课程设计还应注重创设协作式的学习环境，在21世纪的社会中，团队合作和沟通能力已成为不可或缺的技能。因此，教师应利用技术工具促进学生之间的交流与合作，例如通过在线协作工具，学生共同编辑文档、分享资源、讨论问题；通过虚拟现实技术，学生模拟真实场景进行角色扮演和团队协作。这些技术的运用不仅培养学生的团队精神和问题解决能力，还可以提升他们的信息素养和创新能力。为了确保技术融合课程设计真正以学生为中心，教师还应定期收集学生的反馈意见并进行调整。学生是课程设计的直接受益者，他们对课程的感受和建议具有重要的参考价值。通过问卷调查、访谈或在线反馈系统等方式，教师及时了解学生对技术融合课程设计的看法和建议，以便及时调整和优化课程设计，更好地满足学生的需求。

### （四）关注技术融合课程设计的持续改进

技术与课程设计的融合并非一蹴而就，而是一个持续动态的过程。随着技术的不断发展和教育理念的更新，课程设计也需要不断地进行评估和调整，以确保其始终与教学目标和学生需求保持一致。

建立一套全面而有效的反馈机制，这一机制应涵盖教师、学生以及其他教育利益相关者，确保他们的意见和建议能够得到及时而充分的收集。通过定期的调查问卷、座谈会、在线论坛等方式，校长了解教师和学生在使用技术融合课程设计过程中的真实感受，以及他们遇到的困难和挑战。收集到反馈后，校长组织专业团队对意见和建议进行深入分析，识别出课程设计中的不足之处。这些不足包括技术工具选用不当、教学内容与技术脱节、学生学习体验不佳等方面。针对这些问题，校长制定具体的改进措施，并指定专人负责实施和跟进。建立一套评估标准，定期对改进效果进行评估，确保问题得到真正解决。保持对新兴技术发展趋势的敏锐洞察力，随着科技的飞速发展，新的技术元素不断涌现，为教育创新提供了无限可能。校长应时刻关注这些新兴技术的发展动态，评估它们在教育领域的应用潜力，并及时将合适的技术元素引入课程设计中。不仅保持教学内容的时效性和吸引力，还激发学生的学习兴趣，提升他们的学习效果。

### （五）技术融合课程设计的挑战与应对

教师的技术接受度是影响技术融合课程设计效果的关键因素之一，由于教育背景、年龄、经验等方面的差异，不同教师对新技术的接受程度会有所不同。一些教师对新技术持积极态度，愿意主动尝试并将其融入课程中；而另一些教师则对新技术感到陌生或担忧，缺乏将其应用于教学的信心和动力。为了提升教师的技术接受度，校长可以组织定期的技术培训，帮助教师熟悉和掌握各种教育技术的基本操作和应用方法。同时建立激励机制，如将技术融合成果纳入教师评价体系，鼓励教师积极探索和实践技术融合课程设计。学生的技术使用习惯也是需要考虑的因素之一，随着智能手机的普及和互联网的发展，学生们已经习惯了使用各种数字化工具和平台进行学习与交流。过度依赖技术也导致一些问题，如注意力分散、沉迷网络等。为了引导学生合理使用技术，校长制定明确的学生技术使用规范，明确学生在校园内使用技术的目的、时间和方式等。还可以通过开展信息素养教育，提升学生的信息筛选、辨别和创新能力，帮助他们更好地利用技术进行学习和发展。技术的安全性与隐私保护也是不容忽视的问题，在教育环境中使用技术时，要确保学生和教师的个人信息安全不受侵犯。为此应加强校园网络安全建设，采取有效措施防止网络攻击和数据泄露等安全事件的发生。建立完善的数据管理制度和隐私保护政策，明确收集、存储和使用个人信息的目的、方式和范围等，确保学生和教师的隐私权得到充分尊重和保护。

技术融合课程设计是教育创新的重要组成部分，也是提升教学质量、培养学生21世纪技能的关键途径。校长在这一过程中的领导力和支持至关重要。要通过明确方向、提供资源、建立反馈机制以及应对挑战，引领学校走向教育技术融合的前沿，为学生创造一个更加现代化、高效且充满趣味的学习环境。不断更新观念、提升技能，积极将技术融入课程设计的实践中，共同推动教育的进步与发展。

## 四、评估技术投资的效益

在教育领域，技术投资已经成为推动教育创新和提升教育质量的重要手段。

然而，仅仅投入资金引入技术并不足以确保教育的进步。为了确保每一笔技术投资都能带来实际效益，校长应建立一套完善的评估机制，对技术投资的效益进行定期、全面的评估。不仅能帮助学校更合理地分配资源，还能为未来的技术投资决策提供有力的依据。

### （一）明确技术投资的目标与期望

在进行技术投资之前，校长作为学校的领导者，承担着制定战略方向和决策的重任。为确保技术投资能够带来实际且长远的效益，校长应明确投资的目标和期望效益。这些目标不仅仅局限于经济回报，更重要的是技术如何能够助力学校在教育领域取得突破和进步。技术投资的目标包括提高学生的学习效果、促进教师的教学创新以及提升学校的管理效率等。例如通过引入先进的教学软件或在线学习平台，学校为学生提供更加个性化、互动性的学习体验，从而有望提高学生的学习成绩和兴趣。这些技术工具为教师提供更多的教学资源和创新教学方法的可能性，激发他们的教学热情和创造力。技术还可以帮助学校优化管理流程，提高工作效率，如通过智能化的教务管理系统来简化课程安排、学生信息管理等工作。

然而仅仅明确这些宏观的目标是不够的，还要进一步将这些目标细化为具体的、可衡量的指标。这些指标具有明确的时间节点和量化标准，以便在后续的评估过程中能够对照实际结果进行客观的分析和判断。例如对于提高学生学习效果的目标，设定具体的成绩提升百分比或学习参与度等指标；对于促进教师教学创新的目标，衡量教师使用新技术工具的频率、参与教学研讨活动的次数以及获得的教学奖项等；对于提升学校管理效率的目标，则关注教务管理系统的使用率、工作流程的简化程度以及员工满意度等方面。通过明确这些具体且可衡量的指标，为学校的技术投资提供一个清晰的方向和衡量标准。不仅有助于确保技术投资与学校整体战略目标的一致性，还能为后续的评估工作奠定坚实的基础。也要求校长在制定技术投资策略时具备前瞻性的思维和全面的分析能力，以确保学校能够在激烈的市场竞争中保持领先地位并实现可持续发展。

### （二）建立多维度的评估体系

学生的学习成绩提升是评估技术投资效益的核心指标之一。通过引入先进的技术工具和教学平台，学校能够为学生提供更加丰富、多样的学习资源和学习方式。这些技术和资源是否真正提升了学生的学习成绩，是衡量技术投资是否有效的重要标准。校长应定期收集学生的成绩数据，进行对比分析，以评估技术投资对学生学习成果的影响。教师的教学满意度也是评估技术投资效益的重要维度，教师是教育教学活动的主体，他们对于技术工具的接受度和使用效果，直接影响到技术投资能否真正发挥作用。校长通过问卷调查、访谈等方式，了解教师对技术工具的使用体验、教学效果等方面的反馈，从而判断技术投资是否满足了教师的需求，是否提升了他们的教学满意度。技术使用的频率和深度也是评估技术投资效益的关键指标，如果引入的技术工具只是偶尔被使用，或者只是被使用简单的功能，那么这样的技术投资显然是没有充分发挥其价值的。校长需要关注技术工具在学校中的实际使用情况，包括使用频率、使用深度、使用范围等，以评估技术投资是否真正融入了学校的日常教育教学活动中。学校管理流程的优化也是评估技术投资效益不可忽视的维度，技术不仅助力教学活动，还优化学校的行政管理流程。例如通过智能化的教务管理系统、学生信息系统等工具，学校更加高效地进行课程安排、学生管理、数据分析等工作。

### （三）采用定性与定量相结合的评估方法

在深入评估技术投资的效益时，校长应当认识到单一评估方法的局限性，并倾向于采用定性与定量相结合的评估策略。这种综合方法能够更全面地揭示技术投资对学校各方面影响的真实面貌。

定量评估以其客观性和精确性而著称，通过收集和分析数据来量化技术投资的效果。例如学生的学习成绩提升幅度可以通过标准化的测试分数来衡量，这些数据可以清晰地展示学生在技术辅助下的学习进步情况。技术使用的次数、频率和时长等指标也可以通过日志记录或系统报告来准确追踪，从而反映出技术工具在教学和管理中的实际应用程度。定量评估虽然重要，但它往往无法捕捉到一些难以量化的方面，比如教师和学生的主观感受、使用技术时的体验以及他们对技术改进的建议等。这些方面对于全面理解技术投资的效果同样至关重要。因此，定性评估方法应运而生，通过访谈、问卷、观察等方式深入探索这些难以量化的领域。

定性评估的优势在于它能够捕捉到人们的真实声音和感受，从而为定量数据提供有力的补充和解释。例如通过访谈教师，了解到他们在使用技术工具时遇到的挑战、获得的成功经验以及他们如何将这些工具融入日常教学中。这些信息不仅帮助理解技术投资在教学实践中的实际影响，还可以为未来的技术改进和教师培训提供有价值的参考。

### （四）及时反馈与调整投资策略

评估技术投资的效益并非一蹴而就的任务，而是一个需要持续关注和不断优化的过程。作为学校的领导者，校长在这一过程中的角色至关重要。他们不仅需要定期收集和分析评估数据，还要根据这些数据及时调整投资策略，以确保技术投资始终与学校的发展目标和教育教学的实际需求保持一致。

应建立一套定期收集和分析评估数据的机制，这些数据来源于多个渠道，包括学生的学习成绩、教师的教学反馈、技术工具的使用统计以及学校管理流程的效率指标等。通过对这些数据的深入分析，全面了解技术投资在学校各个层面的实际效益，及时发现存在的问题和不足。一旦发现技术投资中存在效果不佳或未达到预期目标的情况，校长应立即着手调整投资策略，减少或停止对某些效果不佳的技术的投入，转而将资源投向其他更具潜力和发展前景的技术领域。例如如果发现某款教学软件的使用率低下且对学生学习成绩的提升作用有限，校长可以考虑减少对该软件的投入，并探索其他更有效的教学技术或工具。校长应确保评估结果的及时反馈，包括向学校管理层和相关技术人员报告评估结果，以便他们了解技术投资的整体效益和需要改进的领域，还包括向教师和学生提供反馈，让他们了解自己在技术使用和学习过程中的表现和进步。这种反馈机制有助于增强学校内部的沟通和协作，促进各方共同参与技术投资的优化过程。保持前瞻性和创新性，他们不仅要关注当前技术投资的效果，还要密切关注教育技术的发展趋势和新兴技术的潜力。通过不断探索和尝试新的技术工具和教学方法，引领学校在教育创新方面保持领先地位，为师生创造更加优质的教育环境和学习体验。

评估技术投资的效益是校长在激发教育创新中的一项重要任务，应通过明确技术投资的目标与期望、建立多维度的评估体系、采用定性与定量相结合的评估方法以及及时反馈与调整投资策略等策略与行动，确保每一笔技术投资都能为学校带来最大的效益。这不仅有助于提升学校的教育质量和管理效率，还能为学校在未来的教育创新中赢得更多的竞争优势。也要求校长具备前瞻性的视野和敏锐的市场洞察力，以便在瞬息万变的技术领域中做出明智的投资决策。

## 第三节 解决技术应用中的挑战

### 一、确保技术的可访问性与公平性

随着科技的飞速发展，教育领域正经历着前所未有的变革。技术不仅为教学提供了更加丰富多样的手段和工具，还为个性化教育、远程教育等创新模式提供了可能。在享受技术带来的便利与高效的同时，也必须正视技术应用中面临的挑战，其中之一便是如何确保技术的可访问性与公平性。作为学校的领导者，校长在解决这一问题上扮演着举足轻重的角色。

确保技术的可访问性是教育创新得以广泛实施的基础，技术的可访问性不仅指硬件和软件资源的获取度，还包括师生对技术的掌握程度和使用意愿。校长应该通过以下策略来提升技术的可访问性，一是加大投入，改善学校的硬件设施，确保每个教室、实验室都能配备必要的技术工具；二是加强师资培训，提升教师的信息素养和技术应用能力，使他们能够熟练地将技术融入教学中；三是开展丰富多彩的学生活动，如科技节、编程竞赛等，激发学生的学习兴趣，提高他们的技术使用意愿。公平性是教育创新中不可忽视的重要原则，在技术应用过程中，校长需要关注不同学生群体之间的数字鸿沟问题。一方面，校长可以通过制订差异化的教学方案，为不同基础的学生提供个性化的学习支持；另一方面，校长还可以积极争取外部资源，如与企业、社区合作，为家庭困难的学生提供免费或优惠的技术访问机会。还可以通过家校合作，引导家长正确看待技术在孩子学习中的作用，共同为孩子的成长创造有利的环境。

确保技术的可访问性与公平性并非易事，在实际操作中，校长会面临资金短缺、师资不足、学生差异大等种种困难。因此，校长要充分发挥自己的领导力和创新力，整合各方资源，形成合力。例如积极争取政府、企业和社会各界的支持，为学校的技术应用提供资金保障；同时加强与其他学校的合作与交流，共享优质的教育资源和技术成果。

确保技术的可访问性与公平性是校长在激发教育创新中必须解决的重要挑

战，通过加大投入、加强师资培训、开展学生活动以及争取外部资源等策略，校长提升技术的可访问性；通过制订差异化的教学方案、加强家校合作以及整合各方资源等方式，保障不同学生群体在技术应用中的公平性。只有克服这些挑战，技术才能真正成为推动教育创新、提升教育质量的有力武器。在未来的教育实践中，校长们需要不断探索和创新，为实现教育现代化和公平化贡献自己的智慧和力量。

## 二、克服技术整合的障碍

在教育领域，技术的引入和整合已成为推动创新的重要手段。技术整合过程中往往遇到诸多障碍，如教师对新技术的接受度、技术与现有教育体系的融合问题、资源分配等。校长作为学校的领导者，在克服这些技术整合障碍中扮演着关键角色。他们需要采取一系列策略与行动，确保技术能够顺利融入教育实践，并真正提升教育质量。

校长应关注教师对新技术的接受度。教师是教育创新的实践者，他们对新技术的态度和使用能力直接影响技术整合的效果。校长要组织定期的教师培训，提升教师的信息素养和技术应用能力。鼓励教师之间分享技术整合的经验和案例，形成积极的技术使用氛围。此外，通过激励机制，如设立技术整合优秀奖项，鼓励教师积极探索和实践新技术。校长要解决技术与现有教育体系的融合问题，技术整合不是简单的技术叠加，而是需要与教育目标、课程内容、教学方法等深度融合。校长应引导教师团队深入研究技术与课程的结合点，探索技术如何更好地服务于教育教学。同时，校长还要关注技术整合过程中的教学评价体系改革，确保评价方式与技术创新相适应。资源分配是技术整合过程中的另一个重要挑战，合理规划学校的技术投入，确保资金、设备、人员等资源的充足和合理配置。在资金方面，通过多种渠道筹集资金，如政府拨款、企业捐赠、社会筹款等。在设备方面，根据学校的教育需求和实际情况选择适合的技术设备。在人员方面，组建一支具备专业素养和技术能力的团队，负责技术的引进、整合和维护工作。关注技术整合过程中的安全问题，随着技术在教育领域的广泛应用，网络安全、数据保护等问题也日益凸显。建立健全学校的技术安全管理制度，确保师生在使用技术过程中的信息安全。同时加强对师生的技术安全教育，提高他们的网络安全意识和自我保护能力。

克服技术整合的障碍是校长在激发教育创新中的重要任务，通过关注教师对新技术的接受度、解决技术与现有教育体系的融合问题、合理规划资源分配以及关注技术安全问题等策略与行动，校长推动技术在教育领域的有效整合和应用，有助于提升教育质量、培养创新型人才并推动学校教育的持续发展。在未来的教育实践中，校长们应不断探索和创新，为实现技术与教育的深度融合贡献自己的智慧和力量。

## 三、应对技术变革的管理

随着科技的飞速发展，教育领域正经历着前所未有的技术变革。新技术的不断涌现和应用，为教育创新提供了无限可能，但同时也给学校管理带来了诸多挑战。作为学校的领导者，校长在应对技术变革中扮演着举足轻重的角色。采取一系列管理策略与行动，确保技术变革能够顺利推进，为学校教育质量的提升和创新发展注入新的活力。

### （一）建立灵活适应的管理机制

面对日新月异的技术变革及其为教育领域带来的不确定性，学校必须建立一种灵活适应的管理机制。这种机制的核心在于快速响应和决策的流程，它要求学校管理层具备敏锐的市场洞察力和前瞻性思维，以便及时捕捉新技术带来的教育机遇。一旦发现有潜力的新技术出现，学校应迅速组织专业团队进行评估和测试，确保其符合教育目标和学生的实际需求。这种灵活适应的管理机制还要求学校具备快速调整教学策略和管理方式的能力。在传统教育模式下，教学策略和管理方式往往相对固定，难以应对快速变化的技术环境。在灵活适应的管理机制下，学校根据新技术的特点和应用场景，及时调整教学策略，如采用混合式教学、项目式学习等创新模式，以更好地激发学生的学习兴趣和潜能。管理方式也需要相应调整，例如通过数据分析和智能化管理工具来提高管理效率，减轻教师的工作负担。

校长在建立灵活适应的管理机制中发挥着关键作用，应积极营造一种开放、包容的文化氛围，鼓励教师团队勇于尝试新技术，并将其融入日常教学中。为了实现这一目标，校长要定期组织教师参加技术培训和研讨会，提升他们的信息素养和技术应用能力。建立一种激励机制，如设立技术创新奖、优秀教学案例分享等，以激发教师团队的创新热情和实践动力。通过建立灵活适应的管理机制，学校不仅能够在技术变革的浪潮中保持领先地位，更能为师生创造一个充满活力和创新的教育环境。在这种环境下，学生接触到最前沿的教育技术和资源，教师也能不断挑战自我、提升专业素养，共同推动学校教育的持续创新与发展。

### （二）加强技术应用的监管与评估

定期组织专业团队对学校引进的新技术进行全面评估，这种评估不仅关注技术的先进性和创新性，更重要的是要考查其是否符合学校的教育目标和学生的实际需求。评估过程中，可邀请教师、学生和家长等多方利益相关者参与，充分听取他们的意见和建议，确保技术的引进能够真正促进教育教学质量的提升。

校长还需要密切关注技术在使用过程中出现的问题和挑战，任何新技术的引入都会有一定的适应期和磨合期，这期间难免会出现各种预料之外的问题。应建立一种快速反馈和响应机制，及时收集教师和学生的反馈意见，对出现的问题进行深入分析和研究，并迅速采取措施进行解决。这种对问题的敏感性和解决能力，是确保技术应用顺利推进的关键。加强对技术应用效果的长期跟踪和评估，技术变革是一个持续不断的过程，其效果往往需要在一段时间后才能显现出来。校长定期组织对技术应用效果的评估工作，通过收集和分析数据，了解技术对教育教学、学生发展等方面的影响，以便及时调整策略和改进实践。

### （三）构建技术支持与培训体系

技术变革在教育领域的成功实施过程中，教师扮演着举足轻重的角色。他们是变革的推动者和实践者，对于新技术的接受度和应用能力直接影响着技术变革的效果。然而由于教师群体的信息素养和技术水平存在差异，对新技术的掌握程度和使用意愿也各不相同。校长应构建一套完善的技术支持与培训体系，以确保教师能够熟练掌握新技术并将其有效地应用于教学中。

校长应为教师提供全面而系统的技术培训，这些培训包括新技术的基本操作、教学理念与技术的融合、创新教学方法的应用等内容。培训形式可以多样化，如组织专题讲座、工作坊、在线课程等，以满足不同教师的需求和学习风格。通过培训，教师快速掌握新技术的使用方法，提升信息素养和技术应用能力。除了技术培训外，校长还要为教师提供持续的技术支持，包括建立技术支持团队，随时解答教师在使用过程中遇到的问题和困惑；提供丰富的技术资源和教学案例，帮助教师更好地理解和应用新技术；定期组织技术交流和分享会，促进教师之间的经验交流和合作。这些支持措施降低教师使用新技术的难度和门槛，增强他们的信心和动力。校长要建立一种激励机制，鼓励教师积极探索和实践新技术，并通过设立技术创新奖、优秀教学案例评选等方式，将教师的技术应用成果与职业发展、绩效评价等挂钩，以激励教师更加积极地投入技术变革中。这种激励机制可激发教师的创新热情和实践动力，推动他们在教学中不断尝试和应用新技术。通过构建完善的技术支持与培训体系，提升教师的信息素养和技术应用能力，为技术变革的顺利推进提供有力保障。同时有助于营造一个积极向上、勇于创新的教师团队氛围，推动学校教育的持续创新与发展。

应对技术变革的管理是校长在激发教育创新中必须面对的重要挑战。通过建立灵活适应的管理机制、加强技术应用的监管与评估以及构建技术支持与培训体系等策略与行动，校长确保技术变革能够顺利推进，并为学校教育质量的提升和创新发展注入新的活力。在未来的教育实践中，校长们需要不断探索和创新管理策略与行动，以适应技术变革带来的新挑战和新机遇。同时积极引领教师团队共同应对技术变革的挑战，共同推动学校教育的创新与发展。

## 四、保护学生隐私与数据安全

随着教育信息化的快速发展，技术在提升教育质量、促进教育公平等方面发挥着越来越重要的作用。然而技术应用的同时也带来了学生隐私和数据安全等方面的挑战。作为学校的领导者，校长在保护学生隐私与数据安全方面肩负着重要责任，应采取一系列策略与行动，确保学生在享受技术带来的便利和高效的同时，个人隐私和数据安全得到充分保障。

### （一）建立完善的数据保护制度

在数字化时代，数据已成为学校运营不可或缺的一部分，涉及学生、教职工的众多敏感信息。建立完善的数据保护制度至关重要，这一制度应详细规定数据的整个生命周期管理，从收集、存储到使用和共享，每一环节都须有明确的操作指南和规范。

在数据收集阶段，学校应明确收集的目的、范围和使用方式，并征得相关人员的同意。对于涉及个人隐私的敏感数据，更应严格限制其收集和使用。建立数据质量保障机制，确保所收集数据的准确性和完整性。

在数据存储方面，采用先进的加密技术和安全措施，防止数据被非法获取或篡改。建立数据备份和恢复机制也是必不可少的，以防意外情况下数据丢失。数据的使用和共享应受到严格监管，明确哪些人员有权访问敏感数据，并建立相应的审批和监控机制。在数据共享方面，与合作伙伴签订严格的保密协议，确保数据在传输和使用过程中的安全。为推动数据保护工作的有效实施，积极与相关部门合作，包括与教育部门、法律机构等建立紧密的合作关系，共同制定和执行数据保护政策。通过这种多方联动的保护机制，形成一个更加全面、立体的数据安全防护网。学校还应定期对数据保护制度进行审查和更新，以适应不断变化的法律法规和技术环境。加强对师生的数据安全教育也是必不可少的，提高他们的数据保护意识和能力，共同维护学校的数据安全。

### （二）加强师生数据安全意识教育

在数字化校园建设中，师生的数据安全意识是保障数据安全的第一道防线。除了制度层面的保障外，校长还须重视并加强师生数据安全意识的教育。定期举办数据安全主题的讲座和研讨会，邀请业内专家或学校信息技术部门的负责人，向师生深入讲解数据安全的重要性、常见的数据泄露风险以及个人信息的保护方法。通过真实案例的分享，让师生深刻认识到数据安全与个人利益息息相关，从而增强他们的防范意识。学校将数据安全知识融入课程教学中，例如在计算机基础课程或信息技术课程中，增加数据安全和隐私保护的相关内容，让学生掌握基本的数据加密、防病毒等技能。同时在其他学科中也可以渗透数据安全意识，如在社会科学课程中讨论网络伦理和个人信息保护等议题。组织定期的数据安全培训也是必不可少的，学校应针对不同层次的师生制订个性化的培训计划，包括数据安全基础知识、高级防护技能以及应急处理等方面。通过培训，师生系统地学习和掌握数据安全的相关知识和技能，提高应对数据安全事件的能力。

为了检验师生的学习成果并提升实战应对能力，学校应定期开展模拟演练活动。这些演练模拟真实的数据安全事件，如数据泄露、网络攻击等，让师生在模拟场景中实践应对方法和技巧。通过演练，师生更加深入地理解数据安全的重要性，并熟悉应急处理流程，为实际应对数据安全事件做好充分准备。学校还应制订和完善数据安全应急预案，这些预案应明确不同数据安全事件的处理流程、责任人以及必要的资源保障等措施。通过预案的制订和执行，学校确保在发生数据安全事件时能够迅速、有效地进行应对和处理，最大限度地减少损失和影响。同时预案的制订过程也可以促进学校各部门之间的协调与合作，形成更加紧密的数据安全保障体系。

### （三）采用先进的技术手段保护数据安全

在快速发展的信息技术时代，校长必须紧跟技术潮流，积极采用先进的技术手段来保护学校的数据安全，包括对传统安全措施的升级，还涉及对新兴技术的探索和应用。人工智能和大数据技术为教育领域带来了革命性的变革，通过对学生的学习行为进行深度分析和预测，教师提供更加个性化的教学方案，学校也更精准地评估教学效果。这些分析过程必须严格遵循隐私保护的原则。校长应确保学校采用的人工智能和大数据技术符合相关法律法规的要求，并采取必要的技术措施，如数据脱敏、匿名化处理等，确保学生隐私不被泄露。生物识别技术和加密技术是增强数据安全性和可信度的有效手段。生物识别技术，如指纹识别、面部识别等，用于身份验证和访问控制，确保只有授权人员才能访问敏感数据。加密技术则对数据进行加密处理，即使在数据泄露的情况下，也能保证数据的机密性和完整性。校长应积极推动学校采用这些先进的技术手段，为数据安全提供更强有力的保障。与专业的技术服务商合作也是提升学校数据安全水平的重要途径，这些技术服务商通常拥有丰富的经验和先进的技术手段，帮助学校建立更加完善的数据安全体系。通过合作，学校获得及时的技术支持和更新服务，确保学校的数据安全始终站在在行业前沿。校长还应关注新兴技术的发展趋势，如区块链技术、零信任网络等。这些新兴技术为数据安全提供了新的解决方案和思路。通过不断探索和应用新技术，构建更加坚固的数据安全防线，为师生提供更加安全、高效的教育信息化环境。鼓励教师团队积极参与技术创新和应用实践，共同推动学校数据安全水平的提升。

　　保护学生隐私与数据安全是校长在激发教育创新中必须面对的重要挑战，通过建立完善的数据保护制度、加强师生数据安全意识教育以及采用先进的技术手段保护数据安全等策略与行动，确保学生在享受技术带来的便利和高效的同时，个人隐私和数据安全得到充分保障。在未来的教育实践中，校长们应不断探索和创新保护学生隐私与数据安全的策略与行动，以适应技术变革带来的新挑战和新机遇。同时积极引领教师团队共同关注学生的隐私和数据安全问题，共同推动学校教育的创新与发展。

# 第五章　创新文化的培育与维护

## 第一节　创建支持创新的校园文化

### 一、校园文化对创新的影响

在当今迅速变化的社会中创新成为推动教育发展的关键力量之一，校园文化对于创新的塑造和推动起着至关重要的作用，探讨校园文化如何影响学生和教师的创新能力以及如何促进合作与包容，从而建立一个鼓励创新的学习环境。

#### （一）激发学生的创造力和探索精神

在创新文化的校园中，学生的创造力和探索精神得到极大的激发与培养，学校通过提供丰富多样的学科和课外活动，鼓励学生积极参与并表达自己的想法，例如学生可以参与科学实验、艺术创作、社会实践等项目，从而在实际操作中培养创造性思维和问题解决能力。学校还建立了创新学习工作坊，为学生提供了一个自由开放的学习空间，激发他们的好奇心，促使他们通过自主探索获得知识。这种积极的学习氛围促使学生更愿意面对挑战，迎接新的思维方式，培养了持续创新的态度。

#### （二）塑造教师的创新意识和实践能力

校园文化的创新导向也深刻影响了教师团队，学校为教师提供定期的专业培训，以引导他们不断更新知识和教学方法。通过参与国际学术交流和研讨会，教师们汲取了国际先进的教育理念将其灵活运用于本地教学实践，例如一位数学老师通过引入数学游戏和实际案例，激发学生对数学的兴趣；语文老师通过多媒体教学手段，使文学作品更生动有趣。学校还设有教学创新奖励制度，鼓励教师提出并实施创新教育项目。这样的激励机制促使教师更加积极地参与创新实践，推动学校教育水平的不断提升。

### （三）形成良好的合作与团队氛围

创新文化强调合作，培养学生团队协作的能力，学校鼓励学生参与各类团队项目，如学科竞赛、社会服务项目等。例如学生可以组成科研小组，共同研究一个科学问题；艺术班级可以共同创作一场音乐会。在这个过程中学生学会倾听他人意见，协调分工，形成团队协作的良好氛围。学校还在师生之间建立了互动平台，通过定期的团队建设活动，促使教师和学生更好地理解和信任彼此，形成紧密的师生关系。

### （四）倡导对多样性和差异性的尊重和包容

创新文化强调对多样性和差异性的尊重和包容，使学校成为一个充满活力和包容的社区。学校推行开放的教育理念，允许学生根据个体差异选择不同的学科和兴趣方向，例如学生可以选择参与科技创新、艺术设计、体育运动等各种不同领域的活动，满足他们个性化的学习需求。学校还设有多元文化教育课程，引导学生尊重不同文化、价值观和信仰，培养他们成为具有国际视野和包容心态的公民。这种多元性的教育模式促使学生更好地理解和尊重彼此的差异，创造了一个和谐共融的学习环境。

校园文化对创新的影响是全面的，通过激发学生的创造力和探索精神，塑造教师的创新意识和实践能力，形成良好的合作与团队氛围以及倡导对多样性和差异性的尊重和包容，学校创造了一个充满活力、包容和鼓励创新的学习环境。这种积极的校园文化不仅有助于学生和教师个体的成长和发展，也为整个学校的持续发展和进步提供了坚实的基础。

## 二、培养开放与包容的学习环境

在当今教育领域，培养开放与包容的学习环境已经成为教育改革的重要目标之一，建立这样的环境不仅有助于激发学生的学习兴趣和创造力，还能够促进他们的个性化发展和全面成长。为此，学校需要从多个方面着手，其中包括建立开放式的教室和学习空间、推行开放式的课程设置和学习方式、鼓励学生自主学习和探究式学习以及提供多样化的学习资源和工具支持。

### （一）建立开放式的教室和学习空间

学校在培养开放与包容的学习环境方面，要着眼于建立开放式的教室和学习空间。这些空间应当设计为灵活多变、充满活力的环境，能够激发学生的学习兴趣和创造力，例如学校可以采用可移动的家具布置教室，以便学生在不同的学习场景中进行探索和合作。学校还可以为学生提供各种各样的学习区域，如阅读角、实验室、创客空间等让他们根据自己的学习需求自由选择学习场所。

### （二）推行开放式的课程设置和学习方式

为了培养开放与包容的学习环境，学校应推行开放式的课程设置和学习方式，这意味着课程内容和教学方法应当充分考虑学生的兴趣和需求并以学生为中心进行设计，例如学校可以开设跨学科的课程让学生在跨越学科边界的探索中获得更丰富的学习体验。学校还可以采用项目化、合作式的学习方式让学生通过团队合作和实践项目来获取知识和技能。

### （三）鼓励学生自主学习和探究式学习

在培养开放与包容的学习环境中学校需要鼓励学生自主学习和探究式学习，这意味着学校应该给予学生更多的自主权和选择权，让他们根据自己的兴趣和能力自主选择学习内容和学习路径，例如学校可以提供个性化的学习计划和资源，让学生根据自己的学习进度和兴趣选择学习内容和学习方式。学校还可以鼓励学生进行探究式学习，让他们通过提出问题、调查研究和实验探索的方式来深入学习和理解知识。

### （四）提供多样化的学习资源和工具支持

为了培养开放与包容的学习环境，学校需要提供多样化的学习资源和工具支持，这包括书籍、期刊、网络资源、实验设备等各种学习资源以及计算机、平板电脑、创客工具等各种学习工具，例如学校可以建立数字图书馆和在线学习平台，为学生提供便捷的学习资源和学习工具。学校还可以积极引进新技术和新设备，以丰富学生的学习体验和提高他们的学习效率。通过提供多样化的学习资源和工具支持，学校可以满足学生个性化的学习需求，促进他们全面发展。

通过建立开放式的教室和学习空间，推行开放式的课程设置和学习方式，鼓励学生自主学习和探究式学习以及提供多样化的学习资源和工具支持，学校可以打造一个充满活力的学习环境。在这样的环境中学生能够自由地探索、学习和成长，从而更好地适应未来社会的发展需求，实现个人价值的最大化。

## 三、鼓励尝试与容错的氛围

在当今竞争激烈的学习环境中鼓励尝试与容错的氛围显得尤为重要，学校作为学生成长的重要场所，应致力于培养学生积极面对挑战、勇于尝试创新的精神。深入探讨，分别为培养学生面对失败的勇气和适应能力、建立容错机制让学生敢于尝试创新、鼓励学生从失败中学习和成长以及倡导积极的反思和改进意识。

### （一）培养学生面对失败的勇气和适应能力

在培养开放与包容的学习环境中学校应着力培养学生面对失败的勇气和适应能力，失败往往被视为学习过程中的一部分而非终点。学校可以通过设立失败共享的机制，鼓励学生分享自己的失败经历，以激发同学们共鸣与理解。教育者也应引导学生将失败视为一次宝贵的经验，培养他们从失败中汲取教训的勇气，例如学生在团队项目中遇到挫折时，教育者可以引导他们分析问题出现的原因，促使他们学会在面对困难时保持乐观与坚韧。

### （二）建立容错机制让学生敢于尝试创新

学校在培养开放与包容的学习环境时应该建立容错机制，使学生敢于尝试创新。容错机制可以为学生提供一个相对安全的环境，使其在尝试新思路和创新性项目时不必担心严厉的惩罚，例如学校可以设立创新实验室，提供学生进行试验性项目的空间和资源。这样的环境可以激发学生的创造力让他们更愿意冒险尝试新的想法，而不必过分担忧失败的后果。

## （三）鼓励学生从失败中学习和成长

在培养开放与包容的学习环境中学校需要积极鼓励学生从失败中学习和成长，教育者可以通过定期的反思课程或讨论会，引导学生深入思考失败的原因并从中汲取宝贵的经验，例如当学生在科学实验中遇到失败时教育者可以组织小组讨论让学生共同分析失败的原因并提出改进的方案。这样的实践有助于培养学生从失败中汲取教训的习惯，使其逐渐具备面对挫折时的自我调整和改进能力。

## （四）倡导积极的反思和改进意识

为了建立鼓励尝试与容错的氛围，学校应倡导积极的反思和改进意识。教育者可以通过设立反思日记、定期个人成长讨论等方式，引导学生认真对待自己的学习和成长过程，例如学生完成一次团队项目后可以要求他们撰写个人反思报告，总结合作中的亮点和需要改进的空间。这样的实践不仅有助于提高学生对自身表现的认知，也培养了他们不断追求进步的心态，促使学生在日常学习中持续改善自己的表现。

在开放与包容的学习环境中，学校通过培养学生面对失败的勇气和适应能力、建立容错机制、鼓励从失败中学习和成长以及倡导积极的反思和改进意识，为学生提供了更广阔的学习舞台。通过共同努力可以培养更加具有创新力和适应力的学生，为未来社会的发展注入更多活力和动力。

## 四、促进校园内外的创新交流

在当今知识经济时代，创新已成为推动社会进步和经济发展的关键动力。为了培养具有创新精神和实践能力的人才，学校应该积极促进校园内外的创新交流。探讨四个关键方面，分别为搭建校内外创新平台和交流渠道、组织创新活动和比赛，激发创新潜能、建立校企合作和产学研结合的机制、推动校际间的创新合作和共享资源。

## （一）搭建校内外创新平台和交流渠道

为促进校园内外的创新交流，学校应该搭建多样化的创新平台和交流渠道，这些平台可以包括线上的创新社区、学术论坛，也可以是线下的创客空间、实验室等。通过这些平台，学生和教职员工可以分享他们的创新想法和项目成果，互相启发，促进跨学科的交流与合作，例如学校可以建立一个在线创新平台让学生和教师分享他们的创意和项目，进行讨论和交流，从而促进创新思维的形成和传播。

### （二）组织创新活动和比赛，激发创新潜能

为了激发学生的创新潜能，学校可以组织各种形式的创新活动和比赛。这些活动可以是创意设计比赛、科技创新展示、创业大赛等，旨在鼓励学生勇于尝试新的想法和方法并将其付诸实践。通过参与这些活动，学生可以锻炼解决问题的能力、团队合作精神以及创新创业的意识，例如学校可以举办一年一度的科技创新周活动，邀请学生展示他们的科技创新成果并与来自其他学校的学生进行交流和比较。

### （三）建立校企合作和产学研结合的机制

为了促进校园内外的创新交流，学校可以建立校企合作和产学研结合的机制。通过与企业建立紧密的合作关系，学校可以将课堂教学与实际需求相结合，为学生提供更加贴近市场的实践机会。学校的科研成果也可以通过与企业合作转化为实际生产力，推动科技创新与产业发展的融合，例如学校可以与当地企业合作开展科研项目，共同解决行业难题，促进技术创新与产业升级。

### （四）推动校际间的创新合作和共享资源

为了促进校际间的创新合作和共享资源，学校可以建立联合研究中心、共享实验室等机制。通过与其他学校的合作可以充分利用各自的优势资源，开展更加深入的跨学科研究与合作。学校还可以建立校际间的学术交流平台，邀请其他学校的专家学者来校交流讲学，促进学术思想的碰撞与交流，例如学校可以与其他高校建立校际创新联盟，共同开展创新项目、交流学术资源，促进校际间的创新合作与交流。

通过搭建校内外创新平台和交流渠道、组织创新活动和比赛、建立校企合作和产学研结合的机制以及推动校际间的创新合作和共享资源，学校能够为学生和教职员工提供更加广阔的创新空间和资源，激发他们的创新潜能，促进校园内外的创新交流与合作，推动科技创新与社会发展的融合。

# 第二节　管理与领导创新文化

## 一、校长在文化建设中的角色

在学校文化建设中校长的角色至关重要，涵盖了领导与倡导、制定策略与规划、示范与激励以及资源与支持等多个方面。作为学校的领导者，校长不仅需要在言传身教中引领创新文化的发展，还须具备制定明确策略与规划的能力并通过积极的示范和激励机制激发全校师生的创新热情。为了确保创新文化能够持续发展，校长还需要积极争取各类资源，为创新活动提供坚实的支持和后盾，以下对校长在这四个方面的角色进行详细探讨。

### （一）领导与倡导

校长在文化建设中的角色首要是领导与倡导，作为学校的领导者，校长应当以身作则，积极践行创新文化并向全校师生传递积极的文化理念。领导应该成为校园内创新的典范，通过自己的言行示范，激发教职员工和学生的积极性和创造力，例如校长可以亲自参与一些创新项目，与师生们共同探讨解决方案，向师生们展示创新思维和行动的重要性。

### （二）制定策略与规划

校长在文化建设中的另一个关键角色是制定策略与规划，需要具体制定适应学校发展需求的创新文化建设策略和长远规划。这些策略和规划应该明确学校的创新目标、路径和时间表并确定相应的资源投入和保障措施，例如校长可以组织学校领导团队制订创新文化发展规划，明确未来几年创新文化建设的重点和具体措施。

### （三）示范与激励

在校长的角色中示范与激励是至关重要的方面，作为学校文化的引领者，校长不仅需要口头上支持创新，更要以身作则，成为创新文化的践行者。通过积极参与创新活动，校长能够向全校师生展示自己对创新的重视和实践，例如校长可以亲自参与创新项目的策划与实施，或者与师生一起探讨解决方案，展示出自己的创新思维和行动。校长也应该通过适当的激励措施来鼓励更多的教职员工和学生积极参与到创新活动中。这可以通过设立创新奖励机制来实现，表彰那些在创新领域取得突出成就的个人或团队，激发更多人的创新热情和活力。校长的示范与激励不仅能够推动学校创新文化的建设，更能够激发全校师生的创新潜能，推动学校的持续发展。

### （四）资源与支持

在文化建设中校长的角色不仅在于领导和激励，还包括提供必要的资源与支持。这些资源包括人力、财力、物力等是促进创新文化发展的关键因素。校长应该确保有足够的人力支持，包括专门负责创新项目的团队或者委员会，他们能够协助推动创新活动的开展与实施。校长还应该充分利用校内外的财力资源，争取更多的资金用于支持创新项目的开展，例如设立创新基金或者奖学金，为教职员工和学生提供资金支持。物力方面的支持也同样重要，校长应该确保学校拥有必要的设施和设备，为创新活动提供良好的场所和条件。通过积极争取各方面的资源支持，校长能够为创新文化的发展提供坚实的后盾，为全校师生创造更好的创新环境和条件，推动学校文化不断向前发展。

### 表5-1 校长在文化建设中的角色汇总

| 角色 | 描述 |
| --- | --- |
| 引领者 | 树立正确的价值观和教育理念，引领学校文化的发展方向。通过制定愿景、使命和目标，为学校文化建设提供明确的方向和动力 |
| 塑造者 | 制定和执行学校规章制度、行为准则和教育政策，塑造积极向上的学校文化 |
| 传播者 | 通过言行举止、演讲、写作等方式，向师生、家长和社会传递学校的核心价值观和理念 |
| 支持者 | 提供必要的资源和支持，以促进学校文化的发展。包括提供培训机会、文化活动经费、场地设施等 |
| 合作者 | 与师生、家长、社区和其他利益相关者建立紧密的合作关系，共同推动学校文化的发展 |
| 评估者 | 定期评估学校文化建设的成效，收集师生、家长和社会的反馈意见，及时调整和改进文化建设策略 |

校长在文化建设中的角色涉及领导与倡导、制定策略与规划、示范与激励以及资源与支持等多个方面，通过领导层的积极参与和倡导，能够在学校内形成积极向上的文化氛围。制定明确的策略和规划则有助于引导全校师生朝着创新目标迈进，确保创新文化建设有序推进。校长的示范与激励作用不可忽视，校长的言行举止将直接影响到师生的态度和行为。通过积极争取各方面的资源支持，校长为创新文化的发展提供了坚实的后盾，为全校师生创造更好的创新环境和条件，推动学校文化不断向前发展。这一系列角色的有机结合将为学校的整体发展注入新的活力和动力。

## 二、培养学校领导团队的创新意识

在当今快速变化的教育环境中培养学校领导团队的创新意识至关重要，领导团队的创新能力和意识直接影响着学校的发展和成长。因此，针对学校领导团队的创新意识培养显得尤为迫切，接下来探讨培养学校领导团队创新意识的四种关键策略：培训与教育、激励与奖励、团队建设以及赋权与鼓励。

### （一）培训与教育

需要通过培训与教育来提升学校领导团队的创新能力和意识，这种培训可以包括创新理念的讲解、案例分析、创新方法的介绍等内容，旨在帮助领导团队了解创新的重要性以及如何在实践中运用创新思维解决问题，例如可以邀请创新领域的专家学者进行讲座或举办创新工作坊让领导团队与校领导互动交流，从而拓展视野，激发创新意识。

### （二）激励与奖励

除了培训和教育，激励与奖励也是培养学校领导团队创新意识的重要手段。领导团队在实践中展现出的创新能力和成果应该得到及时认可和奖励，这可以是口头表扬、奖金或者其他形式的奖励措施，例如学校可以设立创新奖励计划，定期评选出在创新领域取得突出成就的领导团队成员，鼓励成员持续努力并带动更多的创新行为。

## （三）团队建设

团队建设是学校领导团队培养创新意识的关键环节，旨在促进团队成员之间的默契与合作以及激发集体创新力。通过组织各种团队建设活动，学校领导团队可以在轻松愉快的氛围中培养创新精神，例如可以进行沙盘模拟创新项目让团队成员在虚拟的环境中共同面对挑战，培养协同解决问题的能力。团队合作的项目或者游戏也是非常有效的方式，通过这些活动，团队成员可以更好地理解彼此的优势和特长，建立起更紧密的工作关系。在团队建设中还可以通过组织创新讨论会或工作坊，提供一个开放的平台让团队成员自由分享创新想法和经验。这种交流与碰撞将激发出新的思维火花，推动创新意识的形成。通过设立小组任务，鼓励团队成员在具体的项目中合作，共同探索解决方案，培养创新的实际操作能力。在团队建设过程中领导者的角色尤为关键，应该积极参与团队活动，展示对创新的重视并成为团队的引领者。通过激发团队成员的创新潜能，建立一支具备协同创新能力的领导团队，学校将能够更好地适应变革，迎接未来的挑战。团队建设是一个长期而系统的过程，通过不断地培养团队合作精神和创新思维，学校领导团队将更有力量引领整个学校进入创新发展的新阶段。

## （四）赋权与鼓励

赋权与鼓励是培养学校领导团队创新意识的关键策略之一，领导团队需要被赋予足够的自主权和决策权，这样才能够在实践中尝试新的想法和方法，进而推动学校的创新发展，例如校长可以设立一个创新基金让领导团队有更多的资金和资源去支持他们的创新项目，从而鼓励他们积极参与到创新实践中去。校长和其他管理者也应该为团队成员提供良好的工作环境和氛围，以便他们能够更好地发挥自己的创新潜力，这包括鼓励团队成员提出新的想法和建议，积极倾听他们的意见并给予适当的支持和反馈。还可以通过组织一些创新分享会或者交流活动让团队成员有机会与他人分享自己的创新经验和成果，从而激发更多的创新思维和灵感。通过赋权与鼓励，学校领导团队将更加有信心和动力去探索创新的道路，也能够培养出更多具有创新意识和创新能力的领导人才，为学校的持续发展注入新的活力和动力。

通过培训与教育学校领导团队能够了解创新的重要性并学习创新方法，激励与奖励则能激发领导团队的创新动力，促使领导团队在实践中积极探索。团队建设有助于提升团队协作和创新能力，而赋权与鼓励则能给予领导团队足够的自主权和动力，进一步推动学校的创新发展。这些策略共同构成了一个完整的培养学校领导团队创新意识的体系，为学校的长远发展奠定了坚实的基础。

### 三、创新文化的传播策略

在当今社会创新文化的传播已成为学校发展的关键因素之一，为了引起师生和社会的关注，学校需要采取一系列有效的策略来推动创新理念的传播，其中宣传推广、示范引领、教育培训以及合作交流是实现这一目标的重要途径之一。接下来探讨这些策略在创新文化传播中的作用和重要性。

#### （一）宣传推广

创新文化的传播需要通过宣传推广来引起师生和社会的关注，学校可以利用校园媒体、社交媒体等平台发布相关信息，介绍学校的创新理念、实践成果以及创新活动等。还可以邀请媒体进行报道，扩大影响力，例如学校可以制作宣传视频，展示学生和教师在创新实践中取得的成就，激励更多人加入创新的行列中来，从而推动创新文化的传播和发展。

#### （二）示范引领

学校领导和优秀教师可以成为创新文化的示范者和引领者，通过自身的行动和实践来影响和激励他人。他们可以积极参与创新项目，分享自己的创新经验和故事，为他人树立榜样，例如学校可以设立创新导师制度，由具有丰富创新经验的教师担任导师，指导和帮助其他教师和学生开展创新项目，引领他们走向成功的道路。

#### （三）教育培训

教育培训在传播创新文化中扮演着至关重要的角色，通过邀请创新领域的专家学者进行讲座和培训，学校可以为师生提供一个学习创新的平台。在这些培训中专家们可以介绍创新的理念、方法和技巧，分享他们的成功经验和案例，从而帮助师生更好地理解和掌握创新的本质，例如可以组织针对不同群体的创新教育培训班，包括教师培训、学生培训以及教育管理者培训等,让每个群体都有机会深入了解创新，从而激发他们的创新潜能。通过这样的教育培训，学校可以有效地提升师生的创新意识和创新能力，为创新文化的传播奠定坚实的基础。

### （四）合作交流

合作交流是推动创新文化传播的重要手段之一，通过与其他学校、企业或组织开展合作项目，学校可以共同探索创新发展的道路，促进经验和资源的共享。建立创新联盟或合作平台有助于加强各方之间的联系与合作，从而推动创新文化的传播和发展，例如学校可以与当地企业合作开展创新项目，让学生参与其中，与企业合作解决实际问题，培养学生的创新能力和实践能力。这样的合作不仅可以为学生提供实践机会，还可以促进学校与社会的紧密联系，为学校的创新发展注入新的活力和动力。通过合作交流，学校能够与外部资源和力量相结合，共同推动创新文化的传播，实现创新发展的目标。

创新文化的传播是学校发展的关键因素之一，通过宣传推广，学校可以借助各种媒体平台将创新理念传播给更广泛的受众；示范引领则通过学校领导和优秀教师的示范作用，激发师生的创新潜能；教育培训提供了学习创新的机会和平台，提升了师生的创新能力和意识；而合作交流则通过与外部机构的合作共赢，促进了创新资源的共享与交流。这些策略相互配合，共同推动着创新文化的传播和发展，为学校的创新发展注入新的活力和动力。

## 四、面对挑战时的文化支持

在现代教育环境中学校常常面临各种挑战，如人员流动、资源短缺、教学压力等。在这些挑战面前，学校需要建立一种稳固的文化支持系统，以帮助师生们勇敢面对挑战，保持积极向上的态度，其中，稳定信心、提供资源支持、激励创新以及加强沟通与团结等方面的文化支持措施尤为重要。接下来探讨这些措施在面对挑战时的作用和意义。

## （一）稳定信心

在面对挑战时文化支持的重要一环是稳定信心，学校需要通过各种方式，包括领导讲话、心理辅导、团队建设等，来稳定师生的信心让师生保持积极向上的态度和信念。例如学校可以组织专门的心理健康讲座，教导师生如何正确看待挑战并提供心理辅导服务，帮助师生克服困难，保持信心。学校领导也可以通过定期的沟通和交流，向师生传递积极的信息和态度，激励师生勇敢面对挑战，坚定信心。

## （二）提供资源支持

为了应对挑战学校需要提供充足的资源支持，包括物质资源和人力资源。物质资源可以包括资金、设备、场地等，而人力资源则包括教师团队、行政人员等，例如学校可以增加对教学和科研的投入，提供更多的经费支持和实验设备，以应对挑战带来的教学和研究压力。学校也可以组建专门的团队，负责解决各种挑战，提供及时有效的支持和帮助，确保师生能够顺利渡过难关。

## （三）激励创新

在克服挑战的过程中激励创新是一项至关重要的文化支持措施，学校应当通过设立激励制度和奖励机制，积极鼓励师生勇于尝试新思路、寻找独特的解决方案，从而激发创新的活力。为此学校可以设立创新奖学金，对那些在应对挑战中表现出色、提出独特创新想法的学生予以奖励。这不仅能够肯定个体的努力，也有助于在整个学校范围内形成创新的氛围。通过组织创新竞赛，学校可以为师生提供一个展示才华的平台，鼓励师生通过竞争来挖掘创新潜力。这种竞赛可以涵盖各个领域，包括科研、艺术、科技等，激发出不同领域的创新思维。为脱颖而出的团队或个人颁发奖项，既是对创新努力的认可，也会引导更多师生参与到创新的浪潮中。通过这些激励措施，学校不仅能够在面对挑战时激发师生的创新热情，还能够建立起一种以创新为导向的文化氛围。这将对学校整体的适应能力和创新力的提升产生深远而积极的影响。

### （四）加强沟通与团结

在挑战面前加强沟通与团结是学校应对挑战的重要策略之一，建立良好的沟通机制能够确保信息畅通，及时传达重要信息和决策，从而增强师生对学校的信任和归属感。定期召开师生大会是一种有效的沟通方式，通过这种方式，学校能够直接与师生进行沟通和交流，让大家了解当前面临的挑战并共同探讨解决方案。在这样的大会上，学校可以听取师生的意见和建议，吸纳各方的智慧和力量，形成团结一致的合力，共同应对挑战。加强团结也是应对挑战的关键，学校应该营造一种团队合作的氛围让师生之间互相支持、互相鼓励。通过团队建设活动、集体讨论等方式，增强师生之间的凝聚力和战斗力。只有形成团结一致的合力，学校才能够应对各种挑战，取得最终的胜利。因此，加强沟通与团结不仅有助于学校更好地应对挑战，还能够促进学校的发展和进步。这需要学校领导和全体师生共同努力，形成共识，凝聚力量，共同为实现学校的发展目标而努力奋斗。

面对挑战，学校需要建立一种稳固的文化支持系统，以帮助师生们应对各种困难。通过稳定信心，学校可以保持师生的积极向上态度。提供充足的资源支持可以有效缓解挑战带来的压力。激励创新可以激发师生的创造力和活力，为解决问题提供新思路。加强沟通与团结可以增强师生之间的凝聚力和战斗力，共同应对挑战。这些文化支持措施将有助于学校更好地应对挑战，促进学校的发展和进步。

## 第三节　创新成功的分享与庆祝

### 一、分享创新实践与成果

分享创新实践与成果是推动学校教育持续发展的重要举措之一，通过分享，不仅可以展示学校师生在科研、创新等领域的成果，还能够促进师生之间的交流互动，激发更多创新意识和创造力。在分享的过程中制订详细的计划、充分汇总成果、设计多样化的分享形式以及激励分享者，都是确保分享活动顺利进行、取得最佳效果的关键步骤。

### （一）制订分享计划

制订分享计划是分享创新实践与成果的第一步，需要明确分享的时间、地点、目标受众以及具体内容，例如在学期结束前，学校可以安排一次创新分享会，邀请全体师生参与。通过提前公布计划可以让更多人积极准备和参与分享，确保分享活动的顺利进行。

### （二）汇总成果

在分享创新实践和成果之前必须对各个项目进行充分的汇总和整理，这包括项目的背景、目标、过程和取得的成果。以一个科研项目为例，可以整理项目的研究问题、方法、实验结果以及对学科的贡献。通过清晰的汇总，能够使分享更加有条理、生动，让听众更容易理解和欣赏创新成果。

### （三）设计分享形式

在分享创新实践与成果的过程中设计合适的分享形式是确保信息传达效果的关键，多样化的形式能够满足不同人群的喜好，使整个分享过程更加生动有趣。演讲是一种直接而深入的分享形式，通过学生或团队的口头陈述可以更直观地传达创新的背景、目标和成果。演讲可以结合实例、个人经历，引导观众深入了解创新项目的内涵。通过语言的表达，演讲形式能够激发听众的兴趣，使他们更容易投入分享的氛围中。展示板也是一种有效的分享形式，通过制作富有创意的展板，学生可以用图片、图表、文字等多媒体元素展示创新实践的关键信息。这种形式不仅直观易懂，而且可以供观众自主浏览，有助于在有限的时间内传递更多内容。展示板可以搭配实物展示，增加互动性让观众更深入地了解创新项目。PPT演示是一种常见而灵活的分享形式，通过设计一个引人入胜的PPT，学生可以将创新实践以图文结合的方式生动地呈现出来。使用适当的动画、配以清晰的解说，能够吸引观众的眼球，使整个分享过程更加生动。PPT演示不仅便于控制时间，而且支持多媒体展示，为观众提供了更丰富的感知体验。

### （四）激励分享者

为了激励分享者，学校可以建立一个明确的分享奖励制度以表彰那些在分享活动中表现突出的团队或个人，这种制度可以包括多种奖励形式，例如颁发荣誉证书、奖章或者奖金。通过这种方式，学校不仅能够公开肯定他们的努力和贡献，还能够激发更多师生的积极性，促使他们更加愿意投入创新实践中。具体来说，学校可以根据分享活动的表现情况设立不同级别的奖励，例如设立"最佳创新团队""最具影响力的分享者"等奖项并且为获奖者颁发相应的奖励。这种奖励制度既可以是物质奖励，也可以是荣誉奖励，例如在校内或校外公布获奖者名单，为他们的分享经验和成果增添荣耀。学校还可以将分享活动作为评优评奖的一项标准，将分享者的表现纳入学校年度或学期的综合评价中，以此来激励更多的师生参与分享活动。通过这样的激励机制，分享者将感受到他们的努力和贡献得到了重视，从而更愿意分享自己的经验和成果，形成良性的循环，进一步推动学校创新实践的持续发展。

分享创新实践与成果不仅是一次展示，更是一次启发和激励。通过制订合理的分享计划，充分汇总成果，设计多样化的分享形式以及激励分享者可以使分享活动更加生动有趣让更多人积极参与其中。这种积极的参与不仅推动了学校创新实践的持续发展，也为培养学生的创新意识和团队合作精神奠定了坚实基础。因此，分享创新实践与成果不仅仅是一种行为，更是一种精神是学校教育不断前行的动力源泉。

## 二、庆祝创新成就的方式

在追求知识和创新的道路上，庆祝创新成就是激励师生不断前行的重要一环，学校可通过多种方式营造一个充满创意和活力的氛围，其中举办庆功会、创意比赛、主题派对以及社交媒体宣传等方式，无疑成为彰显创新成果、分享心得的精彩舞台。接下来深入探讨这些方式的实际效果与丰富内涵，展示学校在庆祝创新中丰富多彩的活动形式。

### （一）举办庆功会

庆功会是一种正式的庆祝活动，为师生们提供了展示成果、分享心得、感谢支持者的平台。在这样的活动中可以邀请相关领导、专家学者或校友等作为嘉宾，共同见证和赞扬创新成就。庆功会通常包括颁奖仪式、成果展示、精彩演讲等环节，为师生们营造出一种欢快而庄重的氛围。比如学校举办了一次科技创新大赛，最终评选出了几个优秀项目。在庆功会上校长致辞表彰获奖团队，邀请了相关专家对获奖项目进行点评和指导。参赛团队也有机会展示他们的成果并与来宾们分享他们的创新心得和团队合作经验。这样的庆功会不仅可以肯定师生们的努力和成就，也能够激发更多人投身到创新实践中。

## （二）创意比赛

创意比赛是一种富有竞争性和创造性的庆祝方式，可以在校内外广泛开展，通过这样的比赛可以激发师生们的创新潜能，促进各种创新意识和创造性思维的发展。比赛的形式可以多样化，涵盖科技、艺术、文学等各个领域，为参与者提供展示自己创意和才华的舞台，例如学校可以组织一场科技创意大赛，邀请全校师生参与。比赛内容可以涵盖科技产品设计、创意应用开发等方面。参赛者可以自由发挥想象力，提出自己的创意项目并通过比赛展示给评委和观众。最终评选出的优秀作品可以获得奖励和荣誉，也为校园创新注入了新的活力和动力。

## （三）主题派对

主题派对是一种轻松愉快的庆祝方式，通过设定特定的主题和形式让参与者在欢乐的氛围中共同庆祝创新成就。这种方式更加注重互动和参与性，可以增强师生之间的凝聚力和归属感。比如学校举办了一个以"未来科技"为主题的创新成果庆祝派对，参与者可以穿着未来科技主题服装，参加各种创新科技展示和互动游戏。派对现场还可以设置科技展示区，展示学生们的创新作品和实践成果。通过这样的主题派对，不仅能够庆祝创新成就，还能够为师生们带来一次愉快的社交体验。

## （四）社交媒体宣传

社交媒体宣传是一种现代化的庆祝方式，通过在各大社交平台上分享创新成果和活动照片可以迅速传播和扩大庆祝活动的影响力。这种方式能够吸引更多人的关注和参与，也为学校树立了良好的品牌形象。比如学校在举办庆功会或主题派对时可以安排专人拍摄活动照片和视频，并及时在学校官方社交媒体账号上进行发布和分享。可以邀请参与活动的师生们在个人社交平台上分享他们的活动经历和心得体会，引发更多人的关注和讨论。通过社交媒体的宣传，不仅能够增加活动的曝光度，还能够与更广泛的社会群体分享学校的创新成就和精彩活动。

通过庆功会学校不仅能够正式肯定师生们的努力和成就，而且为他们提供了与专业人士、领导和校友共同分享的机会。创意比赛则在促进创新意识和才华方面为校园注入新的活力。主题派对则以轻松愉快的氛围增进师生之间的凝聚力，展示未来科技的潜力。而社交媒体宣传更是将这些精彩瞬间迅速传播，为学校树立起积极向上、创新无限的品牌形象。这一系列的庆祝方式构成了一个全面、多样的庆祝创新成就的体系，为学校创新氛围的建设和推动提供了强有力的支持。

### 三、创新故事的传播

在当今社会，创新不仅是推动科技进步的引擎，也是培养学生综合能力的关键因素。然而，创新的力量需要有效的传播渠道，以引起更广泛的关注和支持，接下来深入探讨四种创新故事传播方式：制作宣传视频、编写报道文章、组织分享会和校园展览。通过这些手段，学校和团队能够将创新的火花传递给更多人，激发对科技创新的热情，展示学校的创新实力。

#### （一）制作宣传视频

制作宣传视频是一种生动直观的传播方式，能够将创新故事以形象生动的画面呈现给观众，吸引他们的注意力并深入人心。通过视频可以展示创新项目的全貌、实验过程、成果展示以及团队合作的场景，将观众带入一个身临其境的体验之中。例如学校最近开展了一项科技创新项目，团队通过研发新型智能手环，解决了学生运动量监测的难题。制作宣传视频时可以展示团队成员的辛勤工作、产品设计的创意过程、实验室里的实验情景以及学生们戴着手环在操场上运动的场景。通过精彩的画面和生动的配音，观众能够更好地了解这个创新项目的意义和价值，激发他们对科技创新的兴趣和参与欲望。

#### （二）编写报道文章

编写报道文章是一种传统而有效的传播方式，通过文字将创新故事传播给更广泛的受众。报道文章可以通过校园媒体、学校网站、社交媒体等渠道发布，让更多人了解和关注创新项目的进展和成果，例如学校的一支团队在全国性的创新大赛中获得了优秀成绩，这个消息可以通过报道文章的形式进行宣传。文章可以从团队的背景介绍、项目的创新点、比赛过程和取得的成绩等方面进行详细报道，让读者了解到团队成员的努力和项目的价值。报道文章还可以引用团队成员的采访内容让读者更加贴近创新者的内心世界，增强报道的感染力和说服力。

### （三）组织分享会

组织分享会是一种面对面交流的传播方式，能够让创新者与观众直接互动，分享创新故事背后的心路历程和经验教训。分享会可以邀请相关专家学者、校友或行业内人士担任嘉宾，与创新团队进行深入交流和讨论，例如学校的一个创新团队开发了一款新型教育APP，在分享会上可以邀请教育界专家和学生家长一起参与，共同探讨该APP对教育行业的影响和未来发展方向。通过分享会，不仅能够让观众更深入地了解创新项目的背景和意义，还能够为创新团队提供宝贵的建议和意见，推动项目的进一步发展。

### （四）校园展览

校园展览是一种集中展示创新成果的方式，能够将学生们的创意和努力集中呈现给整个校园和社会公众。通过搭建展台、设置展板、展示产品等形式将创新项目以直观的方式展示给观众，例如学校可以举办一次科技创新展览让学生团队展示他们的创新产品和研究成果。在展览上，观众可以与参展团队进行互动交流，了解项目背后的故事和技术细节。学校还可以邀请行业内的专业人士和投资人参观展览，为学生搭建与行业交流和合作的平台。通过校园展览，学校能够向内外展示自己的创新实力和教育成果，树立良好的品牌形象，吸引更多人的关注和支持。

通过制作生动直观的宣传视频，编写深入人心的报道文章，组织面对面的分享会以及举办集中展示的校园展览，学校成功地将创新故事传播到不同层面的受众中。这不仅让人们更深入地了解创新项目的背后故事，也促使他们对科技创新产生浓厚兴趣。这些传播方式的综合运用为学校树立了积极的品牌形象，吸引了更多关注和支持，推动着创新故事的不断发展和传承。通过这样的努力，学校不仅在科技创新领域取得了成就，也为培养更多创新人才奠定了坚实的基础。

## 四、建立创新成果的档案与展示

在当今社会创新成果的产生对于学校和科研机构具有重要意义，然而仅仅拥有创新成果是不够的，如何有效地记录、展示和推广这些成果也至关重要。因此，建立成果档案与展示空间，制作宣传册以及创建虚拟展示平台成为必不可少的步骤。通过这些措施可以全方位地展示创新成果，吸引更多人的关注和支持，推动科技创新的持续发展。

### （一）建立成果档案

建立成果档案是记录和整理创新成果的重要方式，有助于保存成果的详细信息、实验数据和研究结果，为后续的展示和推广提供支持。档案内容应包括项目的背景介绍、研究目的、实验设计、数据分析及结论等，例如针对学校的一项科技创新项目，成果档案可以包括项目的起源和动机、团队成员的介绍、研究方法和实验流程、实验结果以及未来的发展规划。这样的档案不仅能够记录下项目的全过程，还能够为后续的展示和宣传提供翔实的素材和依据。

### （二）设立展示空间

设立展示空间是让创新成果得以展示的重要环节，可以为创新项目提供一个专门的展示平台，吸引更多人的关注和参与。展示空间可以是学校的科技馆、创新中心或专门的展览区域，例如学校可以在校园内设置一个创新科技展示区，展示学生们的科技创新成果。这个空间可以通过展板、展示柜、多媒体设备等方式将创新项目以直观形式展示给观众，激发他们的兴趣和好奇心。

### （三）制作宣传册

制作宣传册是将创新成果推广给更广泛受众的有效途径，可以将项目的亮点、成果和意义以图文并茂的形式呈现出来。宣传册内容应简明扼要地介绍项目的背景、目标、方法、成果和影响等，例如学校可以制作一本专门的科技创新宣传册将学生们的创新项目以精美的图片和生动的文字展示出来，吸引更多人的关注和支持。

## （四）虚拟展示平台

虚拟展示平台是利用互联网技术将创新成果进行线上展示和推广的方式，能够突破地域限制，吸引全球的关注和参与，例如学校可以建立一个创新成果的虚拟展示网站，将学生们的创新项目以视频、图片、文字等形式展示在网站上，让更多人通过网络了解和关注学校的科技创新成果。这样的虚拟展示平台不仅能够提升学校的知名度和影响力，还能够为学生们的创新成果找到更多的合作和发展机会。

建立创新成果的档案与展示是提升创新成果影响力和推广效果的关键环节，建立翔实的成果档案能够全面记录和整理项目的信息，为后续的展示和宣传提供支持。设立展示空间为创新项目提供一个直观的展示平台，吸引更多人的关注和参与。制作宣传册则是将创新成果推广给更广泛受众的有效途径，可以突出项目的亮点和意义。通过虚拟展示平台可以将创新成果进行线上展示和推广，吸引全球的关注和参与，为项目的发展和合作提供更多机会。建立成果档案与展示空间、制作宣传册以及创建虚拟展示平台是推动创新成果发展和推广的重要举措。

# 第四节　持续改进的创新文化

## 一、评估与反馈机制的建立

在当今竞争激烈的商业环境中，建立和维护创新文化成为组织持续发展的关键因素之一，而评估与反馈机制的建立，则是确保创新文化持续健康发展的重要一环。下面探讨如何建立有效的评估与反馈机制，从制定评估指标和标准、设计反馈渠道和机制、数据分析和反馈处理以及持续改进机制建立等方面展开讨论。

## （一）制定评估指标和标准

建立评估机制的首要任务是确定适用于组织创新文化的评估指标和标准，这些指标和标准应该能够客观地衡量创新文化的各个方面，如员工参与程度、创新成果、沟通效率等，例如评估指标可以包括员工提出的新想法数量、创新项目的成功率、团队合作的质量等。标准则可以根据组织的具体情况制定，以确保评估的全面性和准确性。通过制定清晰明确的评估指标和标准，可以为评估过程提供明确的方向和基准，从而更好地了解和衡量创新文化的发展情况。

## （二）设计反馈渠道和机制

设计多样化的反馈渠道和机制是建立有效评估与反馈机制的关键步骤之一，这包括建立开放式的沟通渠道，如员工调查、意见箱、定期反馈会议等。通过这些渠道，员工可以随时向管理层提出建议、表达意见，甚至匿名提供反馈，从而确保信息的充分流通和透明度。举例而言，可以通过定期举行员工反馈会议，邀请员工就组织文化、工作环境等方面进行讨论和反馈，以便及时了解员工的需求和想法。

## （三）数据分析和反馈处理

数据分析和反馈处理是评估与反馈机制中至关重要的一环，一旦收集到反馈数据，对其进行深入分析成为确保机制有效性的必要步骤。通过细致的数据分析，管理层可以洞察问题的本质并确定改进的方向，例如如果反馈数据表明员工对工作环境存在不满，管理层可以进一步调查，探究出存在不满情况是由于工作压力、人际关系或者资源不足等因素所致。基于这些发现，管理层可以制定相应的改善措施，如提供更好的资源支持、加强员工关系管理或调整工作流程，以促进工作环境的改善，提升员工的工作满意度和工作效率。因此，数据分析和反馈处理不仅可以帮助识别问题，还能够指导管理层采取有效措施，持续改进组织的创新文化。

## （四）持续改进机制建立

建立持续改进机制是确保评估与反馈机制有效运作的重要一环，这意味着评估和反馈不应该是孤立的、一次性的活动，而应该是一个不断循环的过程。为实现这一目标，管理层需要明确制定改进的具体目标并制订相应的计划和措施，例如管理层可以定期审查评估结果，分析反馈数据并结合员工的意见和建议总结经验教训。随后针对发现的问题和改进的方向，制订具体的改进计划和行动方案。这些计划和方案应当具有可操作性和可衡量性，以确保能够有效实施和跟踪。管理层还应该持续关注改进计划的执行情况，通过定期的跟踪和回顾，及时调整和优化改进策略，以确保持续改进机制的有效性和可持续性。建立持续改进机制能够帮助组织不断优化创新文化，提升绩效水平，促进组织持续发展。

要建立有效的评估与反馈机制，需要制定清晰明确的评估指标和标准，以便客观衡量创新文化的各个方面。设计多样化的反馈渠道和机制，包括开放式的沟通渠道，如员工调查、意见箱等，以确保信息的充分流通和透明度。然后，对收集到的反馈数据进行深入分析和处理，以洞察问题的本质并制定相应的改善措施。建立持续改进机制将评估与反馈机制打造成一个持续不断的循环过程，以确保组织创新文化的持续优化和发展。通过这些步骤，组织能够不断提升创新能力，推动业务发展，实现长期成功。

## 二、文化适应性的管理

文化适应性的管理在现代组织中变得至关重要，尤其是在跨文化团队和国际业务交往的背景下。有效的文化适应性管理需要组织采取一系列策略和方法，以确保员工能够理解、融入并成功应对不同文化背景带来的挑战。下面探讨文化适应性管理的几个关键方面，包括文化价值的明确定义、弹性文化设计、文化培训和教育以及跨文化管理。

### （一）文化价值的明确定义

明确定义文化价值是管理文化适应性的第一步，这需要组织清晰地确定其核心价值观和信念体系，以指导员工行为和决策，例如一家公司将创新、团队合作和客户导向作为其核心价值观。通过明确定义文化价值观，组织可以建立起共同的文化基础，促进员工的认同感和归属感，从而有助于更好地应对不同文化背景下的挑战和变化。

### （二）弹性文化设计

在面对多样化的文化背景时建立弹性文化设计至关重要，这意味着组织需要灵活调整其文化元素，以适应不同地区、国家或群体的文化差异。例如一家国际公司会根据不同国家的文化习惯和价值观调整其管理风格、沟通方式和决策流程。通过灵活的文化设计，组织可以更好地融入当地文化，提升员工的工作满意度和绩效表现。

### （三）文化培训和教育

文化培训和教育在组织的文化适应性管理中扮演着关键角色，通过这一过程，员工可以更好地理解和融入组织的文化，从而提高他们的工作效率和满意度。文化培训和教育涵盖了多个方面，其中包括介绍组织的核心价值观、行为准则以及背后的文化背景。这有助于员工更清晰地认识到组织期望的工作态度和行为规范，从而更好地融入组织文化中。跨文化沟通和合作技巧的培训也是文化培训和教育的重要组成部分，特别是对于国际企业或者跨国团队而言，员工来自不同的文化背景，他们之间的沟通和合作需要更多的敏感性和灵活性。通过培训，员工可以学习如何更好地理解和尊重不同文化背景下的员工，避免误解和冲突，提高团队合作的效率和质量，例如一家跨国公司为新员工提供关于企业文化的入职培训课程，介绍公司的核心价值观和行为准则并通过案例分析等方式展示这些价值观在日常工作中的具体体现。该公司还定期举办跨文化沟通和合作技巧的培训，帮助员工更好地应对多元文化工作环境中的挑战，提高团队的协作效率和创造力。通过这些培训和教育活动，员工可以更好地适应组织的文化并在工作中取得更好的表现。

### （四）跨文化管理

跨文化管理是在多元文化环境中有效领导和管理团队的关键因素，在这个环境中领导者需要具备跨文化敏感性和跨文化沟通技巧，以确保团队的协作和绩效不受文化差异的影响。为了成功实施跨文化管理，领导者可以采取一系列策略和方法。领导者应该具备跨文化敏感性，即对不同文化背景的员工有敏锐的认识和理解。这涉及对不同文化价值观、沟通风格和工作习惯的了解，以避免误解和冲突，例如领导者可以主动了解团队成员的文化传统和价值观，以更好地理解他们的行为和决策模式。跨文化沟通技巧是成功实施跨文化管理的关键，领导者需要采取清晰、透明且尊重的沟通方式，以确保信息的准确传达，这包括使用简洁直接的语言，避免文化障碍导致的歧义。领导者还可以鼓励开放式的沟通氛围让团队成员自由表达意见和疑虑，从而促进良好的团队合作。采取灵活的管理风格也是跨文化管理的有效策略，领导者应该能够调整领导风格，以适应不同文化背景下的员工，例如一些文化更注重领导者的权威，而另一些文化更倾向于合作和平等。通过了解并尊重这些文化差异，领导者可以更好地调整管理方法，建立起信任和合作的关系。

文化适应性管理是组织成功应对多元文化挑战的关键，通过明确定义文化价值，组织能够建立共同的文化基础，促进员工的认同感和归属感。弹性文化设计使组织能够灵活调整文化元素，以适应不同地区、国家或群体的文化差异，提升员工的满意度和绩效。文化培训和教育则为员工提供了理解和融入组织文化的重要途径，包括核心价值观、行为准则以及跨文化沟通和合作技巧的培训。跨文化管理要求领导者具备跨文化敏感性和沟通技巧，以确保团队协作和绩效不受文化差异的干扰。通过这些综合措施，组织能够更好地适应和利用多元文化环境，实现协同创新和业务成果的最大化。

## 三、创新文化的持续发展

创新文化的持续发展是组织成功的关键因素之一，在这个充满变革和竞争的时代，领导者的积极示范和引领成为推动创新的不可或缺的动力之一。下面探讨在创新文化的建设中，领导者的角色如何成为推动力以及如何通过奖励机制、宣传推广和创新人才培育等手段确保创新文化的持续发展。

### （一）领导者的示范和引领

创新文化的持续发展需要领导者的积极示范和引领，领导者应该成为创新的榜样，通过自己的行动和决策展现对创新的支持和重视，例如一位领导者可以在团队会议上鼓励成员分享创新想法并亲自参与创新项目，向团队展示对新思路的开放态度。领导者的示范不仅激发了团队成员的创新动力，还为建立积极的创新文化奠定了基础。

### （二）奖励和激励机制

为了推动创新文化的持续发展，组织需要建立有效的奖励和激励机制来激励员工的创新活动。一种常见的做法是通过设立创新奖励计划来表彰和奖励成功的创新项目。这可以是经济奖励，如奖金或股票期权，也可以是非经济奖励，如公开表彰或奖状，例如一家科技公司设立了"创新奖金"，每季度或每年评选出最佳创新提案或项目，对获奖者进行经济奖励，以鼓励员工积极参与创新活动。除了直接的奖励，组织还可以提供激励措施来进一步促进创新。这可以包括晋升机会、专业发展计划或特殊项目的参与机会，例如一位成功提出并实施创新项目的员工会被提拔为团队领导或项目负责人，以表彰其在创新方面的贡献并为其未来的发展提供更多机会。

### （三）创新文化的宣传和推广

创新文化的宣传和推广在促进组织持续发展方面扮演着重要角色，为了弘扬创新的精神，组织可以通过多种渠道进行宣传。内部沟通渠道是一个有效的宣传途径，例如企业内部网站、员工通讯和团队会议。在这些平台上分享创新成功故事和案例可以激发其他团队成员的创新潜能并树立创新的榜样。比如一家制造公司可以在内部网站上发布员工在生产线改进方面的成功案例，展示创新的成果和价值，激励其他员工提出新的改进建议。除了内部渠道，外部宣传也是推广创新文化的重要手段。组织可以通过各类媒体和社交平台传递创新信息，向外界展示组织的创新活动和成果。举例而言，一家科技公司可以通过企业社交媒体账号发布创新产品的推广视频或客户见证，向公众展示公司在技术创新方面的领先地位并吸引更多人参与到创新活动中来。

### （四）培育创新人才

培育创新人才是创新文化持续发展的核心，为了确保组织拥有具备创新能力的员工，应采取一系列培训和发展计划，例如一家专注研发的机构可以实施创新方法论的培训课程，使员工熟悉并掌握创新的理论框架和实践方法。这样的培训不仅能提高员工对创新概念的理解，还能够激发其创新思维。组织还可以建立创新实验室或项目组，为员工提供实际应用创新技能的机会。通过参与创新项目，员工能够将培训中学到的知识付诸实践并在实际工作中不断提升创新能力。这种实践是培养创新人才不可或缺的一环。为了更好地应对市场变化，组织还可以鼓励员工参与外部创新活动，如行业研讨会、创新竞赛等。这不仅能够拓展员工的创新视野，还可以加速知识和经验的积累，促使员工更好地应对未来的挑战。

在组织中培育和发展创新文化是一项复杂而持久的任务，通过领导者的积极示范和引领，组织能够树立起创新的榜样，激发团队成员的创新动力。奖励和激励机制则为员工提供了实现创新的动力和认可，通过内外宣传，组织能够弘扬创新的精神，形成积极的创新氛围。通过培育创新人才，组织不仅能够确保员工具备创新能力，还能够更好地应对市场的变化，推动整个组织朝着创新与发展的方向不断前进。领导者的引领、奖励机制、宣传推广和创新人才培育相互合力，构成了创新文化持续发展的关键要素。

## 四、面对变化的策略与调整

在当今充满变革和不确定性的商业环境中，组织必须采取有效的策略和灵活的调整措施，以适应外部环境的快速变化。下面探讨面对变化的四种关键策略与调整，涵盖了灵活应对外部环境变化、内部文化与结构的调整、制订变革规划和措施以及持续学习与改进。通过深入剖析这些方面，可以更好地理解组织在动荡时刻如何有效应对，保持竞争力和可持续发展。

### （一）灵活应对外部环境变化

在现今快速变化的商业环境中，组织需要保持灵活应对外部环境变化的能力，这包括对市场趋势、竞争动态以及政策法规的敏感度。当外部环境发生变化时，组织应迅速做出反应并灵活调整战略和业务模式，以适应新的市场形势，例如一家零售企业面临市场消费习惯的转变，即由线下转向线上购物的趋势。为了适应这种变化，企业可以加大在线销售渠道的投入并开展线上营销活动，以满足消费者的需求。

### （二）内部文化与结构的调整

在面对外部环境的变化时，组织内部的文化和结构调整变得至关重要，传统制造企业发现，以往的层级结构和刚性工作流程已不再适用于应对当今市场的快速变化。因此，它们需要转型为更加灵活的组织结构。这种转型包括重新审视组织的核心价值观念将创新、灵活性和适应性纳入企业文化之中。重新设计工作流程，采用更加灵活的方法来满足客户需求，如敏捷开发或精益生产等方法。最重要的是企业需要重新构建团队，打破部门间的壁垒，促进跨部门的横向合作和知识共享，例如制造企业可以建立跨职能的项目团队，由不同领域的专家共同合作解决特定问题，从而提高创新能力和响应速度。通过这些内部文化和结构的调整，企业能够更好地适应外部环境的变化并保持竞争优势。

### （三）制订变革规划和措施

制订变革规划和措施对于组织应对外部变化至关重要，这需要组织明确变革的目标和范围以及制订实施计划和时间表。确定变革的目标是关键的一步，它可以是提高效率、增强竞争力，或者适应新的市场需求。在确定了目标之后，组织需要制订详细的实施计划，明确各项任务的分工和责任人，以确保变革顺利推进。建立有效的沟通机制也是至关重要的，确保所有员工都了解变革的重要性和目标并能够参与到变革过程中来，例如一家金融机构要实施数字化转型，会设立专门的项目组，负责制订数字化转型的详细计划并明确各部门的任务和时间表。该机构还会组织培训课程，帮助员工掌握数字化技能，以顺利完成转型。通过制订详细的变革规划和实施措施，组织能够更加有序地应对外部变化，确保变革目标的实现并提升组织的竞争力和适应能力。

### （四）持续学习与改进

持续学习与改进是组织在变化环境中保持竞争力的关键因素，随着科技的飞速发展和市场的变化，员工需要不断提升自己的能力和知识，以适应新的挑战和机遇。为了鼓励员工持续学习，组织可以建立全面的培训计划，涵盖技术、管理和创新等方面，例如一家科技公司设立内部的技术培训课程，覆盖最新的编程语言、开发工具和软件应用，以确保员工始终站在在技术前沿。分享最佳实践也是一种促使持续学习的方式。组织可以设立知识分享平台让员工分享他们在项目中的成功经验和教训，以促进团队之间的学习和互动。激励创新也是推动学习与改进的有效手段。组织可以设立创新奖励计划，鼓励员工提出新的想法和解决方案，从而激发创新思维并促使不断学习。通过这些方式，员工不仅能够适应变化，还能够主动迎接新的挑战，为组织的可持续发展做出贡献。因此，持续学习与改进不仅是个体发展的需要，也是组织保持竞争优势和适应能力的必备条件。

在快速变化的商业环境中组织需要采取多层次的策略与调整来确保自身的灵

活性和适应性，灵活应对外部环境的变化是组织成功的基石，需要对市场趋势、竞争动态和政策法规敏感，迅速调整战略和业务模式。内部文化与结构的调整至关重要，涉及企业文化的重新构建和组织结构的灵活转型，以适应当今市场的快速变化。制订变革规划和措施是组织有序推进变革的重要步骤，包括明确变革目标、制订实施计划和建立有效的沟通机制。持续学习与改进是组织保持竞争力的不竭动力，通过培训、知识分享和创新激励，员工可以不断提升自己的能力，适应不断变化的市场环境。这些策略与调整相互交织，共同构成了组织在面对变革时的全方位战略体系，为可持续成功奠定了坚实基础。

# 第六章　资源配置与管理

## 第一节　资源配置策略

### 一、优先级与资源分配

在组织管理中制定合理的优先级和有效的资源分配策略至关重要，这不仅能够确保资源得到最佳利用，还能够支持组织实现长期发展目标和应对市场变化。下面探讨制定优先级原则、确定资源分配决策流程以及持续评估与调整资源配置等方面的关键内容，以帮助组织建立高效的资源管理机制。

#### （一）制定优先级原则

在制定优先级原则时，组织需要考虑到其长期发展目标、战略重点以及当前的资源状况，一种常见的优先级原则是根据项目的战略重要性和预期收益来排序。具有高战略重要性且预期收益较高的项目将被优先考虑，而次要项目则会被推迟或调整。还应该考虑到资源的稀缺性和限制性，确保资源的合理利用和最大化价值的实现，例如一家科技公司在制定优先级原则时会优先考虑那些能够推动公司核心技术发展、扩大市场份额或提高客户满意度的项目，而相对较为次要的项目会根据其对公司整体发展的贡献度进行调整，以确保资源得到最佳配置。

#### （二）确定资源分配的决策流程

确定资源分配的决策流程是确保组织能够有效地管理和利用其资源，以支持实现战略目标和业务发展的关键环节。决策的参与者需要明确界定，通常包括高级管理人员、部门负责人以及其他相关利益相关者。这些参与者的角色是审查和评估资源需求并最终做出决策。决策的标准和依据需要明确制定，涉及项目的战略重要性、预期收益、风险评估以及资源的可用性等方面。这些标准和依据将有助于决策者更好地衡量和评估不同项目或部门的优先级和需求。决策的时间表和流程应该明确规划，确保资源分配的决策能够及时、高效地进行，这包括设立定期的资源分配会议或评审机制以及建立有效的沟通渠道，确保决策者和相关利益相关者能够及时了解决策的进展和结果，例如一家制造企业可以设立每季度的资源分配会议，由战略规划委员会负责审议和决定各部门的资源需求，以确保资源的合理配置和业务目标的实现。通过明确资源分配的决策流程，组织能够更好地管理其资源，提高决策的透明度和准确性，从而支持组织的长期发展和竞争优势的维护。

### （三）持续评估与调整资源配置

持续评估与调整资源配置是组织在不断变化的市场环境中保持灵活性和竞争力的关键环节，建立有效的监控和评估机制至关重要，这包括制定明确的指标和标准，以衡量项目或部门的绩效和成果，例如零售企业可以通过销售额、客户满意度和市场份额等指标来评估市场推广项目的效果。定期审查资源的使用情况和项目的进展是持续评估的关键步骤。通过定期的项目评估会议或报告，组织可以及时了解项目的执行情况和存在的问题，从而及时采取调整措施。根据评估结果进行必要的调整和优化是持续评估的目的。这涉及重新评估项目的优先级和战略重要性、重新分配资源以及调整战略和目标等方面，例如如果市场推广项目的效果不如预期，零售企业需要重新评估推广策略、重新分配推广资源并调整营销目标，以更好地适应市场需求和变化。通过持续评估和调整资源配置，组织能够及时应对市场变化和竞争压力，提高资源利用效率，从而保持竞争优势和可持续发展。

优先级与资源分配是组织管理中的核心环节，其决策涉及组织的长期发展和竞争力，制定优先级原则是基于组织战略目标和资源状况将项目进行排序和分配的重要步骤。确定资源分配的决策流程包括明确参与者、制定标准和依据，以及规划时间表等方面，以确保资源的有效配置和决策的高效进行。持续评估与调整资源配置是为了适应不断变化的市场环境和确保资源利用的最大化价值，需要建立有效的监控和评估机制并根据评估结果进行必要的调整和优化。通过这些措施，组织能够更好地管理和利用其资源，实现持续发展和竞争优势的目标。

## 二、教育创新的财务规划

在当今迅速发展的教育领域教育创新已成为推动学校和机构发展的关键战略之一，然而要实现教育创新的目标，财务规划是至关重要的。下面探讨教育创新的财务规划的关键方面，包括制定财务目标、确定财务投入与产出的平衡点以及制订长期财务规划与预算。这些步骤对于确保教育创新项目的成功实施和长期发展至关重要。

### （一）制定创新项目的财务目标

在教育创新中制定清晰的财务目标是确保项目成功实施的基础，需要明确项目的长期和短期财务目标，以对齐组织的战略愿景，例如一所教育机构的长期财务目标包括提高学生学术成绩、增加学校招生率以及扩大品牌影响力。财务目标应该与教育创新的核心价值和效益相一致，例如通过引入在线学习平台提高教学效果，进而增加学费收入。明确的财务目标有助于确定资金需求和有效分配资源，从而更好地支持教育创新的实施。

### （二）确定财务投入与产出的平衡点

在教育创新中财务投入与产出的平衡是确保项目长期成功的决定性因素，引入新的教学技术、改革教育模式或实施创新方案需要大量的财务支持。然而为了确保这些投入能够产生可持续的效益，教育机构必须认真进行成本核算和效益分析。以引入新的教学技术为例，虽然这需要显著的资金投入，但其潜在收益包括提升学生参与度、提高教学效果以及学生的学术成绩。通过详细的成本效益分析，教育机构可以明晰投资的具体用途和预期产出，从而避免资源的不必要浪费。财务投入与产出的平衡点也需要综合考虑项目的长期效益。教育创新项目的收益不仅体现在短期内，还延续到未来数年。因此，在制订财务计划时教育机构应充分考虑项目的可持续性，确保财务投入不仅仅是眼前的需求，更是为未来教育提供坚实基础的一环。

### （三）制订长期财务规划与预算

制订长期财务规划与预算对于教育创新项目的成功至关重要，这需要学校或教育机构对项目的整体预算进行全面考量并明确资金的来源和用途。以引入智能化教室设备为例，长期财务规划需要包括设备购置费用、培训成本、维护费用等方面的支出。还需要与学校的年度预算相衔接，以确保项目在启动阶段能够获得足够的资金支持并在后续阶段保持可持续的运行和发展。在财务规划过程中还需要考虑到出现的不可预见的挑战，因此，财务规划应该具备一定的灵活性，能够应对各种情况的发生。通过制订长期财务规划与预算，教育机构能够更好地管理项目的资金，确保项目的顺利实施并在长期内取得稳健的财务成果。结合实际进行合理预测，绘制表格如下。

### 表6-1　长期财务规划与预算

单位：元

| 年份 | 收入预算 | 支出预算 | 资本支出 | 累计结余 |
|---|---|---|---|---|
| 2023 | 1,000,000 | 800,000 | 50,000 | 150,000 |
| 2024 | 1,200,000 | 900,000 | 100,000 | 250,000 |
| 2025 | 1,500,000 | 1,100,000 | 150,000 | 350,000 |
| 2026 | 1,800,000 | 1,300,000 | 200,000 | 500,000 |
| 2027 | 2,000,000 | 1,500,000 | 250,000 | 650,000 |

教育创新的财务规划是确保项目成功的基础，制定清晰的财务目标是对齐组织战略愿景的关键步骤，明确长期和短期财务目标有助于有效分配资源。确定财务投入与产出的平衡点是确保项目长期成功的决定性因素，需要进行成本核算和效益分析以避免资源浪费。制订长期财务规划与预算是保证项目可持续发展的重要手段，需要全面考虑资金的来源和用途并具备一定的灵活性以应对各种挑战。通过这些步骤，教育机构可以更好地管理项目的资金，确保项目顺利实施并在长期内取得稳健的财务成果。

## 三、物质与人力资源的管理

在现代教育管理中，有效的物质与人力资源管理是确保教育机构健康发展的不可或缺的组成部分，物质资源的合理利用和人力资源的科学招募与培养策略以及建立团队协作与激励机制，都直接关系到学校教学效果、管理效率以及整体团队的稳定与发展。下面深入探讨这三个关键领域的管理策略，以期为教育机构提供科学有效的管理思路和方法。

## （一）确保有效利用物质资源

在教育机构中有效利用物质资源是提高教学效果和管理效率的重要环节，为确保物质资源的有效利用，学校需要建立一套明确的物资管理体系，从采购到使用的整个流程都需要合理规划，例如学校可以通过建立在线平台实现教材管理的数字化。通过这种方式，可以更加灵活地共享和利用教育资源，避免了传统纸质教材带来的浪费和损耗。定期的物资清查和更新是确保物质资源得以充分利用的重要步骤，通过对教育设备、教材和办公用品等物资进行定期清点和更新，学校能够及时了解资源的实际状况，避免资源的过度积压或短缺。这有助于提高资源的利用效率，确保学校在教学和管理方面都能够充分发挥资源的潜力。

## （二）人力资源的招募与培养策略

在构建强大的教育团队中，科学而有针对性的人力资源招募与培养策略是取得成功的关键，制定明确的人才招募策略对于确保机构吸引高素质人才至关重要。学校可以通过与相关专业院校建立紧密的合作关系，利用校园招聘和专业人才网站发布招聘信息，以确保招募到在教育领域具备丰富经验和专业知识的人才。通过这种合作，学校可以更精准地锁定目标人群，提高招聘效果。培养计划的建立是确保人才持续发展的重要环节，为了激发员工的学习热情和提升其专业水平，教育机构可以建立定期的培训计划、导师制度和职业发展通道。这样的培养计划不仅帮助员工不断提升专业技能，还为其提供了更广阔的职业发展空间，例如学校可以设立专业发展基金，资助员工参与国内外学术交流或进修课程，促使其在教育领域中不断成长。

## （三）建立团队协作与激励机制

在推动教育机构发展的过程中，建立有效的团队协作与激励机制是至关重要的，通过建立跨学科的教学团队，学校可以促进教师之间的紧密合作，实现信息共享，提高工作效率和质量，例如一位语文老师与一位数学老师合作设计跨学科项目，既能丰富学生的学科知识，又能促进教师之间的协同作业，创造更有趣、更多元的教学环境。激励机制的建立对于提高员工的积极性和创造力至关重要，学校可以通过设立绩效奖励、职业晋升和员工福利计划，激发员工的工作热情，提高整体团队的凝聚力，例如通过定期评选优秀教师，提供额外的奖金或专业发展机会，鼓励教师不断创新和提高教学水平。明确的晋升通道和完善的福利政策也能够吸引更多优秀的教育人才加入团队，为学校的长期发展奠定坚实基础。

物质与人力资源的管理是教育机构取得成功的基石，通过确保物质资源的有效利用，包括数字化教材管理和定期物资清查更新，学校能够提高资源的利用效率，为教学和管理提供更灵活的支持。在人力资源方面科学的招募与培养策略，如与专业院校的合作和培训计划的建立，有助于吸引并不断发展高素质人才。建立团队协作与激励机制，通过跨学科教学团队的建立和激励措施的制定，促进了教师之间的协同作业和提高整体团队凝聚力。这三个方面相互交织，共同构建了一个有活力、高效的教育管理体系，为教育机构的可持续发展奠定了坚实基础。

## 四、创新项目的资金筹集

在当今竞争激烈的创新环境中，成功推动创新项目离不开充足的资金支持，为了确保资金的有效利用，机构需要在项目筹备阶段制定科学合理的资金需求评估方法。这一步骤不仅直接关系到项目经费的充裕，也为后续的资金筹集工作奠定基础。下面深入探讨制定项目资金需求评估方法的重要性，并在此基础上讨论寻找外部资金支持和内部资金调配与合理利用的关键策略。

### （一）制定项目资金需求评估方法

在创新项目的资金筹集过程中，首要任务是制定准确的项目资金需求评估方法，这一步骤至关重要，因为它直接影响到项目在实施过程中所需的经费是否得当。一种常见的评估方法是根据项目的具体需求，包括人力成本、设备采购、研发费用等方面进行详细估算，例如在推行一项技术创新项目时需要考虑到研发团队的工资、实验室设备的购置以及专利申请费用等。通过制定科学合理的评估方法，机构能够更准确地确定项目的总体资金需求，为后续的筹资工作提供明确的目标。

表6-2 学校项目资金需求评估表

| 项目名称 | 项目描述 | 预算金额（单位：元） | 资金来源 |
|---|---|---|---|
| 教学设备更新 | 更新教室内的电脑、投影仪等教学设备 | 200,000 | 学校经费 |
| 图书馆扩建 | 增加图书数量和种类，改善阅读环境 | 300,000 | 社会捐赠与学校经费 |
| 实验室设备采购 | 购置新的科学实验设备和材料 | 400,000 | 政府补助与学校经费 |
| 校园安全提升 | 安装监控摄像头、加强校园巡逻等 | 150,000 | 学校经费 |
| 学生活动经费 | 支持学生社团和课外活动开展 | 100,000 | 学生会经费与学校补贴 |
| 教师培训与发展 | 提供教师进修和专业发展机会 | 150,000 | 学校经费与外部培训资助 |
| 总计 | | 1,300,000 | |

## （二）寻找外部资金支持途径

寻找外部资金支持是推动创新项目成功实施的关键一步，政府资助是其中一种重要的途径，例如一些国家或地区设有专门的科研基金或创新资助项目，学术研究机构可以根据项目的性质和目标，主动向政府部门提出申请。与行业内的企业建立合作伙伴关系也是获取外部资金的有效途径。企业有自己的研发需求，与学术机构合作不仅可以实现互利共赢，还能获得项目所需的资金支持。还可以通过向各种基金会或私人捐赠者申请资助来获得外部资金支持。通过广泛地寻找和积极地申请，学术机构有望找到最适合自己项目的资金支持来源，推动创新项目的顺利进行。

## （三）内部资金调配与合理利用

内部资金调配与合理利用是确保机构财务稳健的关键措施之一，通过优化内部资源配置，机构可以更有效地利用现有资金。一种常见的做法是合理安排已有项目的资金分配。通过仔细评估各项目的优先级和需求，机构可以确保资金分配的公平合理以及对高优先级项目的充分支持。建立内部创新基金也是一种有效的方式，可以鼓励内部团队提出创新项目并为其提供资金支持。这样的做法不仅有助于满足创新项目的资金需求，还能激发员工的创新活力，促进内部的良性竞争与协作。通过内部资金调配与合理利用，机构可以更加灵活地应对资金需求变化，推动创新项目的顺利实施，实现长期发展目标。

创新项目的资金筹集不仅需要运用科学的方法去评估资金需求，更需要运用巧妙的手段去寻找外部资金支持。政府资助、行业合作以及基金申请等途径为机构提供了多样的选择。内部资金的调配与合理利用也是确保财务稳健的不可或缺的一环。通过合理安排资金分配和建立内部创新基金，机构可以更好地满足创新项目的资金需求，激发内部的创新活力。这三个方面的策略相互协调将为创新项目提供全方位的资金支持，推动机构在竞争激烈的创新领域中取得成功。

## 第二节　管理校园设施与环境

### 一、创新教育空间的设计

当今社会教育正经历着巨大的变革，而教育空间的设计成为创新的关键之一，探讨创新教育空间的设计，着重于学习空间的灵活性与多功能性、技术集成与数字化学习环境、激发学生创造力与合作精神的设计元素以及促进自主学习与互动的布局与设施。这些方面的创新设计将为学生提供更富有启发性和互动性的学习环境，推动教育朝着更开放、灵活、数字化和合作的方向发展。

#### （一）学习空间的灵活性与多功能性

现代教育已经远离了传统的课堂模式，因此，学习空间必须具备灵活性和多功能性，以适应不同的教学需求和学习方式，例如可以设计可移动的家具和分区，以便根据教学活动的需要进行快速调整。灵活的学习空间还可以支持小组讨论、个人学习和大型集体活动等各种形式的学习。在这样的空间中学生可以自由选择适合自己学习方式的场所，从而提高学习效率和参与度。

## （二）技术集成与数字化学习环境

在当今数字化时代，技术在教育中的作用更加凸显，为了应对这一趋势，创新的教育空间需要充分整合先进技术，打造数字化学习环境，其中关键的一步是配备先进的技术设备，例如互动式白板、电子书籍和多媒体投影等。这些设备可以为教师提供更丰富的教学资源和工具，使他们能够更生动地呈现教学内容，激发学生的学习兴趣。通过数字化学习环境，学生们也能够更轻松地获取学习资料和资源。他们可以通过电子书籍、在线教程等方式，随时随地地学习和研究。互动式白板和多媒体投影还能为学生提供更直观的学习体验，激发他们的好奇心和求知欲。这种数字化学习环境不仅提高了教学效果，也提升了学习体验。学生们在这样的环境中能够更加自主地学习和探索，培养自主学习的能力和习惯。教师们也能够更好地了解学生的学习情况，因此能够更有针对性地进行教学设计和指导。

## （三）激发学生创造力与合作精神的设计元素

在设计创新的教育空间时，激发学生的创造力和合作精神是至关重要的考量因素，为此可以融入一系列设计元素，以营造鼓励探索和合作的环境。开放式的工作区域和艺术创意角落可以为学生提供自由发挥的空间，这些区域应该设计灵活，允许学生根据自己的兴趣和创意进行自由探索和实践，例如设立专门的艺术区域，提供绘画、雕塑等艺术材料让学生可以尽情展现自己的创造力。设计团队合作的区域和项目空间可以有效地促进学生之间的互动和合作。这些区域可以设置为多功能的小组学习区域，配备合适的家具和设备，以支持学生进行团队项目和小组讨论。在这样的环境中学生们可以相互启发，共同探讨问题，培养团队精神和协作能力。

## （四）促进自主学习与互动的布局与设施

为了促进学生的自主学习和互动，创新的教育空间应该具备多样化的布局与设施，设置自习区、学习角和研究小组室等不同形式的学习空间，让学生能够根据自己的学习需求和偏好选择合适的学习场所。这些学习空间应该提供舒适的环境和必要的学习设备，为学生提供良好的学习氛围和条件。应配备足够的互动设施，如智能白板、触摸屏显示器等，以支持学生之间和师生之间的互动交流。这些设施不仅可以用于展示教学内容，还能够促进学生之间的讨论和合作，实现知识的共享与交流，还可以利用互动设施进行在线互动课程或远程教学，拓展学生的学习资源和机会。

创新的教育空间设计需要在多个方面实现优化，以适应现代教育的多样化需求。在学习空间的设计中灵活性和多功能性是关键，可移动的家具和分区使得空间能够根据不同的教学活动进行快速调整，支持各种形式的学习，提高学习效率和参与度。数字化学习环境的打造是不可或缺的一环，通过技术集成，为教师和学生提供更丰富的教学资源和工具，提升学习体验。设计元素的融入，如开放式的工作区域和团队合作的区域，能够激发学生的创造力和合作精神。促进自主学习与互动的布局与设施是创新教育空间中不可忽视的一部分，通过不同形式的学习空间和互动设施，鼓励学生自主选择学习方式，促进师生和同学之间的互动合作，共同推动教育的进步。这些设计元素的融入将使教育空间成为一个更加富有活力、创新和互动的场所。

## 二、环境对学习创新的影响

学习环境的设计对于学生的创新思维和学习效果至关重要，探讨环境因素如何影响学生的创新能力，重点关注自然光线、环保材料、绿色植物以及艺术与文化氛围在教育空间设计中的作用。通过深入了解这些因素可以更好地构建一个激励学生创造力和创新意识的学习环境。

### （一）自然光线与室内氛围对学习效果的影响

自然光线是创新教育空间设计中不可或缺的重要因素之一，充足的自然光线可以提高学生的警觉性和注意力，促进他们更好地集中精力学习。研究表明，良好的自然光线可以调节人体生物钟，提升情绪和学习动力。在教室设计中充分利用自然光线，如设置大面积的窗户或采用透明材料可以有效地改善室内照明，提升学习效果，例如芬兰的一所学校引入了大量自然光线和开放式的教室设计，学生的学习表现和情绪状态明显得到了提升。

## （二）环保材料与空气质量的关联

环保材料在教育空间设计中扮演着至关重要的角色，特别是对于空气质量和学习环境的影响。选择环保材料能够有效地改善室内空气质量，从而提升学生的健康和学习效果。有机、无毒的建材具有较低的挥发性有机化合物（VOC）含量，能够减少有害气体的释放，降低室内空气污染的程度，例如采用低VOC的油漆和黏合剂可以减少有害气体的挥发，选择环保的地板材料可以有效降低甲醛等有害物质的释放量。采用可再生资源制造的家具不仅能够减少对自然资源的消耗，还能够降低室内空气中的有害物质含量。通过使用这些环保材料，教育空间的室内空气质量得到了显著改善，有利于学生的健康和学习效果的提升。选择环保材料还能够减少资源浪费，保护环境，为可持续发展的教育提供了有力支持。因此教育空间设计中应当高度重视环保材料的选择，为学生提供一个健康、舒适的学习环境。

## （三）绿色植物与自然元素的融入

绿色植物和自然元素的融入对于教育空间的改善和提升起到了关键作用，研究表明，绿色植物具有吸收二氧化碳、净化空气、调节湿度等功能，这些有助于改善室内环境，提高空气质量，进而促进学生的情绪稳定和学习效果。在教室中摆放一些易于养护的绿植，如常见的吊兰、仙人掌等，或者在墙上装饰自然风格的壁画，都能为学生营造出舒适、温馨的学习氛围，例如一些日本的学校在教室中布置了各种绿色植物将自然元素融入教室环境中，使得整个空间充满生机和活力。学生在这样的环境中更加愿意参与学习和创新，感受到了与自然的亲近与和谐。因此，将绿色植物和自然元素融入教育空间设计中不仅能够美化环境，还能够促进学生的学习体验和成长。

## （四）鼓励创新思维的艺术与文化氛围营造

营造鼓励创新思维的艺术与文化氛围是教育空间设计中的重要考虑因素，通过在教室中展示学生的艺术作品，举办文化活动，或邀请艺术家进行讲座等方式为学生提供更广阔的视野，激发他们的创造力和创新意识。在教室墙壁上展示学生的艺术作品不仅可以美化环境，还可以让学生感受到自己的成就，激励他们对艺术的热爱和创作的热情。通过艺术装置、文化展示墙等方式可以为学生营造一个充满艺术和文化氛围的学习环境，激发他们的创新思维和想象力，例如在一些艺术学校的教室墙壁上常常展示着学生们的艺术作品，这不仅让学生们感受到了自己的创造力，也为他们提供了展示和分享的平台。通过营造艺术与文化氛围，教育空间不仅能够激发学生的创新思维，还能够培养他们的审美情趣和文化素养，为其未来的发展打下坚实基础。

自然光线、环保材料、绿色植物和艺术与文化氛围是教育空间设计中不可或缺的重要元素，充足的自然光线可以提高学生的注意力和学习效果，环保材料有助于改善室内空气质量，绿色植物和自然元素能够营造舒适的学习氛围，而艺术与文化氛围则激发学生的创新思维和想象力。综合考虑这些因素，教育者可以打造一个促进学生全面发展的优质学习环境，为其未来的成长和创新奠定坚实基础。

## 三、设施管理与维护

设施管理与维护在教育空间的运行中扮演着至关重要的角色，通过定期的设施巡检与维护计划，学校可以保证设备的正常运行，为学生提供良好的学习环境。建立应急维修与突发事件处理机制能够在设施出现问题时快速有效地应对，确保教育活动的连续性和安全性。随着科技的进步，现代化技术的应用为设施管理带来了新的机遇与挑战，智能化设备和系统的引入提高了设施的能效性和管理效率。设施使用数据的分析与优化管理策略为学校提供了深入了解设施使用状况的有效途径，通过数据分析和监测，学校可以更加智能地调整设施运行模式，提升设施利用效率，为师生创造更加舒适便捷的学习环境。

### （一）设施巡检与定期维护计划

为了确保教育空间的设施设备能够正常运行并提供良好的学习环境，制订设施巡检与定期维护计划至关重要，这个计划应该包括定期的设施巡查和维护任务，以检查设备的运行状态、清理和保养设备并及时发现和解决潜在问题，例如每月进行一次设施巡查，检查教室灯光、空调、排水系统等设备的运行情况并做好相应的记录和维护工作。定期维护可以延长设备的使用寿命，减少故障发生的概率，提高设施的可靠性和稳定性。

## （二）应急维修与突发事件处理机制

在教育空间管理中，应急维修与突发事件处理机制是确保设施安全稳定运行的关键环节，为应对突发设施故障或意外事件，学校需要建立起一套高效的应急维修响应机制。建议设立紧急维修热线，确保在设施问题发生时能够快速联系到专业维修人员。建立联系人员名单，包括相关维修人员、管理人员等，以便能够及时通知和协调处理。为了提高应急响应效率，学校还应制定详细的处理流程和应对措施，明确各相关人员的责任和任务，确保在紧急情况下能够迅速、有序地进行处置。这可以通过定期的培训和演练来达到最佳效果。培训可以包括设备的基本维修知识、紧急情况下的协同工作技能等内容，以提高相关人员的应急响应水平。定期进行应急演练是一种有效的手段，通过模拟真实情况，测试应急响应机制的可行性和有效性。演练可以涵盖各种发生的紧急情况，例如电力故障、水管漏水等。通过演练，学校可以不断完善应急维修与突发事件处理机制，确保在实际发生紧急情况时相关人员能够迅速而有序地采取措施，最大限度地减小设施故障对学校正常运行的影响。

## （三）设施更新与现代化技术的应用

随着科技不断进步，现代化技术在教育空间管理中的应用变得日益重要。引入智能化设备和系统是一种有效的方式，可以提升设施的能效性和智能化水平，从而提升学校的管理效率和教学环境的质量。例如智能照明系统能够根据光线传感器自动调节亮度，节约能源的同时也为学生提供舒适的学习环境；智能空调系统则可以根据室内温度和人员密度自动调节温度，提高空调的能效性，降低运行成本。定期评估设施的更新需求也是十分必要的，随着时间的推移和技术的发展，部分设施会逐渐老化或者不再符合教学需求。因此，学校需要根据实际情况定期进行设施更新和升级，以保证设施的功能完善和服务质量。比如可以更新老化的投影仪、音响设备等教学设备，引入更先进的技术，以提升教学效果和师生体验。

## （四）设施使用数据分析与优化管理策略

设施使用数据的分析与监测在教育空间管理中具有重要作用，为学校提供了深入了解设施运行状况和优化管理策略的有效手段。通过利用智能传感器监测教室内的温度、湿度等环境数据，学校可以实时了解教室的气候条件。结合学生人数和不同活动情况可以智能调整教室空调系统的运行模式，实现能源的有效利用，节约运行成本，例如当教室人数较少时自动降低空调功率，减少能源浪费；而在多人活动时及时调整至适宜的温度，提供舒适的学习环境。设施使用数据的分析也有助于发现和解决设施使用中存在的问题和瓶颈，通过收集并分析设施使用的数据可以了解设备的稳定性和耐久性，及时发现设施故障或需要维修的地方。根据这些数据，学校可以制订预防性维护计划，提前预防潜在问题，减少设备故障对学校正常运行的影响。通过监测学生对设施的实际需求，学校还能够调整和优化设施布局，提升设施的利用率和效益，为师生提供更加舒适、便捷的学习环境。

设施管理与维护是教育空间正常运行和提供良好学习环境的重要保障，定期的设施巡检与维护计划能够及时发现和解决设备问题，延长设备寿命，提高设施可靠性。建立应急维修与突发事件处理机制则能够在紧急情况下迅速响应，保障教育活动的连续性和安全性。现代化技术的应用为设施管理带来了新的发展机遇，智能化设备和系统提高了设施的能效性和管理效率。设施使用数据的分析与优化管理策略为学校提供了有效的决策依据，通过数据分析，学校可以更好地优化设施使用，提升管理效率，为师生提供更加舒适便捷的学习环境。

## 四、绿色与可持续发展的校园

构建绿色与可持续发展的校园是当今教育领域的一项重要任务，在这个过程中节能与资源利用的优化、可再生能源的应用与发展、废物处理与回收利用体系建设，以及环保意识培养与社区参与是不可或缺的关键因素。以下就这些方面展开探讨，探究如何通过各项措施实现绿色校园的建设与可持续发展。

### （一）节能与资源利用的优化

学校在节能与资源利用方面的优化是构建绿色校园的重要一环，通过采取节能措施，如优化照明系统、改善建筑隔热等可以有效降低能源消耗。合理规划和管理水、电、气等资源的使用，避免浪费现象的发生，例如学校可以安装节能灯具，利用自然光线，设置定时开关以避免不必要的能源浪费。引入智能化管理系统，实时监测资源的使用情况，根据需求进行调整和优化，进一步提高资源利用效率。

## （二）可再生能源的应用与发展

在建设绿色校园的过程中可再生能源的应用是至关重要的一环，学校可以充分利用自然资源，如太阳能和风能，通过建设光伏发电系统和风力发电设备来实现对清洁能源的利用，例如在校园内安装太阳能光伏板，通过吸收阳光并将其转化为电能，为学校提供部分电力。这种做法不仅有助于减少对传统能源的依赖，还能降低碳排放并减少环境污染。引入新技术也是推动可再生能源应用与发展的关键，生物质能源和地热能等新型可再生能源的利用，为学校提供了更多选择，例如利用生物质能源可以通过生物质锅炉将废弃的有机物转化为能源，实现资源的再利用。而地热能则可以利用地下的热能进行供暖或发电，为校园提供稳定的能源供应。通过不断拓展可再生能源的应用范围，学校可以实现能源的多元化供给，推动校园能源结构向更清洁、更可持续的方向发展，为保护环境做出积极贡献。

## （三）废物处理与回收利用体系建设

废物处理与回收利用体系的建设在绿色校园发展中扮演着至关重要的角色，建立完善的废物分类处理系统至关重要。学校可以通过开展废物分类教育活动，引导师生养成良好的废物分类习惯，从源头上减少废物产生，这包括将废物按照不同的类别进行分门别类，如可回收物、有害物、厨余垃圾等，以便后续的处理和回收利用。加强废物资源的回收利用是建设绿色校园的关键一步，学校可以实施废纸回收计划，设置废纸回收箱并建立回收网络，方便师生将废纸进行回收和再利用。这有助于减少对森林资源的开采，降低环境负荷。餐厨垃圾处理也是重要的一环。学校可以引入生物堆肥技术将餐厨垃圾进行有机处理，生产有机肥料或生物能源，实现资源的循环利用，减少对填埋场的压力，减少温室气体排放。

## （四）环保意识培养与社区参与

培养环保意识与社区参与是构建绿色校园不可或缺的支撑，学校在这方面可以通过多种途径推动环保观念的树立。开展环保宣传教育活动是关键的一环。学校可以组织环保讲座、展览和宣传活动，向师生传递环保知识，强调环境保护的重要性。通过这些活动，师生能够更全面地了解环保的核心概念，激发他们的环保意识并在日常生活中积极采取可持续的环保行动。积极与社区居民和环保组织合作，共同推动环境保护工作。学校可以组织义工活动，邀请社区居民一同参与环境保护项目，如植树活动、垃圾清理等。建立与环保组织的合作关系，共同参与各类环保项目，推动社区的整体环保进程。通过社区居民和环保组织的积极参与，形成全社会共同关注和参与环保的良好氛围。

通过节能与资源利用的优化，学校可以有效降低能源消耗，提高资源利用效率。利用可再生能源和引入新技术，进一步推动校园能源结构向更清洁、更可持续的方向发展。在废物处理与回收利用体系建设方面，建立完善的废物分类处理系统和加强废物资源的回收利用是至关重要的步骤，有助于减少环境负荷和资源浪费。通过开展环保宣传教育活动和与社区居民、环保组织的合作，学校可以培养师生的环保意识，形成全社会共同关注和参与环保的良好氛围，共同推动环境保护工作。综合这些方面的努力，学校将能够逐步实现绿色与可持续发展的校园目标，为未来的教育事业和社会可持续发展做出积极贡献。

## 第三节　有效利用外部资源

### 一、建立校企合作关系

建立校企合作关系是推动教育与产业深度融合的关键一环，在这个过程中探索多元化的产学研合作模式、搭建高效的校企合作平台、开展双向交流与合作项目以及创新人才培养模式成为促进合作关系发展的关键策略。通过这些努力，学校能够更好地满足产业需求，为学生提供更广泛的实践机会，推动科技创新和产业升级。

#### （一）探索产学研合作模式

在建立校企合作关系的过程中探索多元化的产学研合作模式是至关重要的，

通过将学校、企业和科研机构紧密结合，实现产业需求与学术研究的有机结合，例如可以建立联合实验室，由学校和企业共同投资与管理，使学生能够直接参与实际项目，获得更丰富的实践经验。还可以探索技术转移与共享机制，将学术研究成果迅速应用到产业中促进科技创新与产业升级。

## （二）搭建校企合作平台

搭建校企合作平台是为了提高校企合作的深度与广度，为学校与企业提供一个高效便捷的信息交流与合作渠道，这样的平台能够整合各类资源，包括专业技术、项目需求、实习机会等，从而实现更加紧密的合作关系，例如通过建立一个在线平台，企业可以及时发布招聘信息和项目合作需求，学校则可以通过该平台了解行业动态，从而更好地调整课程设置和培养方向，以适应市场需求。这种信息的及时对接不仅能够促进校企间的合作，还可以为师生提供更多实践机会，加强理论与实践的结合，从而更好地培养学生的实际能力和职业素养。因此，搭建校企合作平台是非常必要且具有重要意义的举措，有助于推动产学研合作的深入发展，为人才培养和社会服务提供更加便捷的途径。

## （三）开展双向交流与合作项目

开展双向交流与合作项目是校企合作关系中的重要策略，有助于促进合作关系的深度发展。一方面，学校可以通过鼓励教师走出校园，深入企业进行实地考察，以了解最新的产业现状与需求。这种实地考察不仅能够为教师提供深刻的行业洞察，还能够将实际案例融入教学内容，使学生更好地理解理论知识在实际应用中的意义，例如一位工程专业的教师可以深入建筑工地，了解先进的施工技术，然后将这些实际案例运用到课程中使学生在学习中更具实践性。另一方面，企业也可以通过邀请学校的师生参与实际项目来实现双向交流与合作，例如一家科技公司可以与学校合作开展创新项目，邀请学生与企业技术团队共同解决实际问题。这样的合作项目既能够为企业注入新思维，又能够为学生提供宝贵的实践经验。通过这种形式的互动与合作，校企之间的紧密关系得以进一步加强，共同推动教育与产业的良性互动。这种双向交流不仅有益于知识和经验的传递，更能够建立起深厚的校企互信基础，为未来更广泛的合作奠定坚实的基础。

## （四）创新人才培养模式

创新人才培养模式在校企合作关系中扮演着至关重要的角色，其目的在于更好地满足不断变化的产业需求。为此，学校可以通过调整课程设置和引入企业导师等方式，创新人才培养模式，以培养出更符合市场需求的专业人才。学校可以根据企业的实际需求对课程进行调整，这意味着将更多的实践性内容纳入课程设置中，使学生能够在学习过程中获得更多的实际操作经验，例如针对软件工程专业，学校可以增加与企业合作的软件开发项目，让学生在真实项目中进行团队合作，从而提高他们的实践能力和团队合作能力。引入企业导师参与课程设计是创新人才培养模式的另一个重要举措，企业导师可以带来丰富的行业经验和实践案例，为课程设置提供宝贵的指导和建议。通过与企业导师的密切合作，学校可以更好地了解行业的发展趋势和技术需求，从而调整课程内容，培养出更适应市场需求的专业人才。开设与企业合作的实训课程是创新人才培养模式的重要组成部分，这种实训课程将理论知识与实际项目相结合，让学生在真实项目中锻炼实际操作能力，例如对于机械工程专业，学校可以与相关企业合作，开设机械制造实训课程，让学生亲身参与机械加工过程，掌握先进的加工技术和操作技能。

建立校企合作关系需要综合运用多种策略，通过产学研合作模式将学术研究与产业需求有机结合，打造联合实验室等平台，使学生获得更为丰富的实践经验。搭建校企合作平台能够促进信息交流与合作，为学校与企业提供高效便捷的合作渠道。双向交流与合作项目则通过教师实地考察和学生参与实际项目，深化校企关系，为产业注入新思维。创新人才培养模式，通过调整课程、引入企业导师和开设实训课程，培养更符合市场需求的专业人才。这一系列措施不仅有助于学校提高教育质量，也为企业提供了更具竞争力的人才资源，共同推动了教育与产业的协同发展。

## 二、利用社区与公共资源

开展社区文化与艺术交流活动是学校与社区共建文化共融的重要方式。通过丰富多彩的艺术展览、文化演出等活动，不仅能够激发社区文化活力，提升居民的文化品位和艺术鉴赏能力，还有助于挖掘和传承地方特色，促进学校与社区居民之间的深度互动，实现教育资源的最大化利用。

## （一）建立社区教育合作机制

建立社区教育合作机制是实现学校与社区共赢的关键一环，通过建立紧密的教育合作机制，学校可以更好地融入社区，提供符合当地需求的教育服务，例如学校可以与社区建立长期的合作协议，共同制订教育计划，定期举办公益讲座、培训班等，以满足社区居民的学习需求。这种合作机制有助于学校更深入地了解社区教育需求，提高教育服务的针对性和实效性。

## （二）创造社会实践与服务学习机会

为学生提供社会实践与服务学习机会是学校与社区合作的重要举措之一，通过与社区组织的紧密合作，学生可以参与各种社会服务活动，如协助在社区卫生服务中心进行健康咨询和体检等。这样的经历不仅能够丰富学生的社会经验，还可以培养他们的团队协作和领导能力，例如学生可以通过参与义工活动或环保项目，学习如何与团队合作解决实际问题，也为社区做出积极的贡献。这种实践性的学习体验将帮助学生更好地理解课堂知识与现实生活的联系，为他们的综合发展提供了有力支持。

## （三）共享公共设施与资源

共享公共设施与资源是学校与社区合作的重要方式，能够促进资源的有效利用，提升社区居民的生活质量。学校可以与社区政府、企事业单位合作，共同开发和管理公共设施，如图书馆、体育场馆等，以满足社区居民的学习和娱乐需求。通过共享这些设施，社区居民可以享受到更多的文化、教育和娱乐资源，促进了社区的文化建设和社会和谐发展。共享资源还包括专业知识和实验设备等，学校拥有丰富的教学资源和专业知识，可以与社区合作开展各种科普活动、讲座和培训，为社区居民提供更多的学习机会，例如学校的实验室设备可以用于举办科技展览或进行科学实验，吸引社区居民参与，促进科学知识的普及和传播。

## （四）开展社区文化与艺术交流活动

开展社区文化与艺术交流活动是学校与社区共建文化共融的有益途径，通过组织艺术展览、文化演出等活动，学校能够激发社区文化活力，提升居民的文化品位和艺术鉴赏能力，例如学校可以举办绘画展览、音乐会或戏剧表演，通过这些精彩的艺术呈现吸引社区居民参与，丰富他们的日常文化生活。这种交流活动也有助于挖掘和传承地方特色，学校可以通过邀请本地艺术家或民间文化传承者参与活动，展示本地独有的文化元素和传统技艺，例如在文艺晚会中加入传统手工艺展示，或邀请当地民间艺人进行表演，既展示了传统文化的魅力，又唤起了居民对本土文化的认同感。开展这样的文化与艺术交流活动还可以促进学校与社区居民之间的深度互动，学校的艺术专业学生有机会展示他们的才华，与社区居民分享创意和艺术作品，建立起一种积极的互动关系。通过这样的交流，不仅丰富了社区文化生活，还为学生提供了实际展示和交流的平台，实现了教育资源的最大化利用。

社区文化与艺术交流活动的开展不仅为社区居民提供了丰富多彩的文化娱乐，也为学校与社区的合作提供了新的契机。通过这些活动，学校能够更好地融入社区生活，促进文化共融，也为学生提供了展示才华的舞台。因此，继续支持和推动这样的交流活动对于促进社区文化建设和学生综合素质的提升都具有重要意义。

## 三、国际合作与交流项目

跨国合作研究与项目合作是学校推动国际化办学的重要途径之一，建立与亚洲国家研究机构的紧密合作关系，共同探讨共同关心的领域，不仅有助于促进知识的创新和提升学术水平，还能够解决一些全球性的科学难题。

### （一）拓展国际合作伙伴关系

学校积极拓展国际合作伙伴关系是为了加强与全球教育界的联系与交流，从而丰富学校的教育资源和提升学术水平。与国外高校、研究机构的紧密合作能够为学校带来诸多好处。这种合作可以促进学术资源的共享，让学校师生能够接触到更广泛的学术观点和研究成果。通过与一流大学的合作，学校可以参与国际性的学术项目和研究，从而提升学校的学术声誉和影响力。拓展国际合作伙伴关系是学校迈向国际化发展的重要举措，能够为学校带来更多的发展机遇和优质的教育资源。

## （二）开展留学生交流与培训项目

开展留学生交流与培训项目是学校促进国际化发展的重要举措之一，通过这些项目，学校可以吸引来自世界各地的优秀留学生来校学习，也为本校学生提供了与国际学生互动的机会，促进了跨文化交流与理解，例如学校可以与欧洲国家签署交流协议，招收欧洲留学生参与短期暑期课程或交换项目。在这些项目中学生不仅能够接受专业知识的培训，还可以参与丰富的语言培训和文化体验活动，深入了解中国的语言、文化和风土人情。通过与国际学生的交流互动，本校学生能够拓展国际视野，增强跨文化交流能力，培养综合素养，为未来的国际交往和合作打下良好基础。开展留学生交流与培训项目不仅有利于学校的国际化发展，也为学生提供了丰富多彩的学习和交流平台，促进了全球教育资源的共享与交流。

## （三）参与国际学术研讨会议

学校积极参与国际学术研讨会议是推动学术创新和知识传播的关键举措之一，这种参与不仅有助于学校教师团队分享其研究成果，还能够让他们获取最新的学术动态，拓展学术视野，促进学科发展。学校可以派遣优秀的教师团队参加国际学术研讨会议，就其所从事的学科领域进行深入的讨论和交流。通过与国际同行的交流互动，教师们不仅可以了解到全球范围内的研究动态和前沿技术，还能够分享自己的研究成果，展示学校在相关领域的学术实力和研究成果。这种参与不仅提升了学校在国际学术舞台上的影响力和知名度，也为学校带来了更多的国际学术合作机会，促进了国际学术界的交流与合作，为学科发展注入了新的活力。积极参与国际学术研讨会议对于学校推动学术创新、提升学校的学术水平和国际影响力都具有重要意义。

## （四）进行跨国合作研究与项目合作

开展跨国合作研究与项目合作是学校推动国际化办学的有效途径，有助于促进知识的创新和提升学术水平，例如学校可以与亚洲国家的研究机构建立紧密的合作关系，共同进行科研项目，特别是在共同关心的领域展开深入研究。这种合作不仅能够整合各方的专业优势，推动科研成果的共享与交流，还有助于解决一些全球性的科学难题。通过跨国合作研究，学校能够为学生提供更丰富的学术资源和实践机会。学生参与国际性的科研项目，既可以深入了解不同文化背景下的学术研究方法，又能够培养跨文化合作与团队协作的能力，例如与亚洲国家的合作项目涉及不同国家、不同背景的研究团队，学生在其中既能够学习专业知识，还能够锻炼团队协作和跨文化沟通的技能。

通过跨国合作研究，学校为学生提供了丰富的学术资源和实践机会。学生参与国际性的科研项目，不仅能够深入了解不同文化背景下的学术研究方法，还能够培养跨文化合作与团队协作的能力。这种合作不仅推动了学术的发展，也为学生的综合素养和跨文化交流能力的提升做出了积极贡献。

## 四、网络与数字资源的整合

随着数字化时代的到来，教育领域也在不断探索如何利用网络和数字资源来提升教学效果，满足学生多样化的学习需求。在这个背景下学校应积极响应，着力建设数字化学习与教学平台，创新网络教育与远程培训模式，提供开放式在线课程与资源以及推动数字化管理与服务系统的建设。下面分别对这四个方面进行深入探讨并提供具体的案例和举措。

### （一）建设数字化学习与教学平台

学校应致力于建设数字化学习与教学平台，为师生提供高效便捷的教学和学习环境。该平台将整合在线课程、教学资源、作业管理等功能，支持多种学习方式和互动形式，如视频课程、实时在线讨论、作业提交与评阅等，例如学校可以利用现有的学习管理系统，结合第三方教学平台，打造一体化的数字化学习平台。在这个平台上，学生可以随时随地访问课程内容，与教师和同学进行在线交流讨论，完成作业和测验。教师可以通过平台上传课件、发布作业、进行在线考试并实时监控学生学习情况，提供个性化的学习指导。这种数字化学习与教学平台的建设将为学校带来更加便捷和高效的教学管理方式，提升教学质量和学生学习体验。

### （二）创新网络教育与远程培训模式

学校将不断探索创新的网络教育与远程培训模式，以适应时代发展和学生需求，通过引入先进的网络教学技术和在线教学资源，学校可以开设在线课程、远程培训班等形式，为学生提供灵活的学习机会，例如学校可以与行业企业合作，开展专业技能培训课程，利用视频直播、网络会议等方式进行教学，让学生可以在家就能获取专业知识和技能。学校还可以开设MOOC（大规模开放在线课程），邀请国内外知名学者进行授课，为学生提供高水平的学术资源和学习平台。这种创新的网络教育与远程培训模式将为学生提供更广阔的学习空间，促进教育资源的共享与开放。

### （三）提供开放式在线课程与资源

学校将积极推动开放式在线课程与资源的提供，为学生和社会公众提供高质量的学习资源。通过建设开放式在线课程平台，学校可以将自身的教学资源开放出来，面向全球学生提供免费或付费的在线课程，例如学校可以利用国家开放大学平台将部分课程内容制作成在线视频课程，供学生自主学习。学校还可以利用网络资源和社交媒体平台，开展在线讲座、公开课等活动，吸引更多的学生和听众参与学习。这种开放式在线课程与资源的提供将为学校树立良好的品牌形象，促进教育公平与共享，助力学生和社会公众不断提升自我素质和技能。

### （四）推动数字化管理与服务系统的建设

学校应积极推动数字化管理与服务系统的建设，提升教学和管理效率，为师生提供更加便捷和高效的服务，这包括教务管理系统、学生信息管理系统、人力资源管理系统等多个方面，例如学校可以引入智能化的教务管理系统，实现课程排课、学生成绩管理、考试安排等多个功能的集成管理。学校还可以建设学生信息管理系统，实现学籍管理、学生档案管理、学籍审核等业务的电子化管理，提高学生服务质量和效率。这种数字化管理与服务系统的建设将为学校提供全方位的管理支持，促进学校教学和管理水平的提升，为师生提供更加便捷和高效的服务。

网络与数字资源的整合给教育领域带来了前所未有的机遇和挑战，通过建设数字化学习与教学平台，学校能够为师生提供更加便捷和高效的教学环境；创新网络教育与远程培训模式则拓展了学习的空间和形式，为学生提供了更广阔的学习机会；提供开放式在线课程与资源则促进了教育资源的共享和开放，助力学生和社会公众提升自我素质和技能；推动数字化管理与服务系统的建设，则提升了学校的教学和管理效率，为师生提供了更加便捷和高效的服务。这些举措将共同推动教育的发展，培养出更加具有创新意识和实践能力的人才，促进社会的进步与发展。

# 第四节　风险管理与质量控制

## 一、创新项目的风险评估

在创新项目的开展过程中风险评估是至关重要的一环，通过对关键风险因素的确定、风险概率与影响的评估以及制定相应的应对策略与措施，项目团队可以更好地应对不确定性，确保项目成功实施。建立监控机制与反馈循环也是不可或缺的，它可以及时发现潜在风险的变化并提供反馈信息，帮助项目团队调整策略并保持灵活应变的能力。

### （一）确定关键风险因素

在项目启动阶段需要确定影响项目成功的关键风险因素，这些因素包括技术难度、市场竞争、资金短缺、人力资源限制等。通过对项目目标、范围和环境的分析，识别出对项目实施产生重大影响的风险因素，有助于在后续的评估和规划中有针对性地处理这些风险，例如如果一个大学计划推出一项创新的在线学位课程，关键风险因素包括技术平台稳定性、教学资源质量、学生参与度等。通过确定这些关键风险因素，大学可以更好地制定后续的风险评估和管理策略。

### （二）评估风险概率与影响

确定了关键风险因素后，接下来需要评估每个风险事件发生的概率以及其产生的影响程度。这一步骤可以采用定性或定量方法进行，以便更准确地理解和量化潜在风险。以在线学位课程项目为例，评估技术平台稳定性的风险时可以考虑技术团队的经验、系统架构的复杂度以及外部技术环境的变化等因素，从而估算出系统崩溃或故障发生的概率并评估这种故障对课程实施和学生体验造成的影响。

## （三）制定应对策略与措施

针对识别出的关键风险，制定有效的应对策略和措施至关重要，例如对于技术平台稳定性风险，大学可以采取多个措施来降低系统故障对课程正常运行的影响，大学可以与多个技术服务提供商建立合作关系，确保在系统故障发生时能够及时获得支持和解决方案。备用技术支持渠道的建立可以提高系统故障的应对速度和效率。大学应该建立定期的系统检测和维护机制，包括对硬件设备、软件系统和网络连接的检查和维护。通过定期维护可以及时发现并解决潜在的系统故障隐患，降低故障发生率。大学可以为技术人员提供定期的培训和培训资源，以提升其对系统运行和故障处理的能力。技术培训可以帮助人员更好地理解系统架构和运行原理，提高他们在故障发生时的应对能力和解决问题的效率。

## （四）建立监控机制与反馈循环

建立强有力的监控机制与反馈循环是确保项目成功的关键环节，项目团队应该建立明确的监控指标体系，包括但不限于风险概率、影响程度、应对措施的执行情况等。这些指标应当与项目目标直接关联，以确保监控的全面性和针对性。团队应定期进行项目风险的评估和监测，通过定期的风险评估可以及时发现潜在风险的变化趋势，识别新出现的风险并更新风险概率和影响程度的评估。这有助于及时调整应对策略和措施，确保项目在变化的环境中保持灵活应变的能力。建立有效的沟通渠道，项目团队成员之间和与利益相关者之间的信息共享是确保监控机制顺畅运作的关键。通过定期的会议、报告和沟通渠道，团队成员可以及时共享关于风险变化和应对措施执行情况的信息，从而形成良性的反馈循环。根据监控结果调整项目计划和决策，监控机制的目的是为了提供及时的反馈，帮助项目团队在风险变化时迅速做出决策。团队应根据监控结果对项目计划进行灵活调整，包括重新评估风险的优先级、重新制定应对策略并在必要时进行资源调配。

创新项目的风险评估包括确定关键风险因素、评估风险概率与影响、制定应对策略与措施以及建立监控机制与反馈循环四个关键步骤，通过系统地识别和评估潜在风险，项目团队可以制定有针对性的应对措施，降低风险对项目实施的影响。建立有效的监控机制和反馈循环可以帮助团队及时发现风险的变化并调整应对策略，确保项目在不确定的环境中稳健前行，最终实现项目目标。

## 二、质量保证与控制机制

在项目管理中质量保证与控制机制是确保项目交付符合预期标准的关键环节，为此团队需要在项目启动阶段明确定义质量标准与指标体系，为后续的工作提供清晰的目标和衡量依据。在执行阶段，通过过程管控和质量监测，团队可确保项目按规定流程进行，评估实际质量情况并及时纠正潜在问题。强化质量培训与意识提升则是团队成员不断提升专业技能、质量意识和自我要求水平的关键途径。建立质量问题处理机制与改进措施，使团队能够及时响应问题、分析根本原因并采取有效措施，从而不断提升项目的整体质量水平。

### （一）确立质量标准与指标体系

在项目启动阶段需要明确定义项目的质量标准和指标体系。质量标准是对产品或服务质量的要求和期望的明确表述，而指标体系则是用于衡量和评估质量实现程度的具体指标。通过确立质量标准和指标体系可以为后续的质量保证和控制工作提供明确的目标和依据，例如对于软件开发项目，质量标准可以包括功能完整性、性能稳定性、用户体验等方面，而指标体系则可以包括缺陷率、用户满意度、系统响应时间等具体指标。

### （二）实施过程管控与质量监测

在项目执行阶段需要通过过程管控和质量监测来确保项目的质量符合预期标准。过程管控包括对项目各个阶段和活动的监督和管理，以确保按照规定的流程和方法进行。质量监测则是通过收集和分析数据来评估项目质量的实际情况，发现并解决潜在的质量问题，例如在软件开发过程中可以通过代码审查、单元测试、集成测试等方法进行过程管控并通过持续集成、性能测试等手段进行质量监测，以确保软件的质量达到预期标准。

### （三）强化质量培训与意识提升

强化质量培训与意识提升是确保项目团队在质量管理方面达到高水平的关键步骤，通过定期的培训和意识提升活动，团队成员可以增强对质量工作的重视程度，提升其专业技能和知识水平。在软件开发项目中质量培训可以涵盖多个方面，例如代码质量管理、测试流程管理、质量管理工具的使用等。通过有针对性的培训，团队成员可以深入了解质量管理的重要性以及各项质量指标的含义和作用，例如他们可以学习如何编写高质量的代码，如何进行有效的测试和质量评估以及如何使用质量管理工具来提高工作效率和质量水平。意识提升活动也是非常重要的，可以通过举办讲座、研讨会、案例分享等形式让团队成员了解行业最佳实践、成功案例和失败教训，从而不断提升其质量意识和自我要求水平。

### （四）建立质量问题处理机制与改进措施

建立质量问题处理机制是项目管理中确保质量的重要一环，团队需要建立一个有效的问题反馈和记录系统，以便成员能够及时报告质量问题。一旦问题被报告，团队应该迅速响应，展开根本原因分析。这涉及与相关团队成员的讨论、实地调查或数据分析等手段，以确保全面了解问题背后的原因。在明确问题的根本原因后，团队需要制订详细的问题解决方案并确保实施的及时性和有效性。解决方案包括修复缺陷、优化流程、加强培训等多方面的措施，以防止问题再次出现。团队还应该关注问题的影响范围，确保解决方案的实施不产生新的问题或负面效应。定期的质量问题回顾和总结是不可忽视的环节，通过分析过去发生的质量问题，团队可以识别潜在的趋势和共性问题，为未来的项目提供改进的方向，这包括制定新的质量标准、调整流程、加强培训计划等，以提高整体的质量水平。

质量保证与控制机制是项目管理中不可或缺的环节，涵盖了从质量标准的明确定义到问题处理和持续改进的全过程。通过确立清晰的质量标准与指标体系，团队能够明确项目质量目标，为后续工作提供明确方向。实施过程管控和质量监测确保项目按照规定进行并及时发现解决潜在问题，质量培训与意识提升则为团队成员提供了不断提升专业水平和质量意识的机会。建立质量问题处理机制与改进措施，使团队能够快速、有效地应对问题并通过持续改进提高整体质量水平。这些步骤共同构成了一个有机整体，确保项目在质量方面达到预期标准，实现成功交付。

## 三、应对不确定性与挑战

在当今不断变化的商业环境中项目团队面临着各种不确定性与挑战，如市场波动、技术难题、客户需求变化等。有效的应对策略和机制对于项目的成功至关重要。下面深入探讨如何在项目启动阶段通过分析不确定性来源与特征、制定灵活应对策略与计划调整、加强团队沟通与协作以及培养适应性与创新能力来有效地面对这些挑战。

### （一）分析不确定性来源与特征

在项目启动阶段团队需要对不确定性的来源和特征进行深入分析，不确定性来自外部环境的变化、市场需求的波动、技术限制的挑战等多方面因素。通过对不确定性的来源和特征进行系统分析，团队可以更好地理解项目面临的风险和挑战，从而采取相应的措施进行有效管理。例如一个新产品的开发项目面临市场反应不确定、技术难题不确定等因素，团队可以通过市场调研、技术评估等手段，深入了解这些不确定性的来源和特征，为后续制定灵活的应对策略提供依据。

### （二）制定灵活应对策略与计划调整

针对不确定性和挑战，团队需要制定灵活的应对策略和计划调整机制，这意味着在项目执行过程中需要保持灵活性，随时根据情况做出调整和变更。团队可以采用敏捷方法或增量式的方式进行项目管理，以便及时应对变化和调整计划。例如在软件开发项目中团队可以采用敏捷开发方法将项目分解为多个小周期的迭代，每个迭代都进行需求分析、设计、开发和测试等工作，从而可以及时发现和解决问题，保证项目按时交付。

### （三）加强团队沟通与协作

在软件开发团队中良好的沟通与协作对应对不确定性和挑战至关重要，例如当客户需求突然发生变化时团队成员可以利用在线协作工具如Slack或Microsoft Teams，立即发起讨论并就如何调整开发计划展开协商。通过定期举行的迭代会议，团队可以汇报进展、识别问题并共同制订解决方案。采用敏捷开发方法，团队可以在每个迭代周期结束时进行复盘，评估团队成员的表现、项目进展和任何潜在的改进点，从而加强团队内部的沟通与协作，确保项目在面对不确定性时能够灵活应对。

### （四）培养适应性与创新能力

在应对不确定性和挑战的环境中，培养团队成员的适应性和创新能力至关重要，通过定期组织创新讨论会和跨部门交流活动，团队可以激发成员的创新意识和想法。这些会议和活动提供了一个开放的平台让团队成员分享他们的想法、经验和见解，从而促进创新的产生和分享。团队领导可以鼓励成员尝试新的方法和技术，给予他们充分的支持和鼓励，以便他们能够在不确定性环境中快速调整思路，寻找新的解决方案。通过这种方式，团队成员可以不断提升适应性和创新能力，更好地适应变化并应对挑战，从而推动项目的持续发展。

在项目管理中对不确定性的深入分析是确保项目成功的基石，通过制定灵活的应对策略和计划调整机制，团队能够在项目执行过程中灵活应对变化，保持高效运作。加强团队沟通与协作，特别是在敏捷开发方法下，有助于及时解决问题和调整计划。通过培养团队成员的适应性与创新能力，团队能够更好地适应变化并持续推动项目的发展。这些措施共同构成了应对不确定性与挑战的综合策略，为项目的成功打下坚实的基础。

## 四、持续监督与评价

在项目管理中，持续监督与评价是确保项目高效运作和顺利完成的关键环节之一，通过设立监督与评价指标体系、进行定期进展评估与反馈、强化绩效考核与奖惩机制以及不断优化改进风险管理与质量控制流程，团队可以有效地掌控项目进展，及时发现并解决问题，从而保障项目的顺利实施和成功交付。

### （一）设立监督与评价指标体系

为了有效监督项目的执行情况和评价项目的绩效，团队需要建立一个完善的监督与评价指标体系。这些指标应该涵盖项目的各个方面，包括进度、成本、质量、风险等。通过设立指标体系，团队可以及时发现项目执行过程中的问题和偏差并采取相应的措施进行调整和改进。例如对于一个软件开发项目，监督与评价指标体系可以包括项目进度是否按计划进行、开发成本是否控制在预算范围内、软件质量是否达到客户要求等方面的指标。

## （二）进行定期进展评估与反馈

定期的进展评估与反馈对项目的成功至关重要，在建筑工程项目中这一过程可以通过每周举行的进展评估会议来实现。在这些会议上，团队成员会共同分析项目的进展情况，包括完成的工作量、遇到的问题、解决方案以及下一步的计划。通过与利益相关方分享项目进展报告，如项目所有者和其他利益相关方，团队可以及时沟通项目的情况并接受他们的反馈和建议。这种定期的评估和反馈机制有助于团队及时发现并解决问题，保持项目在正确的轨道上，确保项目顺利推进。

## （三）强化绩效考核与奖惩机制

在项目中建立有效的绩效考核与奖惩机制是确保团队高效运作的重要措施，例如在市场营销项目中可以根据团队成员的工作质量、效率和贡献程度进行绩效考核。这涵盖诸如完成任务的质量、按时交付的能力、团队合作和创新等方面。对于表现优异的成员可以给予肯定和奖励，如奖金、晋升机会或其他激励措施，以鼓励他们保持优秀表现。而对于表现不佳的成员，也应该及时进行纠正和惩罚，例如限制晋升机会、降低奖金或其他相应的惩罚措施，以促使其改善工作表现。通过建立明确的绩效考核标准和奖惩机制可以有效地激励团队成员积极参与项目并确保项目的顺利执行。

## （四）不断优化与改进风险管理与质量控制流程

在项目管理中，不断优化与改进风险管理与质量控制流程至关重要。随着项目的推进，我们会面临各种风险和挑战，因此需要定期审查和调整风险管理策略。通过持续监督项目的风险点，我们能够及时发现并应对潜在问题，确保项目的顺利进行。同时，质量控制流程的优化也是必不可少的。只有不断提升产品和服务的质量，才能满足客户的期望，保持项目的竞争力。为了实现这些目标，我们需要建立一个反馈循环，收集项目执行过程中的数据和反馈，然后据此调整和优化流程。通过这种方式，我们可以确保项目在风险管理和质量控制方面持续改进，最终实现项目的成功交付和客户满意度的提升。

　　在项目管理过程中建立有效的监督与评价机制至关重要，设立监督与评价指标体系有助于全面了解项目进展并及时发现问题。定期进行进展评估与反馈可以促进团队沟通与协作，保持项目在正确的轨道上。强化绩效考核与奖惩机制可以激励团队成员积极参与项目，提升工作效率和质量。持续优化改进风险管理与质量控制流程，有助于提升项目执行的效率和成功率。通过这些措施的综合应用，团队能够更好地应对项目管理挑战，实现项目目标并取得成功。

# 第七章　学生创新能力的培养

## 第一节　创新思维的培养

### 一、创新思维的培养

创新思维是当今社会中越来越受重视的能力之一，它不仅能够推动个人的成长发展，也对社会的进步和发展起到至关重要的作用。在教育领域培养学生的创新思维已经成为教育工作者们的重要任务之一。下面探讨如何通过培养开放态度、促进探索精神、激发创造力以及提升解决问题的能力和自信心等方式，来有效地培养学生的创新思维。

#### （一）培养对新思想和新观念的开放态度

在培养学生的创新思维中开放态度是至关重要的一环，学生需要学会接受和尊重不同的观点和思想以及对新的观念保持开放的心态。通过鼓励学生参与讨论、展示和分享不同的见解，教师可以促进学生的开放性思维并帮助他们理解世界的多样性，例如在课堂上组织辩论活动或开展小组讨论，让学生就某一话题提出不同的观点并进行交流，可以激发学生的思维活跃性，培养他们包容和接纳多样性的能力。

#### （二）促进学生的探索精神和求知欲

为了培养学生的创新思维，促进他们的探索精神和求知欲是至关重要的。在教育过程中应该激发学生对未知领域的兴趣，鼓励他们积极寻求新的知识和经验。教师可以通过提出引人入胜的开放性问题，引导学生主动思考并深入挖掘相关领域。这有助于激发学生的好奇心，使他们主动去探索问题的解决方案，例如通过提出一个真实而富有挑战性的问题，如环境保护或社会公益，可以激发学生独立思考并展开深入调查研究。组织实验和项目学习也是培养学生探索精神和求知欲的有效途径，学生通过亲身参与实地考察、科学实验或实际项目，能够深刻体验知识的应用和产生的实际效果。这样的学习方式不仅使学生对知识有更深入的理解，激发了他们对问题的好奇心和解决问题的动力。

### （三）激发学生的创造力和想象力

激发学生的创造力和想象力是培养其创新思维的关键，教师在课堂上可以采取一系列方法来激发学生的创造力和想象力。提供多样化的学习环境和资源是必要的，教室可以装饰得富有创意和想象力，展示各种艺术作品、科技成果或实践项目，给学生提供丰富的视觉和感官刺激。教师还可以引入各种多媒体资源，如图片、视频、音乐等，激发学生的感官体验和想象力。开展创意启发活动也是重要的一环，教师可以组织艺术创作、文学写作或科技发明比赛，为学生提供展示自己创意的平台。这些活动可以激发学生自由发挥想象力，尝试新的创意和想法，例如组织一个文学作品创作比赛让学生根据自己的想法和经历创作故事，从而锻炼其文字表达能力和想象力。教师应该给予学生足够的支持和鼓励，在学生展示自己的创意时教师要给予积极的评价和建议，让学生相信自己的创意是有价值的。也要鼓励学生不断尝试和改进，培养其勇于创新的精神和习惯。

### （四）培养学生解决问题的能力和自信心

培养学生解决问题的能力和自信心是培养其创新思维不可或缺的一环，面对挑战和困难时，学生需要具备乐观的态度和自信的心态，能够寻找并实施解决方案。教师可以通过提供问题解决的案例分析来帮助学生理解问题解决的过程，通过分析真实案例，学生可以了解问题解决所需的思维方式和方法，并从中吸取经验教训，例如教师可以选取一些历史上的成功案例或当下的实际问题让学生分析其中的挑战和解决方案，从而激发他们的思维和启发创新。引导学生参与团队合作项目也是培养解决问题能力和自信心的有效途径，在团队合作中，学生可以共同面对挑战并通过协作和交流寻找解决方案。通过这样的活动，学生不仅可以学会与他人合作，还能够在实践中提升解决问题的能力和自信心。组织解决实际问题的活动也是培养学生解决问题能力和自信心的重要手段，例如安排学生参与社区服务项目或模拟企业实践让他们在真实情境中面对问题并寻找解决方案。通过这样的实践，学生不仅可以将所学知识应用到实际中，还能够增强自己的解决问题能力和自信心。

在培养学生的创新思维过程中教育工作者可以采取多种方法，通过培养对新思想和新观念的开放态度，学生能够更好地接受和尊重不同的观点，从而促进开放性思维。促进学生的探索精神和求知欲，能够激发学生的好奇心和动力，使他们更愿意去探索未知领域。激发学生的创造力和想象力可以通过提供多样化的学习环境和资源以及开展创意启发活动来实现。培养学生解决问题的能力和自信心是创新思维培养的重要环节，教育工作者可以通过案例分析、团队合作项目以及实际问题解决活动来帮助学生培养这些能力。通过这些方法的有机结合可以有效地培养学生的创新思维，为其未来的发展奠定坚实的基础。

## 二、培养学生的问题解决能力

培养学生的问题解决能力是教育的核心目标之一，为了达到这一目标，教育者需要采取一系列有效的方法来激发学生的兴趣、引导他们掌握解决问题的技能并培养他们在面对挑战时的坚韧性和逆境应对能力。下面探讨通过几种有效的方法，包括提供真实世界的问题情境、引导学生运用系统性方法解决问题、鼓励学生勇于尝试和接受挑战，以及通过设计复杂而开放的项目任务来培养学生的坚韧性和逆境应对能力。

### （一）提供真实世界的问题情境

为了有效培养学生的问题解决能力，首要任务是提供真实世界的问题情境。通过将学习与实际问题相结合，学生能够更好地理解知识的应用价值，激发解决问题的兴趣，例如在数学课上可以引入实际生活中的测量问题让学生运用所学知识解决日常生活中的实际测量难题。这样的情境设置不仅能够激发学生的主动学习兴趣，还能培养他们分析和解决实际问题的能力。

### （二）引导学生运用系统性方法解决问题

在教育中引导学生运用系统性方法解决问题是提高他们综合能力的关键环

节，系统性方法涉及一系列步骤，从问题识别到解决方案的制订，为学生提供了清晰的思考路径。问题拆解是解决复杂问题的第一步，学生需要学会将大问题分解成小而可管理的部分，例如在一门历史课程中，学生需要分解一个历史事件将其拆解成时间线、相关人物、事件背景等部分，以更深入地理解并解决问题。信息收集是关键的一步，学生需要学会从多个来源获取信息并学会辨别信息的可靠性和相关性。在一门研究性课程中，学生需要通过书籍、学术期刊、互联网等渠道收集数据和文献，以支持他们的研究课题。分析判断是系统性方法中的核心步骤之一，学生需要学会将收集到的信息进行分析，并从中提炼出关键的问题和因果关系。在数学课程中，学生需要分析一个复杂的数学问题，运用逻辑推理和数学方法来解决问题。解决方案设计是系统性方法的最终目标，学生需要结合问题的分析和判断，提出切实可行的解决方案并在实践中验证其有效性。在一门工程设计课程中，学生需要设计并实施一个工程方案，解决实际的技术挑战。

### （三）鼓励学生勇于尝试和接受挑战

鼓励学生勇于尝试和接受挑战对于培养其问题解决能力至关重要，解决问题的过程常常伴随着不确定性和困难，而学会面对这些挑战是学生成长的重要组成部分。鼓励学生尝试不同的解决方案，在解决问题的过程中很少有唯一的正确答案。通过鼓励学生从多角度思考，尝试不同的方法，能够培养学生的思维灵活性和创新性。举例而言，在数学问题中，学生可以探索多种解题方法，从而更好地理解问题的本质，提高他们解决问题的技能。教师的正面反馈和鼓励对于学生克服困难至关重要，当学生面对挑战时会感到沮丧或失望，这时教师的支持和认可变得尤为重要。在计算机编程课程中，学生会遇到代码错误或逻辑漏洞，但教师可以通过指出他们已经掌握的部分，表扬他们的努力并提供建议，激发学生积极面对挑战的信心。

### （四）培养学生的坚韧性和逆境应对能力

在培养学生问题解决能力的过程中，坚韧性和逆境应对能力是至关重要的品质，为了促使学生形成这些能力，教育者可以通过设计复杂而开放的项目任务来提供有挑战性的学习环境。学术研究项目和工程设计任务是两个有效的例子。复杂的学术研究项目能够激发学生的好奇心和求知欲，在这样的项目中，学生需要深入研究特定主题，面对未知领域的挑战。这个过程中他们会遇到数据不足或实验结果与预期不符等情况。通过经历这些挫折，学生可以培养坚韧性，学会在困境中寻找解决方案，不轻言放弃。工程设计任务则提供了实际解决问题的机会，学生需要在项目中应对实际挑战，如资源限制、时间压力或技术难题。这种实践性的学习能够培养学生在复杂环境下冷静思考、灵活应对的能力。他们需要不断调整设计，修正错误，直至最终找到创造性的解决方案。

有效培养学生的问题解决能力需要综合运用多种方法，提供真实世界的问题情境可以激发学生的学习兴趣，让他们更好地理解知识的应用价值。引导学生运用系统性方法解决问题，可以帮助他们建立清晰的思考路径，从问题的拆解到解决方案的设计，培养学生的分析和判断能力。鼓励学生勇于尝试和接受挑战，可以培养思维的灵活性和创新性让他们在面对挑战时能够坚持不懈。通过设计复杂而开放的项目任务来培养学生的坚韧性和逆境应对能力，让他们在解决实际问题的过程中不断成长和进步。这些方法的综合应用可以有效地促进学生问题解决能力的发展，为他们未来的学习和工作奠定坚实的基础。

## 三、创意思考与批判性思维

在当今快速变化的社会中，培养学生的创意思考与批判性思维已成为教育的重要任务之一，这不仅是为了适应复杂多变的社会环境，更是为了帮助他们成为能够独立思考、解决问题和应对挑战的终身学习者。通过培养学生的独立思考和创意发散能力，引导他们进行问题分析与逻辑推理，提倡对信息进行评估和批判以及培养他们的审美感知和品位水平，能够为学生的综合素养和未来发展奠定坚实基础。下面探讨如何在教育中实现这些目标并为学生的全面发展提供支持和指导。

### （一）培养学生独立思考和创意发散能力

培养学生独立思考和创意发散能力是现代教育的重要任务之一，通过提供开放性的学习环境激发学生的好奇心，教育者可以帮助学生培养自主思考和创意发散的能力，例如在语言课堂上教师可以鼓励学生进行自由写作让他们表达自己的想法和观点，从而激发他们的创意思维。教师还可以组织一些启发性的活动，如头脑风暴、角色扮演等，以促进学生思维的多样性和创新性。通过这些活动，学生可以充分展现自己的想象力和创造力，培养他们解决问题的能力和创意表达的技巧。

## （二）引导学生分析问题进行逻辑推理

引导学生分析问题进行逻辑推理是培养批判性思维的关键环节，通过这一过程，学生不仅能够深入了解问题的本质，还能够培养清晰的逻辑思维和解决问题的能力，例如在社会学课程中教师可以引导学生探讨贫富差距问题。教师可以帮助学生收集相关数据和案例，如不同社会阶层的收入差异和资源分配不均等。然后，通过分析这些数据和案例，学生可以发现贫富差距的成因包括教育机会不均、社会福利政策不完善等。接下来，学生可以通过逻辑推理，探讨这些成因之间的关联性和影响，进而提出解决问题的方案，如加强教育公平、改善社会福利制度等。在这个过程中，学生需要运用自己的逻辑思维和批判性思维，厘清问题的逻辑脉络，形成合理的观点和见解。通过这样的实践，学生不仅能够提高自己的思维能力，还能够更好地理解和解决社会问题，为未来的成长和发展打下坚实的基础。

## （三）提倡学生对信息进行评估和批判

在当今信息迅速传播的社会中，学生需要具备良好的信息素养，能够对信息进行客观评估和批判。为了培养学生的信息素养，教育者可以采取一系列措施。可以开设信息素养课程，系统地教授学生如何辨别信息的真实性和可信度。教师可以通过案例分析，引导学生深入思考信息源的可靠性、作者的背景和动机等因素。这样的实践有助于学生形成批判性的思维习惯。教育者还可以通过信息素养活动，锻炼学生在实际情境中运用所学知识的能力，例如组织学生参与辩论或论证活动，让他们从不同的角度审视同一信息，提升他们辨别信息的能力。教师可以引导学生主动搜索多样化的信息来源，培养他们获取全面信息的能力，而不仅仅依赖于单一渠道。关键的一点是教育者需要注重培养学生的批判性思维，通过分析信息的逻辑结构、评估论据的可靠性，学生可以更全面地理解信息并形成独立、明晰的判断。这样的能力对于他们未来的学业和生活都至关重要。

### （四）培养学生的审美感知和品味水平

培养学生的审美感知和品味水平在教育中具有重要意义，通过艺术教育，学生有机会深入了解不同艺术形式，如音乐、绘画、舞蹈等，从而拓展他们的审美领域。在音乐课堂上，教师可以引导学生欣赏不同风格、时期的音乐作品，培养他们对音乐的敏感性和理解力。通过解析作品的情感表达和音乐结构，学生能够提高对音乐的深度欣赏，培养出独立、批判性的音乐品位。文学欣赏也是培养审美感知的重要途径，通过阅读经典文学作品，学生能够领略文字之美，感受作者的情感表达和思想深度。教师可以设计文学阅读课程，引导学生品味不同文学作品中的语言艺术，培养他们对文学价值的独立判断和欣赏水平。鼓励学生参与美术创作是培养审美品位的有效手段，通过实际的美术实践，学生能够更深刻地理解艺术创作的过程，培养对美的独特感悟和判断力。教师可以提供艺术指导，鼓励学生表达个性和情感，从而激发创造性思维，提高审美品位水平。

在教育中培养学生的创意思考与批判性思维是至关重要的，通过开放的学习环境和启发性的活动，学生能够培养自主思考、解决问题的能力，提高逻辑推理和信息评估的技能。艺术教育也为学生提供了拓展审美领域的机会，让他们深入理解不同艺术形式的美妙之处。这些努力不仅有助于学生个人的成长，也为他们未来的学业和生活奠定了坚实的基础。

## 四、跨学科学习与实践

跨学科学习与实践的重要性在当今教育中日益凸显，为了培养学生的全面素养和实际运用能力，教育者们致力于打破学科壁垒，提供多样化的学科学习机会和资源，鼓励学生参与实践活动并注重培养学生的团队合作和沟通能力。这一系列措施旨在促进跨学科交叉融合，使学生在面对复杂问题时能够运用多学科知识和技能，更好地理解和解决现实挑战。

### （一）打破学科壁垒，促进跨学科交叉融合

跨学科交叉融合是推动学生全面发展的重要途径之一，在现代教育中教育者应该打破传统的学科壁垒，创造机会让学生跨越学科边界，实现知识和技能的交叉应用。通过跨学科融合，学生可以更加深入地理解问题的本质，培养出色的综

合思维能力，例如在一个科技创新项目中学生不仅需要运用数学和科学知识解决技术难题，还需要借助文学和艺术的力量将创新成果生动地呈现给大众，从而使得学生在实践中全面发展。这种跨学科交叉融合不仅丰富了学生的知识结构，还培养了其创新能力和综合素养，为其未来的发展奠定了坚实的基础。

### （二）提供多样化的学科学习机会和资源

为了确保学生能够获得广泛的知识和全面的学科素养，教育者应该提供多样化的学科学习机会和资源，这意味着设计富有创意和启发性的课程让学生在科学、艺术、人文等各个领域中都有所涉猎，例如学校可以开设一系列跨学科的选修课程，如生态艺术、科技与社会等。在生态艺术课程中，学生可以通过艺术表达对自然环境的关注与保护；而在科技与社会课程中，学生可以探讨科技发展对社会生活和人类文明的影响。这些课程不仅让学生接触到多样化的知识和观点，还培养了他们的批判性思维和综合素养。提供多样化的学科学习机会和资源，有助于学生全面发展，为他们未来的学业和职业发展打下坚实的基础。

### （三）鼓励学生参与实践活动将理论知识应用到实际中

鼓励学生参与实践活动是跨学科学习不可或缺的一环，将理论知识应用到实际中不仅使学生更深入地理解所学内容，还培养了解决实际问题的实用技能。在社会科学课程中，可以设计社区调研和实地访谈等活动让学生亲身参与并应用所学理论知识。通过这样的实践，学生能够更好地理解社会现象、收集实际数据，从而提高对学科的实际运用能力，例如通过深入社区调研，学生不仅可以理论上了解社会问题，还能亲身体验并收集真实数据，从而更全面地理解社会现象的复杂性。这种实践活动不仅能够激发学生的学习兴趣，还能够培养他们解决实际问题的能力，使所学知识更具实用性和可操作性。因此，鼓励学生参与实践活动是实现跨学科学习目标的重要手段，为学生提供了更加深入和实际的学习体验。

### （四）培养学生的团队合作和沟通能力

跨学科学习中培养学生的团队合作和沟通能力是至关重要的，在团队合作中学生能够学会协作、分享不同学科的见解，共同解决复杂问题，例如在一个科技与文学结合的项目中，学生需要共同制作科普文档。这个过程不仅需要他们将科学知识进行简明扼要的传达，还需要用恰当的文学语言使其更具吸引力和可读性。这要求学生们相互协作，充分发挥各自的专长，共同完成任务。在这个过程中他们需要学会倾听他人的意见，理解并尊重不同观点，以达成共识。这种团队合作的经验不仅有助于拓展学生的视野，还能够培养他们的协调能力和团队意识。沟通能力也是跨学科学习中不可或缺的一部分，学生在团队中需要清晰地表达自己的观点，理解并回应他人的想法。通过与团队成员的交流，学生们可以更好地理解问题的复杂性并找到最佳的解决方案。因此良好的沟通能力不仅有助于学生在团队中更好地发挥作用，还能够提高他们的学术表达能力和人际交往能力。培养学生的团队合作和沟通能力对于他们的跨学科学习和综合素养的培养具有重要意义。

跨学科学习与实践是推动学生全面发展的有效途径，通过打破学科壁垒，提供多样化的学科学习机会和资源，鼓励实践活动以及培养团队合作和沟通能力，学生不仅能够深入理解问题的本质，还能够在实际应用中培养解决问题的实用技能。这种全面发展的教育模式不仅为学生提供了更广阔的知识视野，也为其未来的学业和职业奠定了坚实的基础，使他们更好地适应社会的多元化和复杂性。因此，跨学科学习与实践的教育理念将继续引领教育领域的发展，为学生的综合素养和创新能力的培养做出积极贡献。

## 第二节  学生参与创新项目

### 一、学生主导的创新活动

学生主导的创新活动在教育领域中扮演着越来越重要的角色，这种模式不仅能够激发学生的创造力和想象力，还能培养他们解决问题、团队合作和领导能力。在这个过程中学生积极参与创新项目的动机和目标是多种多样的，不仅受到个人内在的兴趣驱动，还受到外部因素的影响，如学校课程要求或比赛奖励。下面探讨学生如何提出、规划和组织创新项目，学生在创新活动中扮演的角色和责任分配以及学生主导创新活动面临的挑战和应对策略。

## （一）学生参与创新项目的动机和目标

学生参与创新项目的动机和目标多种多样，一方面学生被个人兴趣或热情驱使，渴望通过参与创新项目来实现自己的创意和想法；另一方面学生受到外部激励，如学校课程要求、比赛奖励等。不论动机的来源是内在还是外在，学生参与创新项目的最终目标通常是获取新知识、培养创造力、锻炼解决问题的能力以及实践团队合作与领导技能。

## （二）学生如何提出、规划和组织创新项目

学生提出、规划和组织创新项目的过程通常包括多个步骤，学生需要确定项目的主题或目标，这是基于个人兴趣、社会需求或学校课程要求等。然后，学生进行项目规划，包括确定项目的范围、目标、时间表和资源需求等。接着，学生组织团队，分配任务并制订工作计划。学生在整个项目周期中监督和管理项目的执行，确保项目按计划顺利进行。

## （三）创新活动中学生的角色和责任分配

在创新活动中，学生扮演着各种不同的角色并承担着不同的责任，例如一些学生负责项目的创意提出和方案设计，而另一些学生则负责项目的实施和执行。还有学生担任团队协调员、研究员、沟通者等角色，协助项目的顺利进行。责任的分配通常基于学生的兴趣、技能和经验，以确保每个人都能发挥所长，共同完成项目目标。

## （四）学生主导创新活动的挑战与应对策略

学生主导创新活动面临诸多挑战，如团队合作问题、资源限制、时间管理等。为了应对这些挑战，学生可以采取一些策略，例如建立良好的沟通与协作机制，明确分工和责任，合理利用现有资源，制订有效的时间管理计划等。学生还可以寻求教师和其他专业人士的指导和支持，以解决遇到的问题并确保项目顺利进行。

学生主导的创新活动为学生提供了一个实践创造力、锻炼团队合作和领导能力的平台。学生参与创新项目的动机和目标各不相同，但最终的目标通常是为了获取新知识、培养创造力、解决问题和提升团队合作能力。在提出、规划和组织

创新项目的过程中，学生需要确定项目的主题、进行项目规划、组织团队并监督项目的执行。在创新活动中，学生扮演着不同的角色，承担着不同的责任，根据个人的兴趣、技能和经验进行角色和责任的分配。然而学生主导的创新活动也面临着一些挑战，如团队合作问题、资源限制和时间管理等。为了应对这些挑战，学生可以采取建立良好的沟通与协作机制、明确分工和责任、合理利用资源以及寻求指导和支持等策略，以确保项目顺利进行。

## 二、项目式学习的实施

项目式学习作为一种基于任务或项目的教学方法，旨在通过真实世界问题的解决或实际项目的设计与实施，培养学生的综合素养和实践能力。它强调学生的主动参与、团队合作以及跨学科融合，通过解决实际问题来加深学生对知识的理解和应用。下面探讨项目式学习的定义、设计与组织、教师与学生角色转变以及其对学生学习成效的影响和评估方法。

### （一）项目式学习的定义和特点

项目式学习是一种基于任务或项目的教学方法，通过让学生参与真实世界的问题解决或实际项目的设计与实施，促使学生在解决问题的过程中获取知识、培养技能。其特点在于强调学生主动参与、团队合作、跨学科融合并通过解决实际问题来提高学生的综合素养，例如一门地理课程可以通过设计一个城市规划项目，让学生在理解地理概念的同时通过规划城市解决实际问题，如交通拥堵或环境污染。

图7-1 项目式学习

## （二）如何设计和组织项目式学习活动

项目式学习的设计需要考虑项目的真实性、复杂性和学科整合，明确定义项目的目标和任务，确保与学科知识的紧密联系。设计明确的项目阶段和任务分配，激发学生主动学习和合作精神。教师应提供足够的支持和指导，确保学生在项目中能够掌握必要的知识和技能，例如在历史课上，学生可以通过模拟角色扮演的方式，设计并呈现一个历史事件的复原项目，深化对历史事件背后因果关系的理解。

## （三）项目式学习中教师和学生的角色转变

在项目式学习中教师和学生的角色转变至关重要，教师不再是课堂中的主讲者，而是变成了学习的导航者和引导者。他们的任务不仅仅是传授知识，更重要的是激发学生的好奇心和探索欲望，引导他们自主学习和发现。教师需要提供项目的框架和指导，指导学生如何制订解决方案、分析问题并在需要时给予支持和反馈。学生则成为学习的主体，他们负责探索和实践，通过合作与交流，共同完成项目的任务。他们需要运用创造力、批判性思维和解决问题的能力，积极参与到项目中来。这种角色转变使得教学过程更加灵活和生动，培养了学生的自主学习和团队合作能力，使得知识更加深入人心和持久。

## （四）项目式学习对学生学习成效的影响和评估方法

项目式学习对学生学习成效产生了深远的影响，通过参与实际项目，学生能够将学到的理论知识应用到实践中，提高了他们的实际应用能力，例如在数学课上，学生通过设计和实施一个实际的调查项目，不仅学到了统计学的相关知识，还培养了数据分析和解决实际问题的能力。项目式学习强调团队合作，促使学生在协同工作中培养团队合作和沟通技能。学生在项目组中共同面对挑战，分享观点和经验，从而提高了他们的团队协作能力。这不仅有助于解决复杂的问题，还培养了学生的社交技能。评估方法应该综合考虑项目的整体过程和最终产出，除了传统的考试和测验外，还可以通过观察学生在团队中的表现、项目展示、书面报告等方式来评估他们的综合能力，例如在科学课上，学生通过团队合作设计和展示一个科学实验项目，评估不仅包括实验的设计和实施，还包括团队协作的效果以及对实验结果的解释。

项目式学习在教育领域具有重要的意义，通过让学生参与真实的项目，让学生在解决问题的过程中获得知识、培养技能并提高他们的实践能力和综合素养。设计和组织项目式学习活动需要考虑项目的真实性、复杂性和学科整合，明确定义项目的目标和任务，激发学生的主动学习和合作精神。在项目式学习中教师的角色由传统的主讲者转变为学习的导航者和引导者，而学生则成为学习的主体，通过探索和实践来完成项目任务。评估方法应该综合考虑项目的整体过程和最终产出，以全面评估学生的综合能力和学习成效。因此，项目式学习为学生提供了更加深入和全面的学习体验，有助于他们在未来的学习和职业中取得成功。

## 三、学生在创新过程中的角色

学生在创新过程中的角色扮演是一个多维度的挑战，要求他们展现出卓越的创意、领导、团队协作以及自我管理的能力。在创新项目中，学生不仅有机会展现创意的发挥和问题解决的才华，还需要在团队合作中担任多种角色，具备自我管理和领导能力。下面深入探讨学生在创新项目中不同方面的角色及其展现的能力，强调他们在面对多变环境时所需的角色转换与适应能力。

### （一）学生在创新项目中的创意发挥和解决问题能力展现

在创新项目中，学生有机会展现他们的创意和解决问题的能力，学生通过思考、实践和实验，提出新颖的想法和解决方案，为项目注入新的活力，例如在一个科技创新项目中，学生可以提出使用人工智能技术解决特定社会问题的创意，然后通过编程和数据分析等方法实现这一想法，并最终呈现出具有实际应用价值的解决方案。

### （二）学生在团队合作中的角色与贡献

在团队合作中，学生扮演着多种不同的角色，各自为项目的成功做贡献。有些学生具备组织和领导能力，他们会主动承担起协调团队工作和制订计划的责任。这些学生通常能够有效地组织会议、分配任务并确保团队按照计划顺利运作。另一些学生擅长创意产生和技术实现，他们致力于为项目注入新的想法和解决方案。这些学生会提出创新的思路和方法并通过技术手段将其实现，为项目的成功做出贡献。还有一部分学生在团队中充当执行者和支持者的角色，他们会认真完成分配的任务并提供必要的支持和帮助。通过团队成员之间的有效沟通和密切协作，学生们能够充分发挥各自的优势，共同推动项目朝着共同的目标努力，取得更加优异的成绩。

### （三）学生在创新过程中的自我管理和领导能力

在创新项目中，学生需要具备自我管理和领导能力，这对于项目的顺利进行至关重要。学生需要能够有效地规划和管理自己的时间、资源和任务。他们需要设定清晰的目标并制订相应的计划，以确保项目能够按时完成。通过有效的时间管理和资源分配，学生可以更好地掌控项目进度，避免拖延和资源浪费的情况发生。学生需要自觉地执行和监督整个创新过程，他们必须对自己的任务和责任负起责任并确保按照计划执行。通过持续地自我监督和反思，学生能够及时发现和解决问题，确保项目顺利进行。对于一些学生来说还需要展现出领导能力，在团队中，学生需要扮演领导者的角色，激励团队成员、调动资源、解决冲突，推动整个团队朝着共同的目标努力。良好的领导能力能够帮助学生有效地组织团队，促进团队的凝聚力和合作精神，从而提高项目的效率和成果。

### （四）创新项目中学生的角色转换与适应能力

在创新项目中，学生必须具备良好的角色转换与适应能力，这意味着他们需要根据项目的需求，灵活地调整自己的行为和思维方式。一方面，学生需要担任创意的发起者和领导者，引领团队朝着设定的目标迈进。他们需要提出新颖的想法和解决方案并激励团队成员共同努力。在这种情况下，学生需要展现出领导才能和创造性思维，以推动项目向前发展；另一方面有时学生也需要扮演执行者和团队成员的角色，这意味着他们需要认真地执行任务，按时完成分配的工作并与团队其他成员密切合作。在这种情况下，学生需要展现出责任心、合作精神和团队意识，以确保项目顺利进行。学生还需要在不同阶段或不同任务中进行角色的转换，例如在项目的初期阶段，他们更多地扮演创意的发起者和策划者；而在项目的实施阶段，则需要更多地担任执行者和实践者的角色。因此，学生需要具备快速适应不同环境和角色的能力，以确保在任何情况下都能做出最佳的表现。

学生在创新项目中展现了多方面的能力和角色，通过创意的发挥和问题解决能力为项目注入新的动力，在团队合作中扮演组织者、创意者和执行者的角色，共同推动项目向前。在自我管理和领导能力方面，学生需要有效地规划、执行和监督整个创新过程，展现出对任务和责任的自觉负责。而角色转换与适应能力更是学生在创新项目中不可或缺的品质，使其能够在不同的情境和任务中迅速适应，做出最佳表现。这种全面的能力培养将有助于学生在未来更复杂、多变的工作环境中取得成功。

## 四、评估与反馈学生的创新项目

评估与反馈在学生参与创新项目的过程中扮演着至关重要的角色，不仅有助于了解学生的表现，还能促进他们的进步和成长。下面探讨创新项目评估的标准和方法，如何进行及时和有效的反馈以及如何利用评估和反馈促进学生的发展。还将关注在创新项目评估中遇到的挑战并提出解决策略，以确保评估体系的公正和有效性。

### （一）创新项目评估的标准和方法

创新项目评估的标准和方法应当根据项目的性质、目标和要求而定，其中，评估标准包括创意性、解决问题的能力、团队合作、自我管理和领导能力等方面。评估方法可以采用多种途径，如书面报告、演示展示、成果展示、口头答辩等，例如在评估创意性时可以考察学生提出的创新点、解决方案的独特性和可行性；在评估团队合作时可以观察团队成员之间的协作程度、沟通效果和角色分配是否合理。

### （二）如何进行及时和有效的反馈

及时和有效的反馈是学生成长和项目改进的重要环节，为实现这一目标可以采取多种方式进行反馈。定期的会议或讨论是一种常见的方式，通过小组讨论或全体会议，学生可以分享他们的想法和进展，接受来自教师和同学的反馈。个人评估也是一种有效的反馈方式，教师可以根据学生的表现，给予个性化的反馈和建议。同行评审也可以帮助学生获取多样化的反馈，通过与同学互相交流和评价，促进彼此的共同进步。在提供反馈时应当具体、客观地指出学生的优点和不足并给予具有建设性的建议和改进意见。这样的反馈有助于学生更清晰地了解自己的表现并为他们提供改进的方向。最重要的是，反馈应当及时给出让学生能够在项目进行过程中及时调整和改进。通过及时而有针对性的反馈，学生可以更有效地应对挑战，取得更好的成果。

### （三）如何利用评估和反馈促进学生的进步和成长

评估和反馈在学生的进步和成长中扮演着关键的角色，通过及时的反馈，学生可以清晰地了解自己的优势和改进的空间，从而有针对性地调整行动并提升表现。这种反馈不仅提供了对当前表现的指导，还可以为学生提供改进的方向和策略。评估结果也可以作为学生学习和发展的重要参考。通过分析评估结果，学生可以更好地了解自己的能力水平和发展方向，有助于他们为未来的学习和职业规划做出更明智的决策。综合评估和反馈的信息，学生可以更全面地认识自己，不断完善自我，实现个人的成长和进步。因此评估和反馈应当被视为学生发展过程中的重要驱动力，为他们提供持续的指导和支持，助力他们不断提升自我，实现更好的表现和成就。

### （四）创新项目评估中遇到的挑战和解决策略

在创新项目评估中会遇到一些挑战，这些挑战包括评估标准的主观性、评估方法的单一性以及反馈的及时性等。评估标准的主观性导致评估结果的不公平和不准确，评估方法的单一性限制了评估的全面性和客观性，而反馈的及时性则直接影响了学生对于自身表现的认识和改进。为了解决这些挑战可以采用多种评估方法相结合的方式，例如结合书面报告、口头答辩、项目展示等方式进行综合评估，从而增加评估的客观性和全面性。借助技术手段，如利用在线平台进行实时反馈和互动评估可以提高反馈的及时性和有效性，让学生在项目进行过程中及时了解自己的表现并做出调整。建立学生和教师之间的双向沟通机制也是解决挑战的有效途径，通过定期的交流和反馈，促进评估和反馈的有效交流和互动，从而更好地指导学生的学习和提升。采用多种评估方法相结合、借助技术手段，以及建立双向沟通机制是解决创新项目评估中遇到的挑战的有效策略，可以提高评估的准确性和有效性，促进学生的进步和成长。

表7-1　创新项目评估的挑战和解决策略

| 挑战 | 描述 | 解决策略 |
|---|---|---|
| 评估标准的主观性 | 评估标准可能受到个人偏见、喜好或经验的影响，导致评估结果的不公平和不准确 | 1. 制定明确、客观的评估标准，并让所有评估者共同遵守 |
| | | 2. 进行评估者培训，提高评估的准确性和一致性 |
| 评估方法的单一性 | 单一的评估方法可能无法全面、客观地评估创新项目的各个方面 | 1. 采用多种评估方法相结合的方式，如书面报告、口头答辩、项目展示等，进行综合评估 |
| | | 2. 根据项目的特点和目标，选择最合适的评估方法 |
| 反馈的及时性 | 反馈的延迟可能导致学生无法及时了解自己的表现，从而无法及时做出调整和改进 | 1. 借助技术手段，如在线平台，进行实时反馈和互动评估 |
| | | 2. 建立定期的反馈机制，确保学生在项目进行过程中能够及时获得反馈 |
| 沟通和互动不足 | 学生和教师之间缺乏有效的沟通和互动，可能影响评估的准确性和学生的进步 | 1. 建立学生和教师之间的双向沟通机制，鼓励定期的交流和反馈 |
| | | 2. 创设互动环节，如小组讨论、研讨会等，促进师生之间的交流和合作 |

　　通过讨论深入了解了创新项目评估的标准和方法，强调了及时和有效的反馈对学生成长的重要性，并探讨了如何利用评估和反馈促进学生的进步。认识到创新项目评估中存在的挑战，如主观性、单一性和反馈及时性等问题并提出了采用多种方法相结合、借助技术手段和建立双向沟通机制等策略，以克服这些挑战，确保评估的全面性和准确性。综合而言，评估与反馈在学生创新项目中不仅是一种工具，更是推动学生全面发展的关键因素。

# 第三节　学生创新能力的评价

## 一、创新能力的评价方法

　　评价学生的创新能力是教育领域中的重要任务之一，创新能力的评价方法可以分为定性评价和定量评价两种。定性评价方法通过深入观察和描述学生的行为、思维和创新过程，获取主观性、质性的评估数据，着重于对学生创新思维和行为的全面理解。而定量评价方法则通过数值化的方式，对学生的创新能力进行量化分析，以获取客观性的评估数据。下面探讨这两种评价方法在评估学生创新能力时的应用及其特点。

## （一）定性评价方法

定性评价方法是通过对学生的行为、思维和创新过程进行深入观察和描述，以获取主观性的、质性的评估数据。这种方法更注重对学生创新思维和行为的全面理解。在个人观察和评估方面，教师可以近距离观察学生在创新项目中的表现，包括其对问题的独特见解、创意思维的应用以及团队协作能力，例如教师可以记录学生在团队中的交流方式、角色分工情况以及个体在解决问题时所展现的创意和独立思考。小组讨论和评议是另一种定性评价方法，通过组织小组讨论让学生相互交流创意、提出建议并在小组内进行互评，有助于展现学生的团队协作和交流能力。通过评估小组讨论的质量、学生在其中的表现可以获取对其创新能力的全面印象。创意评价工具的应用也是一种有效的定性评价方法，可以采用专门设计的评价工具，如创意日志、创意作品集等，以记录学生在创新项目中的点滴创意，评估其创新思维的深度和广度。

## （二）定量评价方法

定量评价方法则侧重于通过数值化的方式，对学生的创新能力进行量化分析，以获取客观性的评估数据。在量表评估创新能力的各个方面可以设计一套包含多个维度的量表，如创意思维、问题解决能力、团队协作等，通过对学生在每个维度上的表现进行打分，形成综合评估。这样的评估方法能够提供更具体的、可量化的创新能力数据。项目成果的指标化评估是通过具体的项目成果来量化评估学生的创新能力，例如在一个科技创新项目中可以根据项目的实际成果，如新产品的功能性、创新性，制定相应的评价指标进行定量评估。这种方法使评价更加直观、可衡量。数据分析和统计方法在创新能力评价中的应用也是一种定量评价方法，通过收集学生在创新项目中的相关数据，如时间管理、任务完成情况等，运用统计方法进行分析可以为评估提供更为客观的量化依据。

创新能力的评价至关重要，因为它对学生的发展和未来职业生涯具有深远影响。定性评价方法通过深入观察和描述学生的行为和思维过程，提供了对学生创新能力全面理解的机会，强调主观性和质性的评估数据。相比之下，定量评价方法更加客观，通过数值化的方式对学生的创新能力进行量化分析，提供了可比较的、精确的评估数据。综合运用这两种方法可以更全面地评估学生的创新能力，为他们的学习和成长提供有效的指导和支持。

## 二、激励学生持续创新的方式

激励学生持续创新是教育的重要目标之一，在当今快速发展的社会中培养学生的创新能力已经成为教育的核心任务之一。为了实现这一目标，学校和教育机构需要采取多种方式来激励学生不断探索、尝试和创新。以下将探讨几种激励学生持续创新的方式。

### （一）提供认可和奖励机制

提供认可和奖励机制是激励学生持续创新的有效途径，通过设立创新比赛、奖学金或荣誉称号等方式，学校和教育机构可以鼓励学生在不同领域展现创新才华。例如学校举办科技创新大赛，该比赛可以评选出最佳项目并给予获奖者奖励或表彰。又或者设立专门奖项，奖励在社区服务和文化创意方面做出卓越贡献的学生。这样的奖励机制不仅可以激发学生对创新的兴趣和动力，也能够增强学生参与创新活动的积极性，使得创新活动更具有吸引力和意义。

### （二）激发学生内在动机

激发学生的内在动机对于持续创新至关重要，教育者应该重视培养学生对知识、探索和问题解决的内在兴趣。为实现这一目标，提供个性化学习机会是至关重要的。通过让学生选择符合他们兴趣的创新项目，可以激发他们内在的学习动机，例如学校可以开设学科交叉的创新项目，让学生在跨学科的背景下发挥创造力。这样的学习机会能够激发学生对知识的探索欲望，使他们更加自发地投入创新活动中从而增强他们的持续创新能力。

## （三）提供资源支持和创新环境

提供资源支持和创新环境是激励学生持续创新的重要手段，学校和教育机构应该提供先进的技术设备、实验室和图书馆资源，以满足学生在创新项目中的需求。这些资源的充足供应可以为学生提供必要的工具和信息，促进他们的创新思维和实践能力的发展。创新环境的建设也至关重要，包括创客空间和工作坊等。这些空间为学生提供了一个自由、开放的平台，鼓励他们跨学科合作和实验新的想法，例如，学校可以建立创新实验室，配备先进的技术设备让学生自由尝试和实践他们的创意。通过提供这样的资源支持和创新环境，学校可以激发学生的创新热情，帮助他们更好地发挥潜力，实现持续创新的目标。

## （四）鼓励实践和尝试

鼓励学生实践和尝试是培养创新能力的关键所在，教育者应该倡导"失败即学习"的理念，鼓励学生面对挑战，勇于尝试新的思路和方法。在这个过程中教师的角色非常关键，他们应该成为学生的引导者和激励者。创新过程中的失败不应被视为挫折，而是宝贵的经验，例如教师可以在课堂上引入实际案例让学生分析成功和失败的创新案例，从中汲取经验教训。通过这种方式，学生可以更好地理解创新的本质和过程，并且在面对困难时保持乐观和积极的态度。这样的教育理念培养了学生勇于冒险和创新的品质，使他们能够更加自信地面对未来的挑战。因此，鼓励实践和尝试不仅是培养创新能力的关键，也是教育中应该重视的重要环节。

为了激励学生持续创新，提供认可和奖励机制是至关重要的。这可以通过创新比赛、奖学金等方式来实现。激发学生内在动机、提供资源支持和创新环境以及鼓励实践和尝试也是非常有效的手段。这些方法不仅可以激发学生的兴趣和动力，也能够促进他们的创新能力的全面发展。因此，教育者应该积极采取这些措施，帮助学生在创新的道路上不断前进，为应对未来的挑战做好准备。

## 三、学生自我评估与反思

学生自我评估与反思是一个持续的过程，它涉及制定目标、反思行动、发现优势和改进空间，以及制订具体的行动计划和改进策略，这个过程有助于学生更好地认识自己，提高学习效率，实现自我提升。

### （一）制定自我评估标准和目标

制定自我评估标准和目标对于学生的学习至关重要，通过这一过程学生可以明确自己的学习目标并为实现这些目标制定具体的标准和计划，例如一个学生会设定每周完成指定阅读量、积极参与课堂讨论，并争取达到特定成绩的目标。这些标准和目标既可以与课程目标相一致，也能够满足个人的发展需求。通过不断地监控和评估自己的学习进程，学生可以更好地把握学习的方向，提高学习的效率和质量。因此制定自我评估标准和目标是帮助学生实现自我管理和自我提升的重要一步。

### （二）定期进行自我反思和总结

定期进行自我反思和总结对于学生的学习过程至关重要，这个过程可以帮助他们审视自己的学习方法和成果并及时发现存在的问题，从而采取相应的改进措施，例如学生可以每周或每月检查自己的学习笔记、作业成绩和课堂表现。通过这样的反思，他们可以识别出自己的优点和不足之处。这样的总结有助于学生更清晰地了解自己的学习模式和习惯并引导他们调整学习策略，提高学习效率。例如如果一个学生发现自己在阅读理解方面遇到了困难，他可以采取更多的阅读练习和尝试不同的阅读方法来改进自己的能力。因此定期进行自我反思和总结是学生自我提升和进步的重要一环。

### （三）探讨个人优势和改进空间

学生应该积极探讨个人的优势和改进空间，这有助于他们更全面地认识自己，有效地利用自身优势并有针对性地改进不足之处，例如一个学生会发现自己在数学方面具有较强的逻辑思维能力，但在写作方面表达能力有所欠缺。通过这样的发现，学生可以制订有针对性的学习计划，例如他们可以加强写作练习，参加写作课程或寻求写作辅导，以提高自己的表达能力。学生也应该充分利用自己的优势，例如通过参加数学竞赛或加入数学俱乐部来进一步发展自己的数学技能。这样的个人优势和改进空间的探讨不仅有助于学生更好地发挥自己的潜力，也能够增强他们的自信心，更自信地应对学习和生活中的各种挑战。

### （四）制订行动计划和改进策略

学生制订行动计划和改进策略是将自我评估转化为实际行动的关键步骤，一旦学生明确了自己的学习目标和发现的改进空间，他们就可以制订具体的计划来实现这些目标，例如如果一个学生发现自己在阅读理解方面存在困难，他可以采取一系列的行动来改善这种情况。他可以制订每天阅读一定量的文章的计划并确保选择不同类型和难度的阅读材料，以扩大阅读能力的广度和深度。他可以积极参加阅读理解的练习，例如做阅读理解题目或者参加相关的讨论和小组活动。他还可以寻求老师或同学的帮助，请求反馈并针对性地调整自己的学习方法。通过持续地执行这些行动计划和改进策略，学生可以逐步提高自己的阅读理解能力，实现自我评估中设定的目标。因此制订行动计划和改进策略是学生实现自我提升和进步的关键一环。

学生应该制定明确的自我评估标准和目标，定期进行自我反思和总结，探讨个人优势和改进空间并制订具体的行动计划和改进策略。这样的过程不仅有助于他们更好地管理自己的学习，也能够提高学习效果，实现自我提升。

## 四、创新学习成果的记录与展示

### （一）制作学习成果展示册或作品集

制作学习成果展示册或作品集是学生展示学习成果的有力工具，这种展示方式使学生能够有条理地整理和展示他们在不同学科和领域中取得的成果，例如一位学生可以将自己在科学课上的实验报告、数学课上的解题过程、艺术课上的作品等整理成册。通过精心设计的排版和配图，展示册可以生动地呈现学生的学习过程和成果。这样的展示不仅有助于学生自我回顾和反思学习历程，也能够向老师、同学和家长展示他们的学习成果和能力。展示册还可以成为学生申请学校或奖学金时的重要附件，为他们的学术和职业发展增添亮点。

## （二）利用多媒体展示创新项目成果

利用多媒体展示创新项目成果是一种引人入胜、生动形象的展示手段，能够有效传达学生在创新项目中所取得的成果和经验。以机器人设计项目为例，学生可以通过精心制作的视频，生动地展示机器人的各项功能和工作原理。在视频中，学生可以演示机器人的动作、响应能力以及解决实际问题的能力，通过配以讲解，深入阐述在设计过程中所面临的挑战以及他们采取的创新性解决方案。这种展示方式不仅能够引起观众的兴趣，而且通过视觉和听觉的双重感知，观众更容易理解和记忆学生的创新项目。多媒体展示也提供了展示团队协作和沟通能力的机会，因为学生需要协调制作视频、准备讲解并确保内容完整、清晰。这样的展示方式有助于培养学生的表达能力和团队协作精神，展示他们在创新项目中的全面素养。

## （三）参与学术会议或展览展示成果

参与学术会议或展览是学生展示创新成果的卓越机会，为学生提供了与同行分享、学习和互动的平台，例如想象一位学生积极参加了一场数学建模比赛并在其中取得了优异的研究成果。为了展示这一成果，该学生选择参与数学建模领域的学术会议并将自己的研究成果呈现给来自不同学校和专业背景的学者、研究人员以及行业专业人士。在学术会议上学生可以通过口头报告、海报展示或小组讨论的形式，详细介绍他们的研究问题、方法和得出的结论。与此同时还能够倾听其他研究者的报告，与他们交流心得体会，获取对自己研究的新视角和深入洞见。学术会议提供了一个展示学生学术水平和研究成果的平台，也促进了学术界的交流与合作。学术会议也为学生提供了与专业领域内的专家和评审沟通的机会，通过与其他参与者的互动，学生能够接受来自不同视角的反馈和建议，促使他们对自己的研究提出新的思考，不断完善和提高自己的工作。综合而言，参与学术会议或展览是学生展示并深化自己创新成果的重要途径，也是与学术界互动与合作的有益体验。

## （四）利用社交媒体平台分享创新成果

利用社交媒体平台分享创新成果是学生展示自己工作的快捷而广泛的途径，

以一位学生在科技创新项目中取得的成果为例，他可以选择在社交媒体上建立专属账号或者利用已有的平台发布相关内容。通过精心撰写文章、上传图片或视频，学生可以生动地展示项目的背景、设计过程、成果以及对社会的潜在影响。通过社交媒体分享，学生可以迅速扩大观众群体，吸引不同领域的人们关注他们的工作。这种开放性的分享还为学生提供了与其他创新者、专业人士和对该领域感兴趣的人建立联系的机会，例如一位学生在社交媒体上分享了他在环保科技项目中的成果，吸引了相关领域的专业人士关注并在评论中得到了建议和鼓励。社交媒体还能够促进交流与互动，因为观众可以通过评论、点赞和分享等方式与学生直接互动，提出问题或分享自己的看法。通过这种形式，学生不仅能够分享创新成果，还能够建立起一个与他人交流和学习的社区。因此利用社交媒体平台分享创新成果不仅是一种展示能力的途径，也是拓展视野、获取反馈的有效手段。

# 第八章　未来趋势与挑战

## 第一节　教育创新的全球趋势

### 一、全球化对教育创新的影响

全球化的浪潮正在不断深化，对教育领域的影响也日益显现。跨文化教育、虚拟现实技术、区块链认证以及数据分析等新兴趋势正在重塑着教育的面貌，推动教育创新和人才培养模式的变革。以下就全球化对教育创新的影响进行探讨，从跨文化教育、虚拟现实技术、区块链认证以及数据分析等方面进行深入分析。

#### （一）跨文化教育的重要性

跨文化教育在当今全球化时代变得尤为重要，其核心目标是培养学生具备跨越文化差异的能力，拥有开放的全球视野和高效的跨文化沟通技能。通过引入多元文化的教学内容和实践活动，跨文化教育致力于增强学生对世界多样性的理解和尊重，提升他们的文化敏感度和跨文化交流能力，例如一些学校积极推行国际交流项目或合作课程，为学生提供与来自不同文化背景的同龄人合作的机会。这种跨文化合作不仅能够拓展学生的人际网络，还能促进全球性问题的共同解决，进而促进不同文化之间的交流与理解。跨文化教育的重要性在于帮助学生建立更加开放包容的世界观，培养他们适应全球化挑战的能力，促进全球社会的和谐发展。

#### （二）虚拟现实技术助力教育领域革新

虚拟现实（VR）技术正在教育领域引发革命性变革，为学生提供了前所未有的学习体验和教学性。通过虚拟现实环境，学生可以沉浸在仿真的场景中与内容互动，实现身临其境的学习体验，例如地理学课程可以利用VR技术让学生仿佛置身于世界各地的景观中，从雪山到沙漠，从森林到海洋，全方位感受不同地理环境的气候、地貌和生物。通过这种沉浸式的学习方式，学生可以更直观地理解地球的多样性和文化的丰富性，激发对地理学的兴趣和探索欲望。VR技术还可以用于模拟实验和实地考察，为学生提供安全、经济的学习环境，例如在化学课程中，学生可以通过VR仿真实验室进行化学反应的观察和操作，从而加深对化学原理的理解。总的来说，虚拟现实技术的应用为教育带来了更加生动、互动和个性化的学习体验，有助于提高学生的学科兴趣和参与度，促进教育的创新与发展。

## （三）区块链技术革新学历认证

区块链技术在学历认证领域的应用为学生、教育机构和用人单位带来了更加安全、透明和可信赖的学历验证解决方案，传统的学历认证存在着学历造假和信息篡改的风险，而区块链技术的出现为这些问题提供了有效的解决方案。通过将学历信息存储在区块链上每一笔记录都经过加密和时间戳处理，形成不可篡改的数据块，确保学历信息的安全性和完整性。学生可以通过区块链技术方便地分享和验证自己的学历信息，无须依赖第三方机构，从而提高了学历验证的效率和可靠性。用人单位可以直接访问区块链上的学历信息，减少了人为的中介环节，提高了对求职者学历真实性的信任度，例如一些高校已经开始尝试将学位证书等学历证明记录在区块链上并向学生提供相应的数字身份证明，使学生可以通过区块链平台方便地分享和验证自己的学历信息。这种基于区块链的学历认证系统不仅提高了学历信息的安全性和可追溯性，还为学生和用人单位提供了更加便捷和可信赖的学历验证服务。

## （四）数据分析赋能教育

数据分析在教育领域的应用日益重要，尤其是在学生学习行为预测方面，通过对学生大量数据的分析，学校和教育机构可以更好地了解学生的学习情况，提供更有针对性的支持和帮助。数据分析可以帮助学校发现学生的学科偏好和学习风格，通过分析学生的课堂表现、作业成绩和考试成绩等数据，学校可以了解到每个学生在不同学科上的表现和兴趣，从而为学生提供更加个性化的学习计划和指导。数据分析还可以帮助学校预测学生遇到的学业困难，通过分析学生的学习历史数据和行为模式，学校可以发现哪些学生在某一学科上会遇到困难，及早采取措施进行干预和支持，例如学校可以为这些学生提供额外的辅导课程或个性化指导，帮助他们更好地理解和掌握知识，提高学习成绩和学习体验。

全球化对教育创新带来了巨大的机遇和挑战，跨文化教育为学生提供了开阔的国际视野和跨文化交流能力，虚拟现实技术丰富了教学手段和学习体验，区块链认证提升了学历验证的安全性和可信度，数据分析助力学校更好地了解学生需求和行为，提供个性化支持。面对全球竞争，教育机构需要不断创新，整合全球资源，培养具备跨文化意识和数据驱动能力的人才，以适应不断变化的时代需求。

## 二、新兴技术在教育中的应用

新兴技术在教育领域的应用正日益受到关注，为教学带来了前所未有的创新。下面探讨人工智能、虚拟现实技术、区块链技术以及数据分析在教育中的应用，以展示这些技术如何改变了教学方式和学习体验，为教育带来了新的发展机遇。

### （一）人工智能与个性化教学

随着人工智能技术的不断发展，其在教育领域的应用也日益广泛，个性化教学作为人工智能在教育中的重要应用之一，旨在根据学生的学习特点、能力水平和兴趣爱好，为其量身定制学习路径和内容，提高学习效率和成绩。通过人工智能算法分析学生的学习数据和行为模式，教师可以更好地了解每个学生的学习需求并有针对性地进行教学，例如智能教育平台可以根据学生的学习进度和理解程度，自动调整教学内容的难度和速度，提供适合学生个体差异的学习资源和活动。人工智能还可以通过智能辅助教学工具，如智能教学机器人或虚拟助教，为学生提供即时的学习支持和反馈，促进学生自主学习和问题解决能力的培养。总的来说，人工智能与个性化教学的结合，为教育提供了更加灵活和高效的教学模式，有助于满足不同学生的学习需求和潜力。

### （二）虚拟现实技术的教育实践

虚拟现实技术为教育带来了全新的体验，通过虚拟现实环境，学生可以身临其境地进行虚拟实验、实地考察等学习活动，例如，地理学课程可以利用VR技术让学生仿佛置身于世界各地，深入了解地理环境和文化特色。这种沉浸式的学习方式有助于提高学生的学科兴趣和参与度。另一个例子是医学院校利用VR技术模拟手术操作让学生在虚拟环境中进行实践训练，提高其手术技能和自信心。虚拟现实技术还可以用于历史课程中重现历史场景让学生身临其境地体验历史事件，加深对历史知识的理解。虚拟现实技术的应用丰富了教学手段，提升了学生的学习体验和效果。

## 三、教育政策与制度的变革

　　教育政策与制度的变革已成为当今教育领域的重要议题，随着社会的不断发展和教育需求的多样化，政策制定者和教育专家开始意识到传统的教育模式已经不再适用于当前的社会环境。因此，灵活的教育政策、多元的评价体系、跨学科教学以及学校与社区的紧密合作等方面的变革成为推动教育改革的重要动力。下面将探讨这些变革的具体内容及其对教育体系的影响。

### （一）灵活的教育政策与法规

　　随着社会的快速变化和教育需求的多样化，灵活的教育政策和法规变得至关重要。政策制定者越来越意识到一刀切的标准化教育政策难以适应不同学生的需求。因此，一些国家开始推行更加灵活的政策，以促进教育的个性化和差异化发展，例如新西兰实施的"教育成功计划"允许学生选择适合他们兴趣和能力的学科，鼓励学校根据学生的需求和发展方向制定灵活的课程安排。这种政策的变革使得教育更能贴近学生的实际需求，提高了教学的实效性。

### （二）教育融合与多元评价体系

　　传统的教育评价体系往往过于依赖标准化的考试成绩，而这种评价方式无法全面反映学生的真实能力和潜力。因此，越来越多的国家开始关注教育融合和多元评价体系的重要性。以芬兰为例，其教育制度强调综合评价，不仅关注学生的学术成绩，还注重评价学生的创造性表现、社会参与和团队协作等方面。这种综合评价的方式使得学生能够在多个领域得到认可和鼓励，激发了他们的学习动力和创造力。相比之下，单一的考试成绩评价往往会导致学生追求分数而忽视其他重要素质的发展。因此，教育融合与多元评价体系的推行，不仅有助于学生全面发展，也更符合现代社会对人才的需求，为其未来的发展打下坚实的基础。

## （三）跨学科教学的政策支持

跨学科教学的政策支持在当今教育领域备受关注，这种教学模式旨在打破传统学科间的界限，促使学生在学习过程中获得更广泛的知识和技能，培养其综合思考和解决问题的能力。新加坡的教育制度是跨学科教学政策的一个成功典范。该国推行的"思维技能与创新"课程，强调不同学科之间的融合，旨在培养学生的综合思维和创新能力。通过这样的课程设计，学生不仅可以获得跨学科的知识，还能够学会将不同学科的知识和技能相互融合，形成更为全面和深入的理解。这种政策支持下的跨学科教学，使得学生能够更好地适应未来职业的要求，为其未来的发展奠定坚实基础。

## （四）社区与学校合作的政策推动

社区与学校的合作在教育改革中起着重要作用，这种合作模式通过政策推动已经成为一种趋势，例如加拿大的"社区学校合作计划"是一个成功的案例。该计划通过政府的资助，鼓励学校与社区机构合作，共同开展各种课外活动和社区服务项目。这种合作不仅丰富了学生的课外体验，还为他们提供了更广泛的成长机会。通过参与社区项目，学生不仅可以将课堂学习与实践相结合，还可以培养社会责任感和团队合作精神。学校与社区的密切合作也有助于社会资源的共享和整合，提升了教育的综合素质。因此，这种政策推动下的社区与学校合作不仅促进了学生的全面发展，也加强了学校与社区之间的联系，为教育改革注入了新的活力。

教育政策与制度的变革涉及多个方面，包括教育政策的灵活性、评价体系的多元化、跨学科教学的推行以及学校与社区的紧密合作。这些变革旨在使教育更加个性化、综合化和与社会需求相适应。通过灵活的政策和法规，学生可以更好地选择适合自己发展方向的课程；多元的评价体系能够更全面地反映学生的能力和潜力；跨学科教学的推行有助于培养学生的综合思维能力；而学校与社区的合作则为学生提供了更丰富的学习资源和成长机会。这些变革不仅促进了学生的全面发展，也为教育体系的持续改进和创新提供了有力支持。

## 四、持续适应的学习模式

随着社会的快速变革和科技的飞速发展，适应性与学习能力成为现代人成功的关键因素。在这个不断演变的环境中持续适应的学习模式变得至关重要。以下探讨的四个方面分别是职业技能培训的强化、在线学习与远程工作的融合、跨领域知识的终身学习以及心智与情感智能的发展与培养，这些方面共同构成了一个促使个体在职业和生活中不断发展的全面学习框架。

### （一）职业技能培训的强化

随着科技和行业的快速变化，职业技能培训的重要性日益凸显。现代社会需要不断适应新技术和新工作模式的挑战。因此，职业技能培训不仅仅是为了获得特定工作所需的技能，更是为了培养学习能力和适应能力，例如一些科技公司如微软等提供的技能培训课程，不仅覆盖了技术方面的知识，还注重培养学员的问题解决能力和团队合作精神。这种强化的职业技能培训有助于个人在职业生涯中不断发展和进步，也满足了不断变化的市场需求。

### （二）在线学习与远程工作的融合

随着信息技术的不断创新，在线学习和远程工作的紧密融合已经成为当今社会的一项重要趋势。特别是在全球暴发的新冠疫情中，这种趋势更加凸显。在线工作平台如Zoom和Teams的广泛应用以及在线学习平台如Coursera和edX的兴起，为人们提供了更加灵活的学习和工作方式。在远程工作方面，公司和组织越来越倾向于采用远程办公模式，使员工能够在不同地理位置灵活工作。这不仅提高了员工的工作效率，降低了通勤成本，还为企业拓展了全球范围内的人才池。远程工作的实践也推动了团队协作工具和沟通技能的创新，促使企业更好地适应快速变化的工作环境。在线学习的兴起使得学习不再受制于时间和地点，Coursera、edX等在线学习平台提供了丰富多样的课程，涵盖了各个领域的知识。这使得个体能够根据自己的兴趣和需求选择适合的学习路径，不再受制于传统学校的限制。在线学习还通过数字化教育资源的共享，实现了全球范围内学术和专业知识的传递，促进了跨文化的学习和合作。

### （三）跨领域知识的终身学习

随着社会的不断发展，专业知识的跨界融合变得越发重要，而终身学习已经成为现代人不可或缺的能力之一。跨领域知识的学习使个人能够更好地适应复杂多变的社会环境，例如工程师学习基础的编程知识可以使其更加灵活地解决工程问题并开拓新的技术应用领域；设计师了解市场营销的基本原理有助于他们更好地理解产品的市场需求和用户喜好，从而设计出更具市场竞争力的产品；而传媒工作者通过学习数据分析技能，能够更准确地了解受众需求，提高内容质量，进而在竞争激烈的市场中脱颖而出，获得更多的关注和认可。跨领域知识的终身学习不仅有助于个人在职业发展中获得更广阔的空间，还能够培养个人的综合能力和创新思维，提升自身的竞争力。随着科技和产业的不断进步，不同领域之间的交叉融合也将变得越来越普遍，因此，具备跨领域知识的能力将成为未来社会中人们不可或缺的素质之一。个人应当认识到终身学习的重要性并不断努力去拓展和提升自己的知识结构，以适应不断变化的社会环境和职业需求。

### （四）心智与情感智能的发展与培养

在当今社会除了专业技能外，心智和情感智能的发展与培养也变得更加重要。这些能力包括情商、领导力、解决问题的能力等，对于个人在工作和生活中取得成功至关重要。培养这些方面的能力有助于个人更好地应对各种挑战，与他人建立良好的关系并在竞争激烈的环境中脱颖而出。以情商为例，它涵盖了情感认知、情感管理、人际交往等方面的能力，一名具有较高情商的领导者能够更好地理解团队成员的情感状态和需求，从而更有效地与他们沟通、激励和协调，提高团队的凝聚力和工作效率。情商还有助于处理压力、管理情绪，从而更好地应对挑战和逆境，保持心态的稳定和积极。领导力和解决问题的能力也是现代社会中不可或缺的素质，一个优秀的领导者能够激励团队成员，引导团队朝着共同的目标努力；而具备良好解决问题能力的个人能够在面对复杂的情况时冷静应对，找到有效的解决方案，推动事务的顺利进行。

在持续适应的学习模式中，职业技能培训的强化是为了不断适应科技和行业的变革，使个体具备解决问题和团队合作的能力。在线学习与远程工作的融合提供了更灵活的学习和工作方式，推动了全球范围内的人才流动。跨领域知识的终身学习使个体能够更好地适应复杂多变的社会环境，提高了综合能力和创新思维。心智与情感智能的发展与培养是为了在面对挑战时保持稳定心态、与他人建立良好关系，从而在竞争激烈的环境中脱颖而出。这些学习模式共同构筑了一个多维度的学习框架，为个体在现代社会中持续成长和成功提供了全面的支持。

## 第二节　应对未来教育的挑战

### 一、预见教育的未来挑战

教育领域正迎来前所未有的变革与挑战，其中科技、全球化、新兴教育模式和教育资源不平衡等方面的问题日益凸显。随着科技的迅速发展，教育技术的整合成为提升教学效果的关键因素；全球化使得教育不再受限于国界，而是面临更广泛的挑战和机遇；新兴教育模式的涌现给传统教育带来了新的思考与启示；教育资源的不平衡问题也在引起越来越多的关注。下面探讨这些挑战并提出应对之策，以引领教育走向更加公平、高效和包容的未来。

#### （一）科技发展与教育技术的整合

随着科技的迅猛发展，教育领域面临着与之相应的挑战。科技与教育技术的整合成为提升教学效果、拓展学习方式的重要途径。虚拟现实（VR）、人工智能（AI）等技术的应用不仅能够提供更生动的学习体验，还能够个性化地适应学生的学习需求，例如通过虚拟实验室，学生可以在安全的环境中进行化学实验，增强实践能力。AI辅助教学则可以根据学生的学习风格和进度提供定制化的学习计划，提高学习效率。然而科技发展也带来了信息不对称、数字鸿沟等问题，需要综合利用科技手段解决这些挑战，确保科技在教育中的平等应用。

#### （二）全球化对教育的影响

全球化对教育的影响日益显现，不再将学习局限于国界之内，而是面向更广泛的挑战与机遇。在全球视野下教育不仅仅是传授学科知识，更加注重培养跨文化沟通和国际合作的能力。学生需要具备强大的国际竞争力，这对教育体系提出了更高的要求，例如学校可以通过引入国际化的课程设置，邀请外籍专家进行授课，开展国际交流项目等方式，促进学生的国际视野和跨文化交流技能的培养。然而全球化也带来了一系列新的挑战，比如教育资源的不均衡和文化冲突。因此，需要采取更加灵活和包容的教育策略，以确保每个学生都能够充分受益于全球化带来的机遇，从而更好地适应不断变化的世界。

### （三）新兴教育模式的涌现

社会的变革不断催生着新兴教育模式的涌现，这些模式给传统教育带来了新的冲击与启示。在线学习、混合式学习、项目化学习等新模式的兴起，赋予了学习更大的灵活性和个性化定制的丰富性。举例而言，通过在线学习平台，学生可以根据自身的时间安排，在任何地点、任何时间获取所需知识，从而更好地适应个体差异和不同的学习节奏。然而，这些新兴教育模式也提出了新的挑战。教育机构和教育者需要不断调整和创新，以适应这一变化潮流并确保教育的有效性和质量，例如教育者需要探索更具创意的教学方法，结合在线学习平台提供的资源，设计更富有启发性和互动性的教学活动。教育机构需要制定相应的政策和规定，确保新兴教育模式的顺利实施并监督评估其效果，从而不断完善和提升教育质量。

### （四）教育资源不平衡的问题

教育资源的不平衡问题随着时间的推移变得更加显著，体现在资源丰富的地区与资源贫乏的地区之间的差距。这种差异不仅仅限于财力，还包括教师质量、教学设施等多个方面。为了缩小这种差距，需要政府、社会机构和教育界的共同参与和努力。一种有效的策略是通过公平的财政分配政策，确保教育资源的公平分配让每个学生都能接受到高质量的教育。利用现代技术手段，如网络教学平台可以实现教育资源的共享，通过虚拟课堂、在线教材等方式让地理位置偏远或资源不足的学生也能享受到优质的教育服务。这要求教育者和决策者不断创新思维，寻找新的解决方案，通过技术手段和政策调整，有效地解决教育资源不平衡的问题，推进教育公平。

未来的教育将面临着多方面的挑战，包括科技与教育技术的整合、全球化对教育的影响、新兴教育模式的涌现以及教育资源不平衡等问题。这些挑战虽然困难重重，但也带来了前所未有的机遇。通过充分利用科技、加强国际合作、推动教育改革和资源的公平分配，有信心应对未来教育的挑战，共同建设一个更加开放、包容和富有活力的教育体系。

## 二、创新与传统教育的平衡

随着社会的快速发展和科技的迅猛进步，教育面临着前所未有的挑战与机遇。在这个时代传统教育与创新教育之间的平衡成为教育改革的核心议题之一，传统教育秉承着悠久的文化传统与价值观，而创新教育则以应对时代变革和培养未来人才为目标。如何在两者之间找到平衡是当前教育界亟须思考和解决的问题，以下从引入创新教学方法与工具、传统价值观与现代需求的融合、面对技术变革的教育体系改革以及鼓励教育实践中的实验与探索等方面，探讨创新与传统教育的和谐发展之道。

### （一）引入创新教学方法与工具

在现代教育中引入创新教学方法与工具是为了更好地满足学生的学习需求，提升教学效果，例如个性化学习平台可以根据学生的学习习惯和能力水平，定制化教学内容和进度，激发学生的学习兴趣和积极性。利用虚拟现实技术可以为学生创造身临其境的学习体验，比如通过虚拟实验室进行科学实验，加深对知识的理解和记忆。创新教学方法和工具的引入不仅能够提高教学效率，还可以激发学生的创造力和想象力，培养他们解决问题的能力。

### （二）传统价值观与现代需求的融合

在当今教育中传统价值观与现代需求的融合是至关重要的，教育的目标不仅仅是传授知识，更重要的是培养学生的品德和价值观，使其成为有担当、有情怀的社会成员。在这一融合过程中教育者扮演着至关重要的角色。教育者需要注重传统文化的传承，传统价值观承载着中华民族的精神基因，包括孝道、礼仪、诚信等，这些价值观对于塑造学生的品格和道德观念具有重要意义，例如通过经典文学、古诗词等传统文化教育，学生能够深入了解和尊重传统价值观，从而树立正确的人生观和价值观。教育者也要关注现代社会的发展趋势和学生的个性发展需求，现代社会变化迅速，科技发展日新月异，学生需要具备适应变化、勇于创新的能力。因此，教育课程应该注重培养学生的创新精神和团队合作能力，让他们在面对未来的挑战时能够游刃有余，例如可以通过项目式学习、团队合作项目等方式，培养学生的实践能力和团队意识，让他们在实践中不断成长和发展。

### （三）面对技术变革的教育体系改革

随着科技的快速发展，教育体系不得不紧跟技术变革的步伐进行改革，以确保教学质量和学生的综合素养能够适应现代社会的要求。面对技术变革的教育体系改革中一系列措施是至关重要的。教育机构应当积极整合现代科技资源，建设智慧教室和远程教育网络。智慧教室的建设可以借助先进的技术设备，如智能白板、互动投影等，提升课堂互动和教学效果。远程教育网络的构建可以突破地理限制让学生在不同地区也能享受到优质的教育资源，推动教育的普及和平等。教育体系需要重视教师的信息技术培训，教师是教育的核心力量，他们的信息技术水平直接关系到科技在教育中的发挥。为此培训计划应涵盖课堂技术运用、在线教学方法以及教学资源的整合等方面，提高教师运用技术进行灵活、创新教学的能力。在这一过程中还须强调教育体系的灵活性和包容性，因为技术发展速度快，应对多变的需求，教育体系应保持灵活的制度和机制，允许在创新的探索中进行调整和改进。保证所有学生都能够平等地享受到科技带来的便利，避免数字鸿沟的出现是教育改革的重要方向。

### （四）鼓励教育实践中的实验与探索

教育实践中的实验与探索对于学生的综合素养和创新能力的培养至关重要，教育机构在鼓励教师和学生进行实践性的教学活动时不仅提供了学习的机会，更为学生提供了一个发挥创造力、探索未知的舞台。通过科学实验、社会调查和实地考察等实践活动，学生能够在真实的情境中应用所学知识，从而深入理解和掌握知识点，例如在科学实验中学生通过自己动手操作、观察实验现象，不仅能够加深对科学原理的理解，还能培养实验设计和数据分析的能力。而社会调查和实地考察则让学生亲身体验社会生活，了解社会问题并通过调查分析和解决方案的提出，培养学生的批判性思维和解决问题的能力。在教育机构的支持和引导下教师们可以设计和组织各种创新的教学实践活动，激发学生的学习兴趣和动手能力。教育机构也应为教师提供更多的支持和资源，如提供先进的教学设备、培训教师的教学方法和策略以及分享成功的教学案例等，鼓励他们在教学实践中不断创新，推动教育不断发展和进步。

在教育实践中创新与传统之间的平衡是实现教育目标的关键，引入创新教学方法与工具，融合传统价值观与现代需求，面对技术变革的教育体系改革，以及鼓励教育实践中的实验与探索，都是促进教育发展、培养学生综合素养和创新能力的重要途径。只有在传统与创新相互交融、取长补短的基础上，教育才能更好地适应时代的要求，助力学生成长为有担当、有情怀的社会栋梁。

## 三、社会需求与教育目标的适应

随着社会的快速变化和发展，教育系统面临着更加复杂多样的社会需求。为了确保学生能够成功应对未来的挑战，教育目标必须与社会需求保持紧密的适应性。以下探讨三个关键方面，即职业技能与综合素养的平衡、社会责任与公民教育的强化以及心智与情感智能的培养，并强调持续适应学习的重要性，这是面向未来社会的关键能力。

### （一）职业技能与综合素养的平衡

在教育目标的设计中不仅要注重培养学生的职业技能，更要重视其综合素养的培养。现代社会对于职场人才的需求日益多样化，仅仅拥有一项特定的技能无法适应未来不断变化的工作环境。因此，教育应该努力平衡培养学生的专业技能和综合素养，使其具备扎实的专业知识和广泛的综合能力，例如在教学中可以通过项目式学习让学生在团队合作中学习专业技能的培养解决问题、沟通协作、创新思维等综合素养。这样的教学方法不仅能够提高学生的职业竞争力，还能够培养其成为全面发展的社会人才。

### （二）社会责任与公民教育的强化

在当今社会培养具有社会责任感和公民素养的学生已经成为教育的重要使命，社会责任与公民教育的强化旨在让学生认识到他们在社会中的重要性并激发他们积极参与社会事务的愿望。通过在学校组织社区服务活动或志愿者活动，学生得以亲身体验社会责任的意义。举例而言，学生可以参与社区清理活动、帮助贫困地区的孩子们，或是参与环保项目。这些实践不仅使学生感受到自己对社会的贡献，还培养了他们团队协作、沟通协调等社会交往技能。通过强化社会责任与公民教育，能够培养学生更广泛的社会视野，认识到社会问题的复杂性并主动寻找解决方案。参与社会活动也有助于锻炼学生的领导才能，激发他们的社会参与热情。这些经历将为学生未来的职业生涯和社会角色的扮演奠定坚实的基础，使其具备更全面的素养，成为具有社会担当的公民。社会责任与公民教育的强化不仅关乎个体成长，更关系到整个社会的进步与发展。

### （三）心智与情感智能的培养

心智与情感智能的培养在当今社会变幻莫测、信息快速传递的背景下越发显得重要，除了专业知识和技能，学生需要具备较高的情商和心理素质，以更好地适应社会生活的各种挑战。教育系统应重视培养学生的自我认知能力让他们能够深刻理解自己的情感和需求，从而更好地应对压力和挑战。开设心理健康课程是培养心智与情感智能的有效途径之一，这样的课程可以涵盖自我认知、情绪管理、应对压力的技能等内容。学生通过学习这些知识，不仅能够更好地理解和掌控自己的情绪，还能够学会有效的沟通和解决问题的方法。这对于建立健康的人际关系、提高学业和职业成功的能力都具有重要意义。在这样的课程中还可以引导学生进行实践活动，如角色扮演、小组合作等，以培养他们的团队协作和沟通技能。通过实际应用，学生可以更好地将所学知识运用到实际生活中，增强他们在复杂社会环境中的适应能力。

### （四）持续适应学习的重要性

在当今快速变化的社会中持续适应学习已经成为至关重要的能力，随着科技的不断发展和知识的迅速更新，传统的学习模式已不足以满足个人和社会的需求。因此，教育目标必须强调学生持续学习的意识和能力培养。学生应当具备主动学习的能力，不断吸收新知识、掌握新技能，以适应社会的变化和发展。这需要他们具备自我激励的能力，能够自觉地寻求并利用各种学习机会，例如学校可以开设跨学科的选修课程，引导学生拓宽知识面，培养他们的综合素养。提供在线学习资源也是重要的途径之一，让学生可以随时随地获取所需知识，满足个性化学习需求。

综合素养的平衡、社会责任与公民教育的强化以及心智与情感智能的培养，共同构成了教育目标与社会需求的紧密结合。通过培养学生全面发展的能力，不仅能够提高其在职场上的竞争力，还能够为社会的持续进步和发展贡献更多积极力量。在这一过程中持续适应学习的能力成为锦上添花，确保个体在面对快速变化的社会时能够灵活适应，不断提升自身素养。因此，教育的目标应当紧密围绕这些方面展开，以培养更加全面、具备社会责任感的未来公民。

## 四、促进公平与包容性教育的策略

在当今社会构建一个公平与包容的教育体系成为迫切的任务，以确保每位学生都有平等的机会接受高质量的教育。为此需要采取一系列策略来改善教育资源分配、满足特殊需求群体的教育要求、消除性别和社会经济差距，通过多元化的评估和招生制度，确保每个学生都能够充分发挥潜力。

### （一）改善教育资源分配

在促进公平与包容性教育方面，改善教育资源分配是一个关键的策略。这意味着确保所有学校都能够获得足够的资源，无论是在城市还是农村地区，无论是在富裕社区还是贫困地区，这包括提供优质的教学设施、教学材料、师资培训等方面的支持。例如政府可以通过增加教育预算、建设更多的学校和教学设施以及提供更多的教育补助来改善资源分配，这样可以确保每个学生都有平等的机会接受优质教育，无论其所处的社会经济背景如何。

### （二）面向特殊需求群体的差异化教育

差异化教育是为了满足不同学生的不同需求而设计的，这包括面向特殊需求群体的教育，如残疾学生、学习障碍学生、移民学生等。针对这些群体，教育系统应该提供个性化的学习支持和资源，以确保他们能够获得公平的教育机会。例如学校可以提供专门的辅导教育、辅助技术、个性化学习计划等，以满足这些学生的特殊需求并帮助他们充分发挥潜力。

### （三）消除教育中的性别和社会经济差距

性别和社会经济差距在教育领域仍然存在，影响着学生们的机会和发展。为了促进公平与包容性教育，必须采取措施消除这些差距，这包括提供平等的教育机会和资源，鼓励女性和贫困家庭学生参与教育以及制定政策和项目以提高他们的教育水平。例如可以通过提供奖学金、免费午餐、教育补助等方式来支持经济困难家庭的学生；采取行动消除性别偏见和歧视，确保女性学生能够获得与男性同等的机会和资源。

### （四）采用多元化的评估和招生制度

为了确保公平与包容性教育，评估和招生制度也需要进行改革，以更好地反映学生的多样性和个人潜力，这包括采用多元化的评估方法，如标准化考试、综合评价、作品集评审等，以更全面地了解学生的能力和潜力。招生制度也应该更加灵活，考虑到学生的背景、经历和特殊需求，以确保每个学生都有平等的机会接受教育，例如可以采取招生面试、特殊招生计划等方式，为不同群体的学生提供公平的入学机会。

在促进公平与包容性教育的道路上改善教育资源分配是基础，通过增加预算、建设更多设施，确保所有学校都能提供优质教育。面向特殊需求群体的差异化教育则是为了照顾每位学生的独特需求，提供个性化的支持和资源。迫切需要消除性别和社会经济差距，通过提供平等的机会和资源，确保每个学生都能平等参与教育。采用多元化的评估和招生制度是为了更全面地了解学生的潜力，确保教育机会不受限制。这些策略共同构建了一个公平与包容的教育系统，使每个学生都有机会追求卓越，不受社会背景的限制。

## 第三节 持续创新与改进

### 一、建立持续创新的机制

在当今竞争激烈的商业环境中，持续创新已成为组织取得成功的关键因素之一，为了培养和促进持续创新，组织需要建立有效的机制来激励员工的创造力、管理创新项目以及营造创新文化。下面探讨建立持续创新的机制的重要性并深入分析创新激励机制、创新管理体系以及创新文化建设三个方面的关键要素。

## （一）创新激励机制

创新激励机制是促进组织持续创新的重要手段之一，通过激励机制可以激发员工的创造力和积极性，推动组织不断追求创新，例如可以设立创新奖励制度，鼓励员工提出创新点子并将其付诸实践。这些奖励可以是物质奖励，如奖金、礼品，也可以是非物质奖励，如晋升、荣誉称号等。还可以提供资源支持，例如提供专项经费用于支持创新项目的开展，或是提供技术支持、培训等资源，帮助员工实现创新想法。

## （二）创新管理体系

创新管理体系是组织内部推动创新的关键机制，它涵盖了一系列灵活而高效的管理措施，为创新提供了良好的环境和支持。在建立创新管理体系的过程中跨学科合作被认为是一种有效的方式。通过鼓励不同部门之间的紧密交流和合作，组织能够促进创新思想的跨界碰撞与融合，例如将来自不同专业背景的员工组成创新团队可以加速知识和经验的传递，促使各部门共同参与创新过程。推动项目管理方法的应用也是创新管理体系中的关键环节，通过引入规范的项目管理流程，组织能够更有效地监控和管理创新项目的各个阶段。项目管理有助于确保创新项目按时、按预算完成并提高项目成功的概率。举例而言，采用敏捷开发方法可以使团队更灵活地应对需求变化，迅速调整创新方案，从而更好地适应快速变化的市场需求。

## （三）创新文化建设

创新文化建设是组织持续创新能力的基石，对于激发员工创新潜能和为创新提供良好土壤至关重要。在构建创新文化的过程中倡导开放的沟通氛围是关键一环。通过鼓励员工畅所欲言，组织能够激发多元化的观点和创新想法的涌现。建立开放的交流平台，如在线讨论论坛、创新意见箱等可以使员工更自由地表达他们的看法，促进创意的碰撞。创新文化的建设也需要强调对失败的包容，将失败视为学习的机会，能够消除员工对于冒险和尝试的恐惧感，从而鼓励他们更加勇于创新。组织可以通过定期举办创新分享会议，让员工分享他们在创新过程中的成功经验和面对挫折时的应对策略。这样的分享活动不仅能够丰富创新文化的内涵，还能够营造一种团队共同成长的氛围。在实践中创新文化建设也可通过设立创新奖励制度来强化，奖励可以是荣誉奖项，如创新明星、最佳创新团队，也可以是物质奖励，如奖金、礼品等。这样的奖励机制不仅能够认可员工的创新成果，也能够为其他员工树立榜样，进一步推动创新文化的培育。

建立持续创新的机制对于组织实现创新驱动发展至关重要，创新激励机制能够激发员工的积极性和创造力，推动他们不断提出创新点子并付诸实践。创新管理体系能够为创新提供良好的环境和支持，通过跨学科合作和项目管理的方法，推动创新项目的顺利进行。创新文化建设则是持续创新的基石，通过倡导开放的沟通氛围和对失败的包容，营造一种充满创新活力的文化氛围。通过这些努力，组织将能够建立起一种积极向上的氛围，为持续创新打下坚实的基础。

## 二、创新实践的持续评估

在当今竞争激烈的商业环境中，创新已成为组织持续发展的关键因素之一，然而，创新不是一次性的活动，而是一个持续的过程。为了确保创新活动能够持续有效地推动组织前进，需要建立有效的评估机制来监测和改进创新实践。下面探讨创新实践的持续评估过程，包括制定评估指标、定期评估与反馈以及共享经验与教训，以帮助组织更好地管理和推动创新。

### （一）制定评估指标

制定评估指标是确保创新实践持续有效的第一步，评估指标应该具体明确，能够客观地衡量创新活动的成效和影响。这些指标可以涵盖多个方面，包括但不限于创新项目的数量和质量、创新成果的商业化程度、创新对组织绩效的影响等，例如对于创新项目的数量和质量可以设定指标如每季度提出的新创意数量、成功转化为产品或服务的比例等。而对于创新成果的商业化程度，则可以考虑收益增长率、市场份额增加情况等指标。

### （二）定期评估与反馈

定期评估与反馈是确保创新实践持续改进的重要环节，通过定期对创新实践进行评估和反馈，组织可以及时发现问题和不足，采取相应的措施加以改进。评估与反馈的频率可以根据实际情况进行调整，但一般建议至少每季度进行一次评估。评估可以包括定量指标的数据分析和定性反馈的收集，通过与实际目标进行比较，发现偏差并及时纠正。及时向参与创新实践的团队成员提供反馈，鼓励他们分享经验和提出改进建议，共同推动创新实践的持续改进。

### （三）共享经验与教训

共享经验与教训是促进组织创新学习和进步的重要方式，通过分享成功案例和失败经验可以帮助组织成员更好地理解创新过程中的挑战和机遇，从而在今后的实践中做出更加明智的决策。组织可以定期举办创新经验交流会议或分享沙龙，让不同团队之间互相学习和借鉴。还可以建立在线平台或知识库，将有价值的经验和教训进行归档和分享，方便组织成员随时获取。通过共享经验与教训，组织可以避免重复犯错，加速创新实践的进程，实现持续的创新和进步。

创新实践的持续评估是确保组织持续创新和进步的关键步骤之一，通过制定明确的评估指标，定期进行评估与反馈并积极共享经验与教训，组织可以不断优化创新实践，提高创新活动的效率和成效。这一过程不仅能够帮助组织更好地应对市场竞争和变化，还能够促进组织内部的学习和成长，从而实现持续的创新和持续的成功。

## 三、学习与适应新兴技术

在当今快速发展的科技时代，学习和适应新兴技术已成为组织和个人所面临的重要挑战和机遇。技术的不断变革不仅改变着人们的生活方式和工作方式，也在不断塑造着未来的发展趋势。因此，为了保持竞争力并不断创新，组织和个人都需要不断地进行技术培训与支持，将教育科技融合到学习过程中，并通过跨界合作与创新来共同推动科技发展。

### （一）技术培训与支持

在快速发展的科技时代，学习与适应新兴技术对于组织和个人都至关重要，为了有效地应对技术的变革，组织需要提供全面的技术培训和支持，这包括为员工提供定期的技术培训课程，以帮助他们掌握新技术的基础知识和应用技能。组织还可以建立技术支持团队或提供在线资源平台让员工在实际工作中遇到问题时能够及时获取帮助和解决方案。例如一家软件公司可以定期举办内部技术研讨会，邀请行业专家分享最新的技术趋势和应用案例，提供在线知识库和技术论坛让员工在工作中能够随时查阅和交流。

### （二）教育科技融合

教育科技融合是指将先进的科技手段应用于教育领域，以提升教学效果和学习体验。对于组织来说将教育科技融合到培训和学习过程中可以提高学习效率和质量，加速员工对新技术的学习和掌握，例如利用虚拟现实（VR）技术开发模拟实验场景，帮助员工在安全环境下学习和掌握新的操作技能；或是使用在线学习平台和移动应用，为员工提供随时随地的学习资源和交流平台，促进自主学习和知识分享。通过教育科技融合，组织可以更好地适应新兴技术的发展，提升员工的技术素养和竞争力。

### （三）跨界合作与创新

跨界合作与创新是利用不同领域的知识和资源，共同解决问题和推动创新的重要方式。对于学习与适应新兴技术来说，跨界合作可以帮助组织获取更广泛的技术视角和资源支持，加速新技术的引入和应用。例如一家制造企业可以与大学的工程学院合作开展联合研究项目，共同探索先进的制造技术和工艺；或是与科技公司合作开发智能化生产线，引入机器人和人工智能技术提升生产效率。通过跨界合作，组织能够结合不同领域的专业知识和经验，实现技术创新和应用的跨越式发展。

在学习与适应新兴技术的过程中技术培训与支持扮演着至关重要的角色，通过为员工提供定期的培训课程和建立技术支持体系，可以帮助他们更好地掌握新技术，提升工作效率和质量。教育科技融合为学习提供了更加灵活和高效的方式，加速了员工对新技术的学习和应用。跨界合作与创新则为组织提供了更广阔的发展空间，通过整合不同领域的资源和知识，实现了技术的跨越式创新和应用，推动了科技发展的进程。因此，学习与适应新兴技术不仅是一项必要的任务，也是一项持续不断的挑战和机遇。

## 四、教育领导者的持续发展

教育领导者在当今时代面临着前所未有的挑战和机遇，随着社会的快速发展和科技的不断进步，教育环境也在不断变化，对于领导者而言，持续发展变得至关重要。在这个过程中推动变革与创新成为教育领导者不可或缺的工作。他们需要不仅具备管理和组织能力，更需要具备前瞻性和创新性思维，引领教育组织应对各种挑战和变化。

### （一）领导力培养与提升

教育领导者的持续发展需要不断培养和提升领导力，领导力培养不仅涉及领导者个人的能力提升，还需要考虑到其团队的发展和组织的目标。因此，组织可以通过各种方式来培养和提升教育领导者的领导力，包括参加领导力培训课程、参与领导力发展项目、担任领导岗位的挑战和机会等。例如一位学校的校长可以通过参加领导力研讨会和培训课程来提升自己的领导能力，还可以通过与其他校长的交流和互动来分享经验和学习，不断提高自己的领导水平。

### （二）共享学习资源

教育领导者的持续发展也需要积极共享学习资源，在现代社会知识和信息的传递变得更加容易，通过共享学习资源，教育领导者可以更加高效地获取知识和经验，促进个人和组织的发展。共享学习资源包括但不限于教育领域的书籍、研究报告、在线课程、专业论坛等。例如一位教育领导者可以通过阅读教育管理方面的书籍和参与在线教育领域的讨论，获取来自不同领域的知识和观点，拓展自己的视野，从而更好地应对日常工作中的挑战。

### （三）推动变革与创新

教育领导者的持续发展需要积极推动变革与创新，教育领导者不仅需要具备管理和组织能力，还需要具备前瞻性和创新性思维，引领组织应对不断变化的教育环境和挑战。因此，教育领导者可以通过推动变革和创新来不断提升自己的领导水平和组织的竞争力，例如一位学校的校长可以通过引入新的教学方法和教育技术，改革学校的教育模式，提升教学质量和学生的学习体验，从而实现学校的持续发展和进步。

教育领导者的持续发展不仅需要关注管理和组织能力，更需要着眼于推动变革与创新。通过引入新的教学方法和教育技术，改革教育模式，教育领导者可以不断提升学校的教学质量和学生的学习体验，从而推动组织的持续发展和进步。在面对变化和挑战时教育领导者应以创新为动力，引领组织走向更加光明的未来。

# 第四节　为未来做好准备

## 一、学校做好准备应对未来教育趋势

在迎接未来的教育挑战时学校必须积极应对不断变化的教育趋势，教育科技、跨学科合作、STEM教育、创客教育、个性化学习和终身学习等方面的发展成为学校在未来取得成功的关键因素。接下来深入探讨如何通过这些方面为学校打造适应未来的教育环境，培养学生和教职员工更好地应对未来社会的需求和挑战。

### （一）掌握教育科技的发展趋势和应用

学校面对未来的教育趋势时不可忽视教育科技的迅猛发展，领会教育科技的发展趋势以及灵活运用相关技术工具是学校成功应对未来挑战的关键。通过有效整合在线学习平台、虚拟现实技术和智能化教学工具，学校可以提供更具吸引力和互动性的教育体验。例如采用在线协作平台可以促进学生跨地域地合作学习，而虚拟实验室则为STEM科目提供更生动的实践体验，使学生更好地理解抽象概念。

### （二）促进跨学科和跨界合作

未来的教育将更加强调跨学科和跨界合作，培养学生的综合素养和解决问题的能力。学校需要打破学科间的界限，鼓励不同学科的知识交叉，例如一门课程可以将文学与科学结合，通过文学作品引发对科学问题的思考。学校还应促进与行业、社会组织的合作，为学生提供实际问题解决的机会，培养他们在实际场景中运用知识的能力。

## （三）强化 STEM 教育与创客教育

为适应未来科技发展，学校应加强STEM（科学、技术、工程和数学）教育，培养学生的创新和解决实际问题的能力。通过开设机器人编程、3D打印等课程，学校能够引导学生更深入地了解技术原理和应用。创客教育则可以激发学生的创造力和实践能力，使其在学习过程中不仅获取知识，还能应用于实际创新项目。

## （四）推动个性化和终身学习的发展

未来学校应致力于推动个性化学习和终身学习的发展，以适应不断变化的社会需求。个性化学习可以通过定制化的教学内容、灵活的学习路径和个性化辅导来满足学生不同的学习需求。学校也应鼓励教师和员工参与终身学习，通过提供持续的职业发展机会和资源支持，使其保持专业素养并紧跟行业发展的步伐，例如引入在线学习平台和专业培训，为教师提供灵活的学习机会让其不断提升自身教学水平。这样的举措将有助于学校建立更具活力和适应性的学习环境，培养更具竞争力的学生和教职员工。

在面对未来的教育趋势时学校需要紧密关注教育科技的发展，充分利用现代技术工具提供更具吸引力和互动性的教育体验。跨学科和跨界合作的促进将培养学生更全面的素养和解决问题的能力。强化STEM教育和创客教育则有助于培养学生的创新思维和实际问题解决能力，推动个性化学习和终身学习的发展，为学生和教职员工提供更灵活的学习机会，使他们能够适应不断变化的社会需求。通过这些努力，学校将更好地为未来做好准备，确保教育的持续发展和进步。

## 二、培养未来领导者与创新者

在当今快速变化的社会中，培养未来领导者和创新者变得至关重要，这些领导者不仅需要具备卓越的领导力和战略思维，还需要拥有创新能力和解决问题的能力。跨文化交流和社会责任感也是成为优秀领导者所必备的素质。通过教育和培训，学校可以为学生提供全面的素养和技能，使他们在未来的领导岗位上能够胜任各种挑战。

### （一）培养领导者的全面素养和战略思维

培养未来领导者的成功关键在于提升其全面素养和战略思维，领导者不仅需要具备专业知识，还要具有卓越的沟通、决策和组织能力。通过推动综合性的领导力培训，学校可以为学生提供广泛的学科背景和跨学科知识，培养其在复杂环境下做出明智决策的能力。战略思维的培养则要求领导者能够深入分析问题、制订长远规划并灵活应对变化，例如通过模拟实际案例、组织团队项目，学校可以锻炼学生在压力下运用战略思维解决问题的能力，为其未来领导岗位的挑战做好充分准备。

### （二）提升创新能力与解决问题的能力

未来领导者需要具备创新能力和解决问题的能力，以推动组织不断发展，创新能力不仅包括新思维的培养，还包括创造性解决问题的技能。学校可以通过开设专门的创新与解决问题的课程，引导学生从多角度思考并通过实际项目挑战培养其解决实际问题的实际能力。例如学生可以参与创业项目、社会实践或科研项目，从中锻炼出独立思考、创意构思和问题解决的本领。

### （三）培养团队合作与跨文化交流能力

在现代社会中领导者需要善于团队合作，具备跨文化交流的能力。学校可以通过设计团队项目、国际交流活动，培养学生在协同工作和跨文化背景下的沟通协调技能。通过团队合作，学生能够学到如何有效地领导小组、激发团队潜力并从他人的不同视角中汲取灵感。这样的培养不仅为未来领导者在组织中协调团队提供了经验，也为其领导全球团队时更好地理解和应对文化差异奠定了基础。

### （四）培养社会责任感与领导力

未来领导者必须具备社会责任感和卓越的领导力，学校可以通过开设社会责任与领导力课程，引导学生思考领导者在组织中的道德责任，激发他们的社会责任感。实践项目、志愿服务等活动也是培养领导力的有效途径，使学生在服务社区、解决社会问题的过程中提升领导力和责任感。这样的培养不仅使学生更好地理解其在组织中的角色，还为其未来作为领导者时更好地推动社会可持续发展提供了坚实基础。

　　培养未来领导者和创新者需要多方面的努力和资源投入，从提升领导者的全面素养和战略思维，到提升创新能力和解决问题的能力，再到培养团队合作和跨文化交流能力以及强化社会责任感和领导力，每一个方面都是培养未来领导者的重要组成部分。通过系统化的教育和实践活动，学校可以为学生提供丰富的学习体验，使他们成为具有全面素养、创新能力和社会责任感的未来领导者，为社会的可持续发展做出积极贡献。

### 三、构建适应未来的学习社区

　　在面对不断变化的未来，构建适应性强、具有创新意识的学习社区至关重要。这样的社区不仅能够培养学生们的终身学习能力，还能够为他们提供跨越时空限制的学习机会，探讨如何通过建立开放、包容的学习环境、提供多元化的学习资源和机会、鼓励学习者间的互动与合作以及融合线上线下学习模式，来构建适应未来的学习社区。

#### （一）建立开放、包容的学习环境

　　在构建适应未来的学习社区中建立开放、包容的学习环境是至关重要的，这样的环境能够鼓励学习者自由表达观点、分享经验，从而促进思想碰撞和知识共享，例如学校可以设立开放式的学习空间，提供舒适的学习氛围和灵活的学习方式，让学生们自由选择学习的路径和方式。学校应该倡导尊重和包容的学习文化，让每个学习者都感受到被尊重和接纳，从而激发其学习的积极性和创造力。

#### （二）提供多元化的学习资源和机会

　　为了满足不同学习者的需求，学校需要提供多元化的学习资源和机会，这包括数字化的学习资料、实践项目、实地考察等，例如学校可以建立一个数字化图书馆，提供丰富多样的电子书籍、学术论文和在线课程让学习者随时随地都能获取所需的学习资源。学校还可以组织各种形式的讲座、研讨会和工作坊，为学生提供与专家学者、行业精英交流的机会，拓展他们的视野和知识面。

#### （三）鼓励学习者间的互动与合作

　　学习社区应该鼓励学习者之间的互动与合作，这有助于促进知识的共享和交

流，激发学生们的学习兴趣和动力，例如学校可以组织小组讨论、团队项目等活动让学生们共同探讨问题、解决挑战，在合作中相互学习和成长。学校还可以建立在线学习社区平台让学生们在虚拟空间中交流想法、分享心得，形成学习共同体，共同进步。

### （四）融合线上线下学习模式，打破时空限制

为了适应未来的学习需求，学校应该融合线上线下学习模式，打破时空限制，让学习变得更加灵活和便捷，例如学校可以开设在线课程让学生可以根据自己的时间和地点选择学习，也可以利用线下课堂进行实践和交流。学校还可以推广远程教育技术，利用视频会议、虚拟实验室等技术手段让学生们跨越地域限制，共同参与学习和合作项目，拓展学习的边界。

构建适应未来的学习社区需要多方面的努力和创新，建立开放、包容的学习环境能够激发学习者的学习积极性和创造力。提供多元化的学习资源和机会能够满足不同学习者的需求，拓展他们的知识面和视野。鼓励学习者间的互动与合作有助于促进知识的共享和交流，激发学生们的学习兴趣和动力。通过这些努力可以为学生们打造一个更加适应未来、具有活力和创新的学习社区。

## 四、维护开放与持续学习的文化

在当今迅速变化的社会和技术环境中，教育机构必须积极适应并促进开放与持续学习的文化，建立开放式反馈机制与学习评估体系、培养学习者的自主学习能力与习惯、推崇分享与协作的文化以及持续提升教师与管理者的专业能力和教育素养是实现这一目标的关键策略。下面探讨如何通过这些措施来营造一个积极的学习环境，激励学生、教师和管理者不断提升自己，为未来的挑战做好准备。

### （一）建立开放式反馈机制与学习评估体系

建立开放式反馈机制和学习评估体系是维护开放与持续学习文化的关键一环，这意味着学校需要建立一种环境，鼓励学生、教师和管理者之间的积极反馈和沟通，以促进学习过程的持续改进和提高。例如学校可以采用360度评估方法让学生、家长、教师和同行互相评价，从而全面了解每个人在学习和教学过程中的表现，及时发现问题并加以解决。建立定期的学习评估体系，包括课堂表现、

作业质量、项目成果等多方面的评估指标，有助于学校更全面地了解学生的学习情况，为其提供个性化的学习支持和指导。

### （二）培养学习者的自主学习能力与习惯

为了维护开放与持续学习的文化，学校需要重视培养学生的自主学习能力和习惯，这意味着学校不仅要传授知识，还要教会学生如何主动获取、整理和应用知识，例如学校可以引导学生制，个人学习计划，明确学习目标和时间安排并提供相关的学习资源和指导。学校还可以倡导学生在学习过程中采用各种学习方法和技巧，如阅读笔记、思维导图、团队合作等，培养其自主学习的能力和习惯。

### （三）推崇分享与协作的文化

在维护开放与持续学习文化中，推崇分享与协作的文化是至关重要的，学校应该鼓励学生、教师和管理者之间的知识共享和合作学习，从而促进思想交流和创新，例如学校可以设立在线平台或社交媒体群组，供学生和教师分享学习资源、经验和想法。学校还可以组织各种形式的团队项目和合作活动，让学生们在合作中相互学习、交流和成长，培养其团队合作和沟通能力。

### （四）持续提升教师与管理者的专业能力和教育素养

为了维护开放与持续学习的文化，学校需要持续提升教师和管理者的专业能力和教育素养，这包括不断更新教育理念和教学方法、学习最新的教育技术和研究成果以及不断反思和改进自身的教学实践和管理方式。例如学校可以定期举办教师培训和专业发展活动，邀请专家学者分享教育理论和实践经验，提升教师的教育素养和专业水平。学校还可以建立教师之间的合作与反思机制，促进教师之间的交流和共同成长。

维护开放与持续学习的文化是教育领域的一项重要任务，通过建立开放式反馈机制与学习评估体系，学校可以及时了解学习者的需求和表现，促进学习过程的持续改进和提高。培养学习者的自主学习能力与习惯，推崇分享与协作的文化以及持续提升教师与管理者的专业能力和教育素养，将有助于营造一个积极、开放的学习环境，为学生的全面发展和未来的成功奠定坚实基础。

# 结　语

在深入探讨"校长在激发教育创新中的关键策略与行动"这一主题之后，我们终于走到了这本书的结尾。撰写过程中，深入挖掘了校长在教育创新中所扮演的角色，他们所采用的关键策略，以及他们如何付诸实践，引领学校教育走向新的高度。回顾教育的历史，关注现状，展望未来的发展，尝试为校长们描绘出一幅完整的教育创新蓝图。

教育是关乎国家未来、社会进步的大事。校长作为教育的领航者，他们的决策与行动直接影响到学校的发展方向、学生的学习效果，甚至整个社会的进步速度。探讨校长如何激发教育创新，具有深远的现实意义和重要的历史使命。通过本书的研究，希望能够帮助校长们明确自己的责任和使命，认识到教育创新的重要性和紧迫性。我们提供了丰富的策略与行动建议，希望校长们能够结合自身的实际情况，灵活运用，有效激发学校的创新活力，为孩子们提供更好的教育环境和学习体验。我们也深知教育创新的道路上充满了挑战和困难。但正如我们所强调的，挑战即机遇，困难即成长。希望校长们能够勇于面对挑战，敢于担当责任，以坚定的信念和无私的奉献推动教育的创新与发展。

在书的最后，我们要感谢所有为本书提供支持与帮助的人。感谢各位教育专家的宝贵意见，感谢各位校长分享的实践经验，感谢所有参与调查研究的人员付出的辛勤劳动。还要感谢每一位读者，是你们的关注和期待让我们有动力继续前行。

教育创新是一个永恒的主题，需要我们一代又一代人共同努力。我们期待与所有的教育工作者一起携手合作，为构建一个充满活力、开放包容、持续创新的教育体系而努力奋斗！